序列を超えて。

ラグビーワールドカップ全史

1987–2015

藤島 大

鉄筆文庫 009

鉄筆

本書は文庫オリジナル作品です（終章は書き下ろし）

目次

序列を超えて。

ラグビーワールドカップ全史　1987—2015

ラグビーワールドカップ　歴代優勝チーム

大会	年	開催地	優勝	スコア	準優勝
第1回	1987	NZ、豪州	NZ	29−9	フランス
第2回	1991	イングランド	豪州	12−6	イングランド
第3回	1995	南アフリカ	南アフリカ	15−12	NZ
第4回	1999	ウェールズ	豪州	35−12	フランス
第5回	2003	豪州	イングランド	20−17	豪州
第6回	2007	フランス	南アフリカ	15−6	イングランド
第7回	2011	NZ	NZ	8−7	フランス
第8回	2015	イングランド	NZ	34−17	豪州
第9回	2019	日本			
第10回	2023	フランス			

NZ＝ニュージーランド、豪州＝オーストラリア

【序章】 序列を超えて。

エリス少年の伝説

ラグビーのワールドカップ（W杯）の優勝杯は「ウェブ・エリス・カップ」と呼ばれる。あの伝説の主人公の名を冠した。

「1823年、エリス少年は、ラグビー校におけるサッカーの試合中にルールを破り、いきなりボールを手でつかんで走った。これがラグビー競技の起源である」

いま、わざと間違えて書いた。「サッカーの試合中」はウソである。当時は「サッカー」も「ラグビー」も存在しなかった。「校内ルールのフットボールの試合中」が正しい。そして後段の「手でつかんで走った」、さらに「ラグビー競技の起源」も事実と証明されたわけではない。

ラグビー校は現存する。名門とされる英国のパブリックスクールである。あの年、ウィリアム・ウェブ・エリスという16歳の生徒は確かに在籍していた。この説が初めて明らかとなるのは57年後の1880年、考古学愛好家、マシュー・ブロクサムが校友会誌に寄せた文章による。ただし、この人物は「エリス、走る」の年度には卒業しており、みずからが目撃したわけではない。実名の証言も引かれていない。

ラグビー校での体験を描いて日本でもよく読まれた小説、『トム・ブラウンの学校生活』の著者、トマス・ヒューズは「私の在校中（1834年入学）にエリス伝説を耳にしたことはなかった」（イングランド・ラグビー協会のサイト）と述べている。

同校の同窓会組織は、ブロクサムの説の15年後、本格調査を行う。同時代の者の大半は世を去り、確証は得られなかった。それでもエリス伝説は定着する。青春の純情が既存の規則を踏み越え、後年、世界で愛されるスポーツの端緒となった。魅力の逸話をみな信じたかった。ラグビー校の校庭のエリス少年をたたえる石碑にこうある。

「あっぱれなルール破り」

エリス少年その人は、オックスフォード大に進んで聖職の道を歩み、病気療養中に南フランスで死亡した。

さてW杯優勝国に渡る「ウェブ・エリス・カップ」は28年前の大会発足に備え、大会役員がロンドンの宝飾店を回って見つけた。１９０６年に制作された古びた杯は保管庫から引っ張り出された。新しく用意しないところはラグビーらしかった。

初出＝「東京新聞・中日新聞」２０１５年６月５日

国籍問わぬ国代表

トンプソン、アイブス、ブロードハースト、ホップグッド。日本代表のメンバー表にカタカナが並ぶ。カナダとぶつかった「パシフィック・ネーションズカップ」初戦（7月18

日）のFW先発の半数を占めた。リーチにホラニにツイも控えており、BKのスコッド*にも、サウ、ウィング、ヘスケスと強豪国出身者は選ばれている。

ラグビーの国代表資格は以下の通り。（A）当該国で出生（B）両親、祖父母の一人が当該国で出生（C）プレーする時点の直近36カ月間継続して当該国に居住（国際統括機関の規定）。他国の代表歴がなければ原則3年の居住条件を満たせばよい。

長く五輪種目ではなかったので国籍を重く見ない。資格のルールも「代表強化に外国人を補強」という発想を前提としていない。20年前までのアマチュア期、仕事で海外に赴任すれば、その国の代表になればよかった。

現在はプロ化が進み、フランス、イングランド、日本などの豊かなクラブに国境をまたぐ才能はどんどん流れ込む。居住条件を満たすのは難しくない。

先日、かつて日本代表の主軸としてワールドカップ（W杯）を複数回経験した元選手にこの件を聞いた。

「自分がプレーしている時には外国人なんて意識はない。ただの大切な仲間です。でも引退して離れたところから見ると少し多いのかなとも思う」

現在の日本代表主将リーチ マイケルは、15歳でニュージーランドから札幌山の手高に留学した。ひょろひょろの少年だった。ナンバー8、ホラニ龍コリニアシはトンガの中学では吹奏楽部。埼工大深谷（現・正智深谷）高でラグビーを始めた。ともに日本国籍を得ている。こうした「この国育ち」の選手を「外国人」に数えたくない。もとより「この国育ちでない」者も、これでもかと体を張る。みんな好漢だ。

規定に従っているのだから異議はなし。いや競技普及の観点から「この国生まれ」をより多く代表に。感情はこんがらがる。では、もつれをほどくのは？　勝利ではなく大勝利。9月開幕のW杯で、格上、たとえばスコットランドを破る瞬間だ。

＊スコッド＝代表候補選手団

初出＝「東京新聞・中日新聞」2015年7月30日

人類に不可欠な営みの祭典——ラグビーW杯の軌跡

カイディーディー。カイディーディー。

ニュージーランド（NZ）・オークランドの街を日本人らしき者が歩くと、しばしば、そう声をかけられた。

カイディーディー、KDD（当時＝現・KDDI）のことである。

1987年の5月から6月、ラグビーの第1回ワールドカップ（W杯）が、NZとオーストラリアの共同開催で行われた。そのメインスポンサーは「KDD」だった。記念すべき初のW杯に予選はなく、「招待」により16カ国・地域が参加した。人種隔離政策アパルトヘイトで国際社会から締め出されていた南アフリカ（繊細な政治的判断により『辞退』した）を除く強豪はそろい、幸いにも日本は招かれた。

当時のラグビーは、ほぼ純然たるアマチュアのスポーツである。今にして思えば牧歌の季節だった。

例えば、日本代表チームはそろいのＴシャツをこしらえたのだが、公の場では着にくかった。プリントされた地名オークランドのつづりが間違っていたのである。『ＡＵＣＫＬＡＮＤ』のはずなのに『ＯＡＫＬＡＮＤ』。同音のアメリカの都市の名だった。

こんなこともあった。招待国以外のいわば「補欠」として西サモア（現・サモア）が選ばれた。大会直前、参加予定のフィジーでクーデターが発生して、にわかに繰り上げ出場の可能性も膨らんだ。慌てたのは主催者側である。なにしろ同国代表のジャージィの胸のエンブレムの形状や文字が正確にわからない。それでは、さまざまな印刷物などにも支障を来す。すると誰かがＮＺのラグビー専門誌のページを持ってきた。そこには、どういうわけか西サモア代表のジャージィを着た子供の写真が掲載されていた。早速、その男の子に連絡をとりＮＺ代表オールブラックス*のジャージィと取り換える「商談」は成立した。

もっとも試合の内容は引き締まっていた。

ことに優勝候補オーストラリア代表ワラビーズ*とフランスの準決勝はラグビー史に残るスリルに満ちた名勝負となった。

ワラビーズにはキャンピージやパプワース、フランスにもブランコやセラといった華やかな才能が集い、お互いの能力を存分に発揮しようと試みた。6度もリードの変わるシーソーのバトルは、終了直前、フランスの大スター、ブランコが左コーナーへ飛び込んでまさにドラマのごとく決した（30―24）。

後々にまで語り継がれる名勝負は、シドニーのコンコード・オーバルという小さな競技場で、わずか1万7000の観衆のもと戦われた。これも今からすれば不思議な感じである。18年後、同じオーストラリアで開かれた第5回W杯の準決勝は巨大スタジアムを8万人観衆が埋め尽くしたのだから。

記念すべき初代王者はオールブラックス。フランスとの決勝にも「簡潔にして完璧」のモットーは貫かれた。

日本代表、ジャパンは、アメリア、イングランド、ワラビーズとの予選組に全敗。確たるコーチングは見当たらず選手起用の一貫性にも欠けた。それでも最後のワラビーズには選手の意地で23―42と健闘できた。

91年の第2回大会はイングランドを中心にスコットランド、ウェールズ、フランス、アイルランドで行われた。

宿澤広朗監督・平尾誠二主将の日本代表は、予選組で優勝候補のスコットランド、実力国アイルランドと、いずれも敵地のエジンバラとダブリンでぶつかった。それぞれ9―47、

16―32で敗れたものの内容はスコアに比して充実しており、記者席でも肩身は狭くなかった。北アイルランド・ベルファストでのジンバブエ戦には大会最多の9トライを奪って52―8で快勝を遂げた。

大会4強のスコットランドはジンバブエ戦8トライ。球さえ獲得できれば、得点能力は世界の強豪にも遜色なかった。切り札、吉田義人はアイルランド戦でマークを鮮やかに抜き去ってトライにつなげるなど高い評価を得た。

優勝は「アマチュアの時代にプロフェッショナルなアプローチを追求した」ワラビーズだった。

開催国イングランドはキック頼みの「退屈な戦法」で決勝まで勝ち進んだが、メディアの批判にもさらされて、最後は球を広く動かすスタイルに挑んで未消化のまま6―12で敗れた。「醜く勝つより美しく負ける」。近代スポーツの母国らしい価値観は、まだ残されていた。

＊オールブラックス＝ニュージーランド代表の愛称
＊ワラビーズ＝オーストラリア代表の愛称

オープン化を機にビッグ・イベントへ

95年の第3回は、ずばり「ネルソン・マンデラの大会」だった。アパルトヘイト政策の放棄、全人種参加選挙の民主化を経た南アフリカは、開催国として世界の舞台に本格復帰した。

合言葉は「虹の国」。有色人種のメンバーをひとりだけレギュラーに加えた南アフリカ代表スプリングボクス*は、なりふりかまわぬ戦いぶりで宿敵オールブラックスをはねのけ、みごとに優勝を果たす。

決勝戦直前、かつて白人支配の象徴であったスプリングボクスの緑のジャージィをまとったネルソン・マンデラ大統領がヨハネスブルグのグラウンドに登場した。

少なくない白人の観客が「ネルソン。ネルソン」と叫んだ。マンデラは62年に逮捕されて90年2月に釈放されるまでの大半をケープタウン沖の孤島ロベンの獄中で過ごした。それでも聡明な世界史上の人物は、周到に「復讐」を避けて人種間の融和を志した。スプリングボクスのジャージィを身につけたのも、また、思慮深い判断だったはずだ。この瞬間、ラジオ局に「転向」を告げる白人優位主義者からの電話がかかった。

試合前の選手激励で、マンデラの握手を受けるオールブラックス選手たちの困ったような顔が印象に残る。尊敬する人物が敵のサポーターなのだから。

ジャパンはオールブラックスに17―１４５の惨敗を喫するなど、いいところはなかった。

99年の第4回は、英国ウェールズを主たる開催地とした。ラグビー界は前回の南アフリカ大会の直後に「オープン化」を容認していた。つまり、プロ化を認めたのである。その意味で、いちはやくプロ的アプローチを究めたワラビーズの優勝は、理にかなっていた。

フランスは準決勝で絶対の優勝候補オールブラックスを43—31の感激の番狂わせで下す。月曜未明にテレビ観戦したNZ国民は「ブラックマンデー」の衝撃に沈んだ。

芸術家と戦士の魂を兼ね備える奮闘で大事を遂げたフランスが、いざワラビーズとのファイナルでは燃え尽きたかのようだったのも、どこかふさわしかった。

ジャパンは元オールブラックスを含む6人もの強力外国人を擁しながら（ラグビーの国代表資格は原則として、パスポート主義でなく居留地主義を採用している）格別な特色を発揮できずに予選組で全敗のまま散った。

03年の第5回大会。ジャパンは、オーストラリア北部の小都市タウンズビルを予選組の本拠地とした。これが意外なほど盛り上がった。この地域は、本来、ラグビーは盛んではない。そこへ、あえてオーストラリアからすれば「マイナー」な国のベースを置かせた。この主催者側の判断は正解だった。

いわば前年のサッカーW杯の「中津江村」のような現象が起きた。アフリカ大陸カメルーンの合宿を山深い村民が大歓迎した光景は記憶に新しい。タウンズビルっ子もそうだった。ジャパンの赤白のジャージィを着た「サポーター」が続々と出現、観客席や酒場で盛大な応援に励んでくれた。

大会前は不振にあえいだジャパンは、危機感から責任感ある主力選手が力を結束させた。

熱帯性の気候や時差の条件にも恵まれ、さらには地元の大声援を背に、スコットランド（11―32）とフランス（29―51）に善戦できた。

優勝はイングランド。地元ワラビーズとの緊迫の決勝延長にドロップゴールを決めたジョニー・ウィルキンソンは、あのサッカーのデビッド・ベッカムをしのぐ国民的英雄となった。

このオーストラリア大会は、ラグビーW杯の規模を世界へ示した。

第1回大会で60万だった観客動員は190万へと伸び、テレビ放映された国の数は17から194へ。同視聴者数は3億から34億まで膨らんだ。統括機関のIRBの総収益は2億円から128億円へ。アマチュアリズムの長き制約で「遅れてきたW杯」は早々に成功を収めた。

＊スプリングボクス＝南アフリカ代表の愛称

アジアの土壌にラグビーを

さて、ラグビーW杯の魅力とは、もちろん真剣勝負における峻厳さにある。厳しい肉体接触を伴う競技だけに、一戦ごとに精神性の崇高なる高揚は不可欠であり（そうでなければ死んでしまう）、それぞれの誇りを抱いた「決闘」は見る者の胸に迫ってくる。

また、ラグビー伝統の美徳を支えるのは豊かな「観客文化」である。ラグビーに「応援席」は存在しない。オールブラックスのファンとイングランドのファンが席を隣とする。良きプレーには拍手を送り、わがチームのチャンスとピンチには歌う。かつてサッカー界の深刻な問題と化したフーリガニズムとは無縁だ。場内のアルコールも許容されている。試合前後、街中で各国ファンが友情を温める場面もおなじみである。

なるほど芝の上では骨きしませる激突が連続する。レフェリーはひとりきり。だからこそ、そこに自律と倫理が求められてきた。「してよいこと」と「してはならないこと」の峻別と実践にこの競技の価値はある。

ラグビーはずっとそうだったし、これからもそうであらねばならない。日本開催をなんとか実現させて、おおげさでなく、人類にとって不可欠な営みを、アジアの土壌にも根付かせる契機としたい。

初出＝『Forbes/Japan July 2005』

規模ふくらむ大会——強豪の覇権打破がカギ

あまり日本では知られていないがラグビーW杯は世界で3番目の規模のスポーツ大会とされる。テレビ視聴者数、観客数などでサッカーW杯と夏季五輪につぐ。

ただし歴史は浅い。ようやく第1回大会が開かれたのが1987年。それまではアマチュア競技として「どこが強いか」ではなく「どちらが強いか」という対抗戦を重んじていた。国と国のぶつかる「テストマッチ」こそが最高の目標。海外遠征は長くは2カ月にもおよび各地域での社交も重要な目的だった。

85年、NZ、オーストラリアによって推進されてきたW杯開催の是非が、国際ラグビーボード（IRB）の場で伝統国によって問われた。

各国2票ずつを持ち、南半球勢とフランスは賛成、イングランドとウェールズは1票ずつ賛否を振り分け、スコットランドとアイルランドは反対した。つまり肯定一色のスタートではなかった。

しかし、試みは成功した。当初の牧歌的な雰囲気から、大会ごとに倍々で規模はふくらむ。4年前の前回フランス大会の観客総数とテレビ視聴者数は、第1回大会に比べて、それぞれ4倍と18倍強にも達した（IRB公式ホームページ）。

95年南アフリカ大会では、人種隔離政策アパルトヘイトに対する制裁から国際スポーツ界へ復帰した開催国が優勝を遂げた。マンデラ大統領は白人の権力の象徴だった国代表スプリングボクスを寛容の精神で応援、国内融和につなげた。

同年、ラグビー界はプロ容認のオープン化へ踏み切り、アマチュアリズム堅守の立場を大きく変えた。これにより英国やフランスでは国内リーグが発展。もともとスポンサーにとって優良な視聴者層を抱えていたこともあって、ビジネスとしての勢いを得た。

順調なようなラグビーW杯の泣きどころは、強い国が固定されていることだ。古くからの強豪とそれ以外の差は縮まらない。前回大会でアルゼンチンが3位に入ったのがほとんど唯一の例外である。

２０１９年大会の日本開催にもＩＲＢの普及拡大の意思は働く。米国、やがては中国という巨大市場をラグビー国にできるか。「オールド・スクール」とも揶揄される伝統国で覇権を回すばかりでは、いずれ頭打ちとなる。そのためにもアジアの日本代表の躍進が望まれている。

ＩＲＢによると、大会総観客数は第1回大会の60万人（32試合＝1試合平均約1万８７００人）に対し、第7回は２２４万人（48試合＝同4万６６００人）。テレビ視聴者数は、2億３０００万人から42億人に増えている。

初出＝「東京新聞・中日新聞」２０１１年9月6日

草の根があればこそ

24年前、同じ場所にいた。ニュージーランド（ＮＺ）のオークランド。目的も変わらない。ラグビーのワールドカップ（W杯）の取材である。

9日夜の開幕試合。ある日本の記者が会場内のメディアセンター（記者用の仕事部屋）

に入れなかった。最近は取材証を取得しても試合ごとのチケットが必要で、当該の人物は追加で申し込んだため発行されなかった。だからスタンドの記者席に入場できないことは覚悟していたが、せめて雰囲気を味わおうと仕事部屋へ向かったら、ただ机だけのスペースなのに入室を拒まれた。

ラグビーのW杯は変わった。いやラグビーが変わったのかもしれない。24年前の第1回大会は万事が牧歌的だった。

モノクロの顔写真を貼り付けた簡素な取材カードさえあれば、ほとんどどこへでも入れた。時効のような話だが、某日本人記者は旅行者として訪れ、別の会社の同業者が途中で帰国するや譲り受けて、ずっとそいつを首にさげていた。「東洋人なら一緒だろう」と。

16年前、ラグビー界はプロを容認した。W杯も成功、ビジネスの権利を守るために取材活動は制限される。そして、ここNZでは、プロのクラブの繁栄と引き換えに「草の根」のその根が揺らぎつつあるらしい。

開幕戦翌日の地元紙NZヘラルドにこんな記事が載った。

同国代表オールブラックスのヒーロー、ダン・カーターの故郷であるサウスブリッジは人口「721」で世帯数「260」という小さな町だ。「ここに9チームがある」。もちろんラグビーだ。中核のクラブは135年前に創立された。

こういう草の根クラブこそがラグビー王国を底で支える。

しかし同日付の別のコラムではロトルアという地方都市のクラブ関係者の悩みも紹介されている。「ここで育った子供が高校（学制は日本と違う）のチームに入るとクラブでのプレーを禁じられる。才能に恵まれた者は（プロ化された）都会の地区代表に青田買いされ、私たちは二度と姿を目にすることがない」

繁栄は何かを排除する。テレビのため今大会の準決勝と決勝は午後9時開始、子供にはつらくファンの交流もままならない。もはや一流選手は故郷のクラブの試合には出場しなくなった。

「草の根」「グラスルーツ」。いたるところに緑のグラウンドとHポールの現れる風景に接するうち耳慣れた言葉の意味を実感できる。そして祭りの始まりに警鐘を忘れない新聞の健全もまたラグビーの根なのだろう。

初出＝「東京新聞・中日新聞」２０１１年9月13日

飲んで肩抱き合って

ニュージーランド（NZ）の地方都市、人口14万強のハミルトンのラグビー場では、たった3日間のために10万8０００缶のビールが用意される。ワインは1万8０００本だ。収容2万5８００人のワイカト・スタジアムはラグビーのワールドカップ（W杯）会場である。16日に行われた日本―ニュージーランドを初戦に計3試合が催される。丹念にビールの数を調べてくれた地元紙ワイカト・タイムズによると、つまみになるポテトフライは「アフリカゾウ6頭分」。すなわち計30トンがサクサクと揚げられる。白ワインによく合うサーモンは「大きな半身が600枚」仕入れられた。

観客がよく飲む。これもラグビー文化なのだ。W杯の生きるか死ぬかの勝負にあってもファンのトラブルのないことが前提となっている。歴史的に、この好戦的なスポーツのファンは平和的である。

ラグビー観戦にはサッカーのような「応援席」が存在しない。どちらのチームの支持者も交じり合うように座る。日本代表とNZ代表オールブラックスの試合では実力差があるのでファンが隣同士に座っても不思議はなさそうだが、たとえば10日にあったヘビー級の激突、イングランド―アルゼンチンでも事情は同じだ。13―9でイングランド勝利の大接戦、両国には「フォークランド紛争」なんて過去もあるのに終了後、こんな光景がテレビ画面に映った。

イングランドを応援する観客がアルゼンチンのファンの目の前でおどけて踊ってみせる。「これがサッカーなら」。筆者がつぶやくと、すぐ横の放送関係者が言った。「血が出る」。だいいち両者は厳重な警備によって近寄れないだろう。

サッカー界もさまざまな努力により一時のフーリガニズム（観客の暴力傾向）の暗黒期

を乗り越えた。ファンのある種の「攻撃性」もまた魅力ではある。

ただ、ことに観客席の文化に関しては「ラグビーはいいな」とW杯取材のたびに思う。喉が渇いたらビールを自由に流し込み、隣の席の「敵」とそのまま近くの酒場で延長戦に励める。

昨今は日本の試合に「応援席もどき」が存在する。全国大学選手権や早明戦で国立競技場のそれぞれゴール裏に両校のファンを振り分けようとした。企業色の強いトップリーグもどうしても固まる。強制でないにせよチトさみしい。それはラグビーではない。

初出＝「東京新聞・中日新聞」２０１１年9月20日。『人類のためだ。』（鉄筆）所収

ハカと向き合い、解き放て

ラグビーのワールドカップ（W杯）が現地時間の18日からイングランドで始まる。開幕後、大男たちが目をむき舌を出し、眼前の敵を威嚇する映像は繰り返しテレビなどで流れるだろう。

ウォークライ。正式には「ハカ」と呼ばれる。ニュージーランド（NZ）代表オールブラックスの試合直前の「儀式」だ。20日、アルゼンチンとの初戦での雄たけびは、さっそく世界のニュースに取り上げられる。

カマテ。カマテ。先住民族マオリの言語で「私は死ぬ」。この響きが「がんばって」に似ており、日本のスポーツ好きにもなじみは深い。

10年前にはトンガやサモア系など他民族に配慮した「カパオ・パンゴ」という続編もつくられた。現在は「カマテ」と演じ分ける。この5月、作者のデレク・ラーデリ氏をインタビューするとこう語った。「戦いの踊りというよりも生命的なセレモニーなのです。相撲の儀式にも通じる。日本もハカを行ったらどうでしょうか」

実はいっぺんだけ実行したことがある。１９６７年3月12日、花園ラグビー場。日本代表はＮＺ大学代表戦前に「エイエイオー」と叫び舞った。当時の大西鐵之祐監督の発案だった。

さてW杯では、日本代表もハカと向き合わなくてはならぬ。10月3日、重要なサモア戦、かの島国のそれは「シバ・タウ」の名で知られる。まさか「エイエイオー」とはいかぬだろうが、こちらにはこちらの精神を束ねる仕掛けは求められる。ロッカー室の感動の一言でもよい。ラグビーでは薄く笑った「リラックス」は無力だ。感涙と覇気が心身を解き放つのである。

初出＝「東京新聞・中日新聞」２０１５年9月18日

アマチュアのプライド

かつてラグビーはアマチュアの競技（1995年にプロ解禁）だったから、ワールドカップにもさまざまな職業の選手がいた。忘れられないのは91年大会の西サモア（現サモア）主将、ピーター・ファティアロファの「ピアノ運び」。ゆえに「ジムでのトレーニングは無用」と言った。この人、後年には楽器など特殊な物を扱う運送業で成功した。

もはやプロ化は定着、それでも今大会、少なくないアマチュア組を擁するチームが奮闘している。

ナミビア。アフリカ大陸の代表だ。先月24日、ニュージーランド代表オールブラックスに不屈のタックルで健闘（14―58）、ロンドンの五輪スタジアムの大観衆から万雷の拍手を浴びた。背番号7、ティナス・デュプレシーは鼻を折りながら、球争奪に体を張って、敢闘賞級の働きだった。職業は「外国為替ブローカー」である。

15番のヨハン・トロンプは「アウトドア用の自転車のセールスマン」。所属クラブが「仕事に向かうガソリン代を補助してくれた」のがありがたかった。他に「ビール工場の整備担当」や「保険会社マネジャー」なども含まれる。

中4日、疲労のまま臨んだトンガ戦も善戦（21―35）。勝ち星はないのに評価を高めている。

自身はイングランドの一流プロクラブ所属、ジャック・バーガー主将は「朝の4時に起きてトレーニング、それから勤めに出るアマチュアの仲間を尊敬している」（ガーディアン紙）と語る。

オールブラックス戦終了直後、ナミビアの選手たちは相手のロッカー室へと招かれた。ビールを酌み交わし、会話を楽しんだ。優勝候補筆頭国による優勝には遠くとも不屈のチームへの最大級の敬意だった。

初出＝「東京新聞・中日新聞」２０１５年10月１日

アマとプロとジャパン

外国為替のブローカーがオールブラックスの持ち込んだボールをターンオーバーした。おとぎ話とは書くまい。でも、どこか心地よい幻を見るようだった。

ナミビア代表の7番、ティナス・デュプレシー。かつてイングランドでプロ生活を送れた期間もあるが、いまはアマチュアである。鼻を折り、ファイター型のボクサーのごとく顔面を凸凹に腫らし、自分の首や背中の骨をみりみりと痛みつけながら、プロの中のプロ、ニュージーランドの黒いラックの沼に頭を差し入れた。素敵だ。

同国プロップのヤコ・エンゲルスは、首都ウィンストフックの学校のコーチ兼任コンサルタント。背番号15のヨハン・トロンプは、アウトドア用自転車のセールスマン、2年前、地域的に「この10年間で白人は3人」のクラブ、ウェスタン・サバーブズに加入、主力として活躍した。「素晴らしいクラブで、仕事に向かう際のガソリン代を補助してくれた。それこそは私にとって最も重要なことだった」（ナミビアン紙）。ロックのピータス・ファンリルは、いまはフランスのバイヨンヌのプロ選手であり、本来は歯科医だ。リザーブにも、工学部の学生、研修教員、ビール工場の品質管理マネジャー、保険業務が並んだ。控えには、農業、ダイヤモンド採掘会社のエンジニアなどもいる。

そんなひとり、プロップのヤニー・レデリンハイスは、建設現場の責任者、連日、340㎞のドライブを続けて、代表トレーニングに参加した。シリンダー会社勤務、ダリル・デラハルペは、朝4時に起床、せっせと練習に通った。

アメリカ代表イーグルス*もプロアマの混合の編成である。フッカーのフィル・ティールは『ソマックス』という「小さいけれども本当によいソフトウェア会社」に勤務していた。ラグビー活動への周囲の理解もあった。しかし「去年、代表の試合などで4カ月近くも出社できなかった。いささか長すぎた。もうそこにはいられなかった」（ガーディアン紙）。高校時代はレスリング選手であった本人は、一線のラグビーを楽しむために多くの職を経験してきた。「コンサルティング、建築現場、塗装業、便利屋、個人トレーナー、ドアマン。いっぽうでラグビーをプレーするためには、お金を払ってきたんだ」（同）。現在は、アトランタの「ライフ」でプレーする。ここはカイロプラクティックで名をはせ、長らくアメリカのラグビーを支えてきたライフ大学の関連クラブだ。

アマチュア選手の奮闘には、どうしても力が入る。もちろん当事者は、かなうならばプロとしての厚遇に授かりたいかもしれない。でも「金銭と無縁、ただ好きだからそうする」という生き方も悪くない。

そして現在進行中のワールドカップこそは、プロもアマと化す場である。スプリングボクス戦のジャパンの選手に「報酬」について小指の先ほども考えた者など皆無と断言できる。サモア戦のトンプソン ルーク（ルーク・トンプソン）の「オールアウト＝逆さにして一滴の余力も垂れず」は、預金通帳や契約書とはいちばん離れたところに存在した。もし日本ラグビー殿堂があるなら「サモアを打ち砕いたトンプソン」の名はすぐに刻まれただろう。敗退の危機にさらされたイングランドのクリス・ロブショー主将の脳裏には一片のポンド札すらなかったはずだ。

ここから先は、思考の途中なので、触れるにとどまるが、たとえば「ジャパン、スプリングボクスを破る」、そうでなくとも、いわゆる発展途上国の強豪とのスコア接近の背景に、プロ化の定着が横たわる気がする。イングランドやフランス、またスーパーラグビーの各クラブの選手拘束は、プロらしくビジネスの厳しさを増す。経済の則で選手は富める国のリーグへとどんどん移る。サッカーですでに発生した「一流クラブのほうがプレーそののレベルは国代表よりも高い」現象の始まりである。

他方、自国の選手の流動が少なく、リーグによる選手拘束も比較すれば緩やかで、なお財政において強化の環境を整えられる国の代表（ジャパン）は、クラブよりもナショナルチームのほうが高いレベルを保てる。と、ここまで書いて、あくまでも仮説だ。本当にそうなのかは大会終了後に調べてみたい。ひとまず自転車セールスマンのタックルとガソリン代を支払った太っ腹クラブに乾杯！

＊イーグルス＝アメリカ代表の愛称

初出＝「RUGBY REPUBLIC ラグビー共和国」（ベースボール・マガジン社）2015年10月8日

なにもかも、真剣だった。

職業意識で背骨を組んだような老ドアマンが客人の到着を待つ。

霧はたちこめぬが、ここはロンドン。

いわゆる5つ星高級ホテル「ロイヤル・ランカスター」の門前、数秒ずつ時間をずらして、計16台の大型バスが車寄せへと滑り込む。

1991年9月28日、第2回ワールドカップの開幕を目前に催された「ウェルカム・ディナー」。ネクタイ締めざる者は居場所のない英国ラグビー界らしく、格の高い歓迎の夕べは、バスの数だけ参加した各国の選手が一堂に会して、おごそかに宴を始めた。

　メディアはホテル内への立ち入り不許可。それを見越して地元の記者たちはどこにもおらず、選手のコメントをなんとか締め切りに間に合わさんと門外にて震えるのは、われら日本とフランスの取材陣だけだった。

「世界の顔が集まって、あのパーティーは圧巻だった。ああいうものに慣れておくこと。それが、すごく大事」

　当時の日本代表を指揮した宿沢広朗監督の実感である。

　それぞれの誇りと野望のしみついたエンブレムを胸に、ブレザー姿の各国選手が、杯を交わす。自負と謙虚。品格にじむウイット。キャプテンのスピーチは試合前の試合だ。監督は監督だけで卓を同じくする。謙虚と自負。ジョークを装いつつ、明日の敵の本心を探る。テーブルクロスの下の火花。

「あそこで臆せず渡り合えること。そしてあの場所にいつもいることが重要」。前監督は繰り返した。

　ラグビーにおけるワールドカップの歴史は浅い。

　ながらく、「どこが強いか」ではなく、「どちらが強いか」を問う対抗戦を尊び、アマチュアリズムの本山らしく、興行の匂いの漂う国際トーナメントを遠ざけてきた。

　競技ルールの異なるプロ・ラグビー人気の脅威にさらされたニュージーランド（NZ）、

豪州の主張に押されるかたちで、ようやく開催に踏み切ったのが1987年。当時、すでに120を超す国と地域でプレーが楽しまれており、メジャー競技にしては異例の「遅れてきた」国際大会だった。

「過度の商業主義にかき乱される」。英国勢に根強かった当初の不安は、NZ、豪州共同開催の初大会の成功で解消。英国を中心に行われた第2回の大成功を機に、ワールドカップは、各国にすっかり認知される。

「いまやラグビー界はすべてワールドカップスケジュールに基づいて動いている」(宿沢)

英国中、上流階級の「紳士教育」に用いられてきたラグビーが、それでは収まらぬチャンピオンシップの大河に乗り出す。牧歌の空気はしだいに薄れ、触れれば手の切れる生存競争が始まった。

手探りだった第1回――NZオールブラックスのプロ的な準備だけが突出していた――を経て、4年前の第2回大会では、予選段階から各国が本格強化に励んだ。おおげさでなく、ラグビー新時代の到来。宿沢ジャパンもまたそのただなかへ飛び込み、アフリカ大陸代表ジンバブエからのうれしい勝利と、少なくはない教訓を獲得できた。

ワールドカップとは何か。初勝利監督は言う。

「誰ひとり手を抜かない。とにかく真剣。それまでの、いわゆるテストマッチとは全然ちがう」

ラグビーの監督は試合のあいだ観客席に座る。相手の国の監督は、たいがい細い通路をへだてて隣。かのロイヤル・ランカスターでは肩を寄せ合い、お国の事情を語った仲だ。

しかし決戦当日、両指揮官の視線は「試合が終わるまで一度も合わなかった」。

ダブリンでのアイルランド戦。敵将、キーラン・フィッツジェラルドは自軍の得点に眉ひとつ動かさず。前夜のパブで、「おお東洋人よ」と気さくだった6万観衆が、ジャパンの冒険的なトライに冷たく沈黙した。

「あの感じは初めて。普通の遠征の最終戦（テストマッチ）なら、格下という気持ちもあって、ジャパンのいいトライには歓声が飛んでいた」

それまでジャパンは幾度か本場へ招かれ、警察のバイク先導で「テストマッチ」会場入りするような厚遇も受けてはいる。

しかし、わずかな例外をのぞいては、相手側は準テスト扱い。「日出る国の小さな仲間」との統治外交、「世界の競技ラグビー」のアリバイ作り、「観客を楽しませはするが決して勝つことはない」（英国人記者）果敢な戦法への興味こそが招待の理由であり、「さて、果たし合い」の真剣勝負には届いていなかった。

例のウエルカム・ディナー。

フランス人記者と待つこと数時間、ようやく各国選手が帰路についた。ジャパン初戦の相手スコットランドのソール主将をつかまえて「勝利はイージーか」とたずねれば、すぐにも頭突きをくれそうな形相で一言、「ノォ。絶対にノォ」。それこそ安易な表現であるが、もはや生死をかけた戦いは始まっている、そんな感じだった。

同席に値するのか。真剣勝負には、相応の批評がつきまとう。すなわち「こいつは本物か」の冷徹な視線。

「ワールドカップには、ふたつの興味がある。もちろん、ひとつは、どこが優勝するのか。そして、もうひとつ、予選を突破した各地域の代表が、どういうラグビーをするのか」

宿沢監督に接近する地元ジャーナリストの質問は、「いかなるスタイルで」に集中した。優勝は無理だ。しかし、アジアの代表には、それにふさわしい独自性があるはずだ。

優勝候補の一角、スコットランドとの初戦。ソール主将の「絶対にノォ」の気迫の前に9―47と大敗したが、内容は、スコアに比して引き締まっており、ジャパンの速い攻守は目の肥えたエディンバラの観客を少なくとも退屈はさせなかった。

試合後、スコットランドの関係者が宿沢監督に語りかけてきた。

「跳んだところにボールを投げ込むジャパンのラインアウトは興味深い。身長差をおぎなうのにいい考えだ」

スコットランドは宿敵イングランドや南半球と比較すればサイズに劣っており、ジャパンの戦法に関心を寄せていた。「体格に恵まれない者がいかに戦うか」。アジア代表が参加する意義はそこにあった。

アイルランド戦。楕円球がタッチの外へ出ても、まだ顎をひいて追いかけるケルトの魂に、これまた「本物の勝負」を思い知らされるが、トライ数なら3対4（16―32）。後日、ロンドンの新聞は「アイルランドはジャパンの攻撃法を参考にすべき」と書いてくれた。

そして、対ジンバブエ。中立地ベルファストの観客は、キックオフからまもなく、大半がジャパンの味方についた。旧英国式のアフリカ代表には、象の背中の蚤ほどのオリジナリティも見当たらなかったからだ。大会最多9トライの52―8。

「あれが逆だったら、やはりアジアのラグビーは認められず、参加枠などいろいろなことに影響したはず」

事実、ジャパンの完勝は第3回大会の出場枠を変えている。割りを食ったのがアメリカ。一定の評価を得たアジアが南太平洋から独立したため、米大陸枠が3から2へ減らされ、アルゼンチン、カナダの後塵を拝した。

「とにかくワールドカップに出場することが大切。そこで置いて行かれると、緊張感がなくなってしまう」

当事者が渦中でつかんだ実感であり、その観点から、前監督はなにかと批判される現代表のパワー戦法にも、「アジア予選を勝ち抜くのに適しているなら」と価値を認める。

ただし、パワー重視の現ジャパンが、本番でぶつかるオールブラックス、アイルランド、ウェールズにそのまま通用するとは考えにくい。そこで、問われるのが、「こうあるべき」か「こうすべき」かの判断である。

「ラグビーの現在のルールを突きつめて解釈していけば、どうしても、ひとつのやり方になっていく。まあ、こうあるべきラグビー、勝つための理想というのか」

現時点での世界ビッグ4は豪州、NZ、南アフリカ、イングランド。潜在力で匹敵するフランスを加えて、あるいは5強か。

そのトップ集団はいずれも、大型フォワードの縦突進でボールを手堅くキープする類似の戦法を採用している。国内なら、明治大学のあのパターン。「大型チームにとって大変有効な方法」であり、その意味で、「こうあるべき」スタイルに位置づけられる。

いっぽう、サイズや才能に劣る集団に求められるのは、4年前のベルファストに芽を吹いた独自性の追求である。

「コピーをしても勝てないなら、その国に合った新しいやり方を開発すべき」

アジア予選では、「こうあるべき」スタイルで軽量近隣諸国をひねりつぶしたジャパンも、平尾誠二の手を借りて、「こうすべき」独自の道を模索中だ。

外国勢では、スコットランドが低いラック連取からの積極連続展開にタレント不足克服の活路を発見。かつての王国ウェールズは、ここへきて監督を解任、神戸製鋼の陰の頭脳でもある豪州人、アレックス・エバンスを起用して起死回生をもくろんでいる。

勤務先の銀行のゆったりとした支店長室。ワールドカップ初勝利監督は、エディンバラ、ダブリン、ベルファストの真剣勝負を語り、アフリカの大地での決闘に思いをはせる。

「予選グループ4カ国で、一番ハンディがあるのが、北半球で時差もあるジャパン。フィットネスで劣らないことが勝負の最低条件。もちろん指導陣はわかっているはず。プレーヤーがどこまで自覚しているかでしょう」

さしずめ、標的はアイルランドか。

前回は敵地も敵地、首都ダブリンでの対決。頬ずりしたくなるほど美味なギネス、女魚売りの一生を描いた奇怪かつ荘厳な応援歌、鯰のような曇天。すべてはアイルランド島の英雄への強力な援軍であり、控え目な換算でも1トライ、2PG、1ドロップゴールほどの価値を有した。

「自分たちの観衆を背にして戦うホームの優位さは相当なもの。でも、アイルランドには勝つチャンスはあった……」

こんどは、中立地、しかもキック主体のアイルランドが不得手とする硬いフィールドの南アフリカでの激突。本来なら、おおいに希望はふくらむところだ。

「カチッとやったらチャンス」。前指揮官の言葉は軽くはない。

ラグビーの歴史書をひもとくかぎり、アイリッシュもウェルシュも外国では滅法弱い。

「ケルト人はすぐホームシックにかかるのさ」は、沈着を是とするアングロサクソンの偏見にしても、なにやら三分の真実は含まれていそう。「こうすべき」ジャパン流開発が納品期限に間に合えば、金星の好機なのだが。

再び支店長室。

ワールドカップの魅力とは。

「多少、形骸化したとはいえ、ラグビーはアマチュア競技。サッカーに比べれば規模は小さいけど、その分、興行の要素が少ないからみんな純粋。強豪でなくとも、出たからには対等に扱ってくれる。ほんとにフェアだった」

会員制クラブ「ワールドカップ」の扉は開いた。終身メンバーのパスを戴けるかは、これからの課題。ふるまい、知性、たたずまい。なにもかも評価の対象ではあるが、そこはスポーツ、ひとつのタックル、一本のパスをもってして、一等の椅子の引かれんことを。

1995年5月

初出＝『ナンバー』365号（文藝春秋）。『ラグビー特別便』（スキージャーナル）所収

序列を超えて。

あと101回は書くぞ。ジャパンが南アフリカをやっつけた。

マイケル・ブロードハースト。もちろんヒーローだ。桜をむしゃむしゃ食うはずのトビ

カモシカ（スプリングボクス）を箸でつまんで放り投げた。ブライトンにおける歴史を刻んだ試合のキックオフ直後、マレ・サウに続いて、すぐに、もうひとつターンオーバーを成就、この序盤の抵抗により、へたすれば大敗もありえた体格と腕力と経験の違いを、さしてないかのようにさせた（残り数分。本当になくなった）。

10月30日で29歳。ニュージーランド（NZ）北島のギズボーン郊外がホームタウンだ。2008年8月、地元のポバティ・ベイ代表に初めて呼ばれた。以後、王国での編成において、スーパーラグビー、ITMカップの下に位置づけられる「ハートランド・チャンピオンシップ（12地区参加）」を主戦場とする。

ナンバー8など第3列として、ヒエラルキー頂点のオールブラックスまで、カウントの仕方にもよるが、きっと2ダースほどの才能が道をふさいでいた。いわば「3部の一流」の上には上がひしめいていた。

翌09年、青年マイケルは、黒衣への道をあきらめ、将来の設計を頭に描きながら日出づる国をめざした。もっとも、6年後に地球の隅々まで極東の太陽が照らすとまでは思っていなかった。

12年、ジャパンに呼ばれる。かくしてオールブラックスとは別の斜面から世界へ向けて歩を踏み出した。翌年11月、母国代表との対戦がかなった。あのとき「鶏口牛後」の文字はすでに浮かんだ。小の側の「長＝不動の代表」として、幼いころからあこがれた「大のなかの大」とぶつかる。英雄であるリッチー・マコウ、気鋭のサム・ケインに堂々と挑みかかった。かつては何人も何人もあいだに挟まっていた「差」など存在せぬようだった。

大の無名が小の主軸となり経験を積んで使命に力を尽くすうち、大の有名にも迫る。昔、大学ラグビー部の先輩が「うまいやつが試合に出るんじゃないんだよ。試合に出たやつがうまくなるんだ」とつぶやいたのを思い出した。次元は違ってもスポーツにおける競争の実相だ。序列は実力を磨きもするが削りもする。

人間、思わぬ角度から「あなたの力が必要だ」と請われると思わぬ力を引き出される。「武骨でハードワークをいとわぬ」（ポバティ・ベイ代表に呼ばれた当時の地元メディアの表現）背番号7は、そんな個性のまま、とうとう、オールブラックスにとっても最大級の難敵であるアフリカ大陸南端のジャイアントを倒してしまう。

ジェームズ・ブロードハースト。マイケルのひとつ年少の弟である。本年7月25日、幼きころからの兄弟共通の夢を実現させた。ハリケーンズでの奮闘を認められて、ついに黒のジャージィの短い袖に長い腕を通した。ヨハネスブルグでの対スプリングボクスで背番号5での先発を果たす。「現実に感じられなかった」（stuff.co.nz）。そう話すのは優しい兄である。

56日後、マイケルこそが超現実のごとき現実を世に提出する。ひたむきな弟はデビュー戦の攻防にあって南アフリカの巨漢ロック陣の圧力に劣勢となり、27―20の辛勝後（桜のほうが銀シダより多く得点した）は代表に呼ばれていない。人生とは思いがけず、また、ままならぬ。

もうひとり。百獣の王のテールより賢き犬のヘッドとなったヒーローを紹介したい。赤白の10番、小野晃征は、クライストチャーチ・ボーイズ高で、現在のオールブラックス、コリン・スレードとオーウェン・フランクスとともにシーズン無敗（04年、18勝1分け）チームの一員であった。ただし卒業後は地元クラブのレベルにとどまり、やがて両親の国との縁を得る。学校時代は、スレードが背番号10、オノは12番を務めた。攻守に盟友であったろう両者の進む道はおおきく隔てられた――はずだった。

さあ、もいっぺん繰り返そう。「南アフリカをやっつけて」交わらぬはずの線は接近した。仮にオールブラックスが優勝を遂げて、コリン・スレードが重責を担ったら「世界は感心する」。コウセイ・オノの司るゲーム制御のもたらす結末は「世界を驚愕させた」。ドッグはすでにライオンである。

さて、防御に次の手を読ませなかった小野晃征、世紀の逆転のフィニッシャー、カーン・ヘスケスは、ともに福岡は宗像のサニックスブルースが連れてきた。小の国の小のクラブが大の国の小の名の大なる可能性を発掘したのだ。若き日には名古屋北部市場の青果卸売会社勤務、苦節を知る人、藤井雄一郎監督の慧眼に乾杯しよう。

初出＝『ラグビーマガジン』２０１5年12月号（ベースボール・マガジン社）

南アフリカ戦と大西鐵之祐の「奇蹟」。

ふたつの観点がある。とうとう「大西ジャパン」の呪縛が解けた。いや、これは「大西ジャパン」との連続なのだ。

ラグビーのワールドカップ（W杯）において日本代表が、南アフリカ代表スプリングボクスを破った。明確にスポーツ史の快挙だ。

誇張を嫌う英国BBC放送のサイトの報告記事に「奇蹟」とあった。それをニューヨーク・タイムズ紙が引いて伝えた。

さて「大西ジャパン」とは、かの名将、大西鐵之祐（故人）の率いた日本代表を示す。

1968年のNZ遠征での同国ジュニア代表戦勝利、71年、東京でのイングランド戦のどちらもノートライの名勝負で知られる。スコアのみならず「日本人の特性をいかした」創造的戦法、さらには浪花節めいた人心掌握の妙で物語を紡いできた。

楕円ならぬ丸い球のフットボールの岡田武史・元日本代表監督にも影響を与え、このほど復刻された大西鐵之祐の著『闘争の倫理』（鉄筆文庫）の巻頭に推薦の言葉を寄せている。

ラグビーの代表を語れば、よいときも、よくないときも、いつでも大西ジャパンとの比較は欠かせなかった。しかし、ついにW杯の場で強豪国を打ち破った。いかなる角度からも日本ラグビー史のハイライトだ。今後は「あの感動のイングランド戦」の出番は減る。往時の実績を無理に過小評価しては愚かだが、より大きな成果による自然な忘却は正しい。繰り返す。進行中のW杯の最終到達点がどこであろうとも「ジャパン、スプリングボクスを倒す」の偉業は不滅だ。芝の上の勇士たちは、大西ジャパンの構成員が老いても称えられるように、半世紀先まで英雄である。

そのことを前提として、なお「大西ジャパン」と、2015年のスポーツ史上の番狂わせには、連続性がある。

若き日の大西鐵之祐は、南アフリカのラグビーに激しく恋した。

「僕のラグビー人生を決めたのは、昭和二八年に出会った一冊の本です。ダニー・クレイブンという南アフリカのラグビー協会長をやっている人の本なんです」(『ラグビー　荒ぶる魂』岩波新書)

戦場に人間の残骸を見て復員、早稲田大学にスポーツの教職を得るや研究に没頭する。同年に来日のケンブリッジ大学の選手が携えた『ダニー・クレイブン・オン・ラグビー』を借り、秘書にタイプをしてもらい写し取る。

理詰めの攻防理論に大いに刺激された。「日本も考えなければいけない。早稲田式とか、慶応式とか、あるいは京都大学式とか、各校の特色を持つだけではいけない。もっと理論的なレベルで新しいラグビーを考えなくてはいけない」(同)。本稿筆者は、青焼きされた同書のページの束を大西邸で手に取った経験がある。ビニール袋に包まれて、なんとも重く、猛然と熟読する姿が浮かんできた。

翌年、旺文社より『ラグビー』を出版。使命感がほとばしり原稿量はどんどん増え、しまいに版元の社長との交渉に至る。いわく「活字のポイントを下げてください」。これが一流から初心者までの画期的指導書となった。

南アフリカ戦は9月19日、ちょうど大西鐵之祐の命日であった。

スポーツの知と熱は過去と未来をつなぐ。そんな象徴にも思える。

初出『ナンバー』887号（文藝春秋）

【第1回大会　1987】

1987年のロッカールーム

第1回大会
1987年5月22日～6月20日
開催国＝ニュージーランド、オーストラリア
出場国数＝16カ国・地域

決勝トーナメント

準々決勝

NZ 30
スコットランド 3

ウェールズ 16
イングランド 3

フランス 31
フィジー 16

豪州 33
アイルランド 15

準決勝

NZ 49
ウェールズ 6

フランス 30
豪州 24

決勝

NZ 29
フランス 9

3位決定戦 ウェールズ 22−21 豪州

日本代表
監督＝宮地克実
主将＝林敏之
戦績＝予選（プールA）3敗

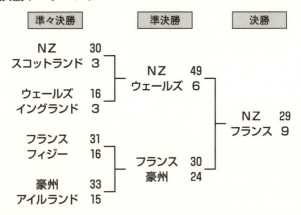

ラグビーワールドカップ1987　試合記録

予選プール　POOLSTAGE

	プールA	豪州	イングランド	アメリカ	日本	勝点
1	豪州		○ 19−6	○ 47−12	○ 42−23	6
2	イングランド	● 6−19		○ 34−6	○ 60−7	4
3	アメリカ	● 12−47	● 6−34		○ 21−18	2
4	日本	● 23−42	● 7−60	● 18−21		0

	プールB	ウェールズ	アイルランド	カナダ	トンガ	勝点
1	ウェールズ		○ 13−6	○ 40−9	○ 29−16	6
2	アイルランド	● 6−13		○ 46−19	○ 29−9	4
3	カナダ	● 9−40	● 19−46		○ 37−4	2
4	トンガ	● 16−29	● 9−29	● 4−37		0

	プールC	NZ	フィジー	イタリア	アルゼンチン	勝点
1	NZ		○ 74−13	○ 70−6	○ 46−15	6
2	フィジー	● 13−74		● 15−18	○ 28−9	2
3	イタリア	● 6−70	○ 18−15		● 16−25	2
4	アルゼンチン	● 15−46	● 9−28	○ 25−16		2

	プールD	フランス	スコットランド	ルーマニア	ジンバブエ	勝点
1	フランス		△ 20−20	○ 55−12	○ 70−12	5
2	スコットランド	△ 20−20		○ 55−28	○ 60−21	5
3	ルーマニア	● 12−55	● 28−55		○ 21−20	2
4	ジンバブエ	● 12−70	● 21−60	● 20−21		0

旅のはじまり

入社して、まだ365日と少ししか過ぎていないのに、30日を超える海外出張を命じられた。ラグビー史上初めて開催されるワールドカップの取材である。

1987年の5月20日から約1カ月。シドニー、ブリスベン、クライストチャーチ、ロトルア、オークランドと巡る旅は、ジャパンの指導方針のあまりの一貫性のなさとそれにふさわしい成績を除けば、いたって愉快に過ぎた。

なにしろ本物のインターナショナルの果たし合いを目の当たりにしたのである。そのうえ、シドニーの中国人街で泥蟹にかぶりつき、クライストチャーチでは結構な鹿肉を頂戴した。XXXX*印やワイカト・ラガーなど各種の麦酒は45リットルほども（推定）胃袋を通過。オークランド空港からのタクシーの運転手氏に、「1968年のジャパンは素敵だったね」と語りかけられて、偽りのない伝説を確認もできた。この職業の魅力を実感させられる幸福な体験だった。

ただし、「スポーツニッポン新聞」の読者にとっての幸福であったかは大変に疑わしい。駆け出しである。いまにして思えば、ラグビー史のきわめて重い瞬間に立ち会うだけの知識も経験もなかった。オールブラックスとはなんたるか、つまりニュージーランド国民とは何者かもよく知りはしない。準備不足の若き東洋人は、ペンを握るライオンの集結する記者席に迷い込んだインク瓶より小さなチワワだった。

文章もまた経験にふさわしい。東京の本社からの「まだかな」の催促にせかされ、選手や監督のコメントをできるだけ原稿に入れなくてはとの脅迫観念、心ある一部の人々には悪評高い、あの「思考停止コメント症候群」に冒されていた。眼前の感激は、原稿用紙の表面を簡単に滑り、まるで枡目には収まろうとはしない。

振り返れば、スポーツライティングの大河に漕ぎ出したばかりのそんな若者が世界のイベントに参加できたのは、「スポニチ」という若々しいメディアに在籍したゆえである。当時の上司の太っ腹と、彼らに思いとどめさせる余裕を与えなかった編集局の殺人的多忙に心より感謝したい。

本書に収めた記事は、いきなりのワールドカップ取材が象徴する未熟な文章が、少なくない部数の紙に印刷された珍しい記録でもある。いたずらに卑下するわけではないが、締め切り時間に圧迫されつつ寒風の記者席の机で書かれた記事は、ほんの2時間後に読み返しても自己嫌悪を呼ぶものだ。

しかし、夢破れた選手たちが意地の微笑で記者団の質問に立ち向かい、明日ではないまでも明後日にはもう走り始めるのに、観察者が工夫も熱もないままにフィールドを去ったのでは失礼にあたる。

そこで、以下の言葉を、魅力と嫌悪感に満ちたこの仕事を続行するための慰めとしておきたい。

——成熟を許されるのは、未熟な葡萄だけ。（ひょっとすると南フランスはボルドー地方の農民に伝わっている格言）

＊ＸＸＸＸ＝フォーエックス、オーストラリア・クイーンズランド産のラガービール

初出＝『ラグビー特別便』（スキージャーナル）１９９６年12月

日本が豪州に大善戦

第3戦　日本23―42オーストラリア

カチ、カチ、カチ。コンクリートの床にスパイクのポイントが金属音を響かせる。ロッカールームの扉が開くと、そこに現れたのは紛れもないワラビーズだった。ゴールドと呼ばれる鮮やかな色のジャージィにグリーンのパンツ。イングランドに60点も取られた弱いジャパン相手なのに、主将を務める名フランカー、ポイデビンの表情は緊張している。

巨漢ぞろいのＦＷはバックスのように走り、俊足のひしめくバックスはＦＷみたいに激しく当たる。

84年の英国遠征で、イングランド、ウェールズ、スコットランド、アイルランドの代表

を次々となぎ倒して以来、世界に君臨するスーパーチーム。智将の誉高いA・ジョーンズのもと、当然のようにオールブラックスと並ぶ今大会最有力優勝候補だ。

緒戦では「素晴らしく改善された」イングランドを「少しも調子の出ないまま」19—6で退けてみせた。

どう思考回路をめぐらせてみても、イーグルス、イングランドを相手に傷つき敗れたジャパンの勝利のシーンは、頭の中に浮かぶことはない。「何も考えずにブチ当たるだけ」。ちょっぴり正直すぎる宮地監督の発言が実にさわやか（？）に聞こえてしまう。

１００点以上やられたら悲しいな。70点で合格だろう。１トライぐらい……。

前日の練習をフォローした記者団のヒソヒソ話もずいぶんと弱気だった。

ところが80分の戦いが終わり、ノーサイドの笛が鳴ると日本人記者は地元の記者連に「グッダイ（いい日になったね）」と一斉に声をかけられることになる。スタンドを埋めた1万人のファンの拍手もしばらくは鳴り止むことはなかった。

なにしろ、あのワラビーズ、何人かのレギュラーを休ませていたとはいえ本物のワラビーズを相手にノーサイドの5～6分前まで23—30のスコアでいられたのだから。

キックオフの直後からジャパンの動きは軽快だった。いつものように白いヘッドキャップをかぶった林主将が、全身でチームを引っ張った。

2分。右中間40メートルのPGを初キャップの沖土居が決めて先制する。ディフェンスに難のある沖土居だが、ロングキックの才能はピカ一。「とにかくアイツのPGで波にのりたい」宮地監督の期待に応えた。

9分にワラビーズの誇るキャンピージに突破され、スラックのトライを許すが、12分に待望の初トライを奪った。

ラインアウトから林主将が抜け出て左タッチライン沿いを快走、ナンバー8のラトゥにつなぎゴール寸前でラックを作る。そこから右へ展開して平尾、朽木と見事にパスが渡りそのままインゴールへ。

本当はワラビーズを応援していても好プレーには拍手を惜しまない地元っ子がジャパンのサポーターのように立ち上がった。

ものの見事にプッシュオーバー・トライをくらって再逆転された後の28分には、二つ目のトライが生まれる。

自陣10メートルのモールからボールを持ち出した河瀬が右サイドを抜いてタイミングよくノホムリにパス。ノホムリは鋭く内へ切れ込んで2人、3人とタックルを外し、宮本へつなぐ。いつもは豪快な当たりが売り物の宮本は、素早く左へボールを放して朽木が再び飛び込んだ。

ノホムリの突破はもちろん、河瀬、宮本の好パスも見逃せない。スタンドで観戦していた岡仁詩強化委員長は「よくあの二人がボールを放したなぁ」と、うれしい誤算を振り返った。

このトライは、地元ABC放送で連夜放送されたハイライト番組の「きょうのトライ」に選ばれ、解説の元ワラビーズ天才SOのマーク・エラにも称賛された。

後半に入ってもジャパンは健闘。17分には沖土居の48メートル超ロングDGも飛び出す。キャンピージのノータッチキックを受けると迷わず蹴り込み、ボールは低い弾道でゴールポストの間を抜けた。

「まわりに誰もいなかったので狙いました」。福岡工大を卒業したばかりのフレッシュマンは細い目をもっと細くして「公式戦で決まったのは初めてなんです」と頭をかいた。ワラビーズ相手の一発。申し分のない思い出だろう。

36分にはラックのブラインドサイドを藤田が突破して23―30まで迫ったが、その後の数分に地力の差が出て2トライを失い、そのままノーサイド。

試合後の記者会見でワラビーズのA・ジョーンズ監督は「ジャパンは素晴らしかった、トライの内容では私たちが負けていた」と第一声。ポイデビン主将も「ディフェンスが強くて思うように攻められなかった」と苦戦を認めた。

つい4日前のイングランド戦の暗黒に少し光が射した感じの日本サイドは「相手は世界ナンバーワン。開き直って個人で挑戦した。みんなよくやったと思う」。林主将の顔が初めてほころび、宮地監督は「あいつらが本当に捨て身でタックルにいけばワラビーズも止まるんです」とダミ声を弾ませる。

「きょう大敗すれば夢も希望もないところだった」は金野団長。2メートルの長身ロック・カトラー、ポイデビン、SOのライナー、キャンピージ、途中から出場したCTBパプワース……。本物のスーパーラガーメンと渡り合えたことは、当初の目標を失ったジャパンの収穫だった。

しかし、ワールドカップをトータルで考えれば「終わりよければ……」とは、とてもいえない。

緒戦のイーグルス、2戦目のイングランドの結果は、日本ラグビーにとってあまりにも深刻だからだ。

イーグルス戦のメンバー編成でいけばラインアウトとプレースキックの弱点は目に見えていたのに、結局はそこで敗れたこと。大会に入ってからメンバー起用に迷いが出て、たとえば林主将がイングランド戦でフランカーを務めたこと。他国に少しも引けをとらない海外遠征の経験を持ちながら、レフリングにとまどったこと――。

そして、なにより欠けていたのは、監督の明確なビジョンだ。どのチームの監督も「自分のイメージ」をチームに反映させ、それに合う選手を組み合わせているが、ジャパンにはそれがなかった。国内で活躍する選手の能力に頼るだけでは、チャンピオンシップには勝てない。そのことはサッカーのワールドカップの歴史が証明している。

1987年6月3日　オーストラリア・シドニー

日本	23	42	豪州

後半	前半		前半	後半
1	2	T	3	5
0	1	G	2	3
1	1	PG	0	0
1	0	DG	0	0
10	13	スコア	16	26

	FW	
木村敏隆（ワールド）	1	ロドリゲス
藤田剛（日新製鋼）	2	マクベイン
相沢雅晴（リコー）	3	ハーティル
林敏之（神戸製鋼）	4	カトラー
桜庭吉彦（新日鐵釜石）	5	レイノルズ
宮本勝文（同大４年）	6	ポイデビン
河瀬泰治（摂南大助手）	7	コーディー
シナリ・ラトゥ（大東大２年）	8	タイナマン→キャンベル
	BK	
生田久貴（三菱商事）	9	スミス
平尾誠二（神戸製鋼）	10	ライナー
沖土居稔（サントリー）	11	バーク
朽木英次（トヨタ）	12	クック→パプワース
吉永宏二郎（マツダ）	13	スラック
ノフォムリ・タウモエフォラウ（三洋東京）	14	グリッグ
向井昭吾（東芝府中）	15	キャンピージ

得点：トライ（T）4点、ゴール（G）2点、ペナルティーゴール（PG）3点、
ドロップゴール（DG）3点
日本選手の所属、企業名は当時のもの

ロッカールームから胸を張って出てきたワラビーズのスターたちの最後尾には、冷酷な戦略家である小柄なA・ジョーンズが控えているのだ。

初出＝『WORLD CUP RUGBY 87』（ソニーマガジンズ）。『ラグビー特別便』（スキージャーナル）所収

ブランコが決勝トライ──豪州が負けた

準決勝　フランス30─24オーストラリア

左スミのコーナーフラッグを吹き飛ばして褐色のFBブランコがインゴールに倒れ込むと、フォローしていたオンダールは涙をこらえ切れずに芝の上にうずくまった。ノーサイドまであと2分。ワラビーズのキックの処理ミスを青いジャージィは見逃すことはなかった。エルバニが鋭くボールを奪い、FWとバックス一体となってつないだ決勝トライ。

その瞬間、フランス応援団の放り投げたビールの缶は天を舞い、ワラビーズの夢は消えうせた。

壮絶な肉弾戦。「目を見張るようなゲーム」と失意の豪州ジョーンズ監督も表現した歴史に残る名勝負だ。

フランスが劣勢を予想されたFWの奮起で華麗なオープンプレーを披露すれば、ワラビ

ーズもタフなタックルとキャンピージらのスピードで対抗する。

その死闘を最後に制したのはフランスFWのスクラム、密集戦での勝利だった。「ボールさえ取れればなんでも可能だった」傷だらけのデュプロカ主将が振り返る。「シャンパン・ラグビー」これがフランスの愛称だ。セラ、シャルベ、ブランコ。宝石のような才能が生きたボールを得てはじける泡のように走り回ることができた。

そして「良きシャンパンは良きブドーから作られる」。華麗なバックスの力を引き出したのは、スクラムで相手に打ち勝ったガリュエ、体を張って地面のボールを奪ったロドリゲスら「良きブドーたち」の活躍だった。


初出＝「スポーツニッポン」１９８７年6月14日。『ラグビー特別便』（スキージャーナル）所収

歌を忘れたウェールズ人――オールブラックス強し

準決勝　NZ49―6ウェールズ

あんなに歌の大好きなウェールズの応援団がついに一度も歌わなかった。

数々の栄光に包まれた赤いジャージィがオールブラックスのFWにいとも簡単に蹴散らされる。ノーサイドの笛が鳴るとテストマッチ史上最多失点記録が生まれていた。

開始3分、オールブラックスはゴール前のスクラムを強引に押してシェルフォードが飛

び込み、スクラムの差を見せつけた。

　ウェールズの右プロップは負傷者続出のため急きょ「現地調達」されたヤング。将来のウェールズ代表を夢みて、豪州で腕を磨いていた19歳の若者にオールブラックスは手ごわすぎた。
　22、26分には1メートル90、88キロの怪物WTBカーワンの連続トライも飛び出して、ここからはワンサイド。観客はあきれ顔で黒い疾走を見守るだけだった。
　ウェールズは悪い面ばかりでてくる。後半32分にはリチャーズが今大会初の退場処分。ニュージーランドのシェルフォードに球の奪い合いから殴りかかり、自分のパンチはかすった程度なのにおかえしの一発を受け大の字にのびてしまった。起きあがると待っていたのは退場宣言では、まさに踏んだり蹴ったりだ。

「こんなに差がついて不思議な感じがする。思い出に残るほどのゲームじゃないのは残念」と余裕のオールブラックスのロホア監督。少しの迷いもみせず堂々と突き進んできたラグビー王国の英雄たちは、いよいよ20日に初代世界一の座をかけてフランスの挑戦を受ける。


初出＝「スポーツニッポン」１９８７年6月15日。『ラグビー特別便』（スキージャーナル）所収

初の王者はオールブラックス――底知れぬ勝利への執着

決勝　NZ29―9フランス

ノーサイドの笛なんて聞こえはしない。フィッツジェラルド主審がホイッスルを唇に当てた瞬間、ウオーッという、うなり声に乗って観客たちが芝の上に飛び降りた。

この日もまたグラウンドを支配した黒いジャージィのFWが、マウスピースを外して少年ファンの頭をなでる。

「ニュージーランドの人々みんなに感謝します」

童顔のカーク主将が左まぶたから血を流したままスタンドに向けて言葉をかけた。

オールブラックスの強さはどうだ。注目されていたスクラムではフランスがむしろ優勢だった。なのにキックオフから数分もすると、ゲームは完全にオールブラックスの側に流れていった。

「フランスは確かに素晴らしい。でも我々はボールを支配して何もさせなかった」

カーク主将が振り返る通り、モール、ラックの密集戦に完勝。宝石のように輝くフランスのバックス陣をついに眠らせたままだった。

「ニュージーランド人ほど親切な人間はいない。でもラグビーとなれば話は別だ。連中ときたらプレーを楽しもうなんて気は少しもない。ただ勝つことだけだ」。同じセリフを対

1987年6月20日　ニュージーランド・オークランド

NZ	29		9	フランス
	後半	前半		前半	後半

後半	前半		前半	後半
2	1	T	0	1
0	1	G	0	1
4	0	PG	0	1
0	1	DG	0	0
20	9	スコア	0	9

NZ		フランス
	FW	
マクドゥーエル	1	オンダール
フィッツパトリック	2	デュブロカ
ドレイク	3	ガリュエ
ピアース	4	ロリュー
G・ウエットン	5	コンドン
A・ウエットン	6	シャン
ジョーンズ	7	エルバニ
シェルフォード	8	ロドリゲス
	BK	
カーク	9	ベルビジエ
フォックス	10	メネル
グリーン	11	ラジスケ
テイラー	12	シャルベ
スタンリー	13	セラ
カーワン	14	カンベラベロ
ギャラハー	15	ブランコ

得点：トライ（T）4点、ゴール（G）2点、ペナルティーゴール（PG）3点、
ドロップゴール（DG）3点

戦した何人もの名プレーヤーが口にしている。

ボールへの驚くほどの集中力。カッと目を見開いたまま突っ込む密集戦の強さ。フランスが時にオープン攻撃を披露しても誰一人として守りをさぼらない。

ノーサイド寸前、フランスが最後の意地をみせてインゴールを割った。すると黒いジャージィの15人はすかさず円陣を作って気合を入れ直した。誰が考えても自分たちの勝利は動かない。なのに、天を仰いで悔しがる者もいる。「彼らにとってラグビーは宗教と同じ」元ワラビーズの天才SO・マーク・エラはあきれ顔でいった。

楕円のボールに、心の底から憑りつかれた英雄たちの歴史を刻む当然の勝利だった。

初出＝スポーツニッポン1987年6月21日。『ラグビー特別便』（スキージャーナル）所収

1987年のロッカールーム

考えてみれば主要な記事はあらかたインターネットで閲覧できる。なのに異国ではニューズペーパーを売店で購入するのが重要な日課となる。どうしても紙とインクでないと感じが出ない。普段はめったにしない切り抜きもよくする。ラグビーのワールドカップのたびに現地の文具屋へ向かい、日本製の丸みを帯びた刃のカッター、新聞だけがちょうどうまく切れるやつを探すのだが見つからず、あらためてメイド・イン・ジャパンの「かゆい

ところに手の届く」繊細さを思う。そうなのだ。桜のジャパンも、指に当てても血は出ぬが、新聞紙を完璧に切り抜くカッターのようなラグビーをしなくてはならないのだ。

かくして「ニュージーランド・ヘラルド」をはじめ各紙を部屋の隅にせっせとため込むこととなる。24年前の第1回大会もまったく同じだった。新聞、新聞、また新聞。そして歳月を経て、今回、初めてのワールドカップの決勝にまつわる興味深いストーリーを日曜版「サンデー・スター・タイムズ」に発見した。

10月23日付。フランスの「レキップ」紙のイアン・ボズウィック記者が、かつて在籍していたパリの「リベラシオン」紙に書いた有名な記事の再録である。「1987年の決勝戦の前、ロッカールームのオールブラックスの様子を外から耳を傾けた」貴重な記録だ。もともとフランス語で書かれたため、「英語に訳されるのは初めて」だそうだ。

ニュージーランド育ちのボズウィック記者は、オークランドのイーデン・パーク競技場の構造に関する知識があった。どういうことか。つまり「部屋の外から声を聞き取れるスポット」を知っていた。だから「1時間前からの」様子を記録できた。それは過去のラグビー報道において「まだ試されたことのない」手法でもあった。

当時はセキュリティーが甘かった。モノクロの顔写真を貼り付けた簡素な取材パスさえあれば、ほとんどチェックもされず、チームのすぐそばへと近づけた。警備担当者への何度かのウインクとスマイル、それだけで試合直前の選手たちの背番号にさわれるくらいの距離まで到達できた。この原稿の筆者にも、第1回大会ではワラビーズの準決勝前のウォームアップをすぐそこで観察した記憶がある。アラン・ジョーンズ監督がストレッチングに励む選手ひとりずつの目の前に顔を突き出してはささやく。その小さな声でさえ耳に入った。いい時代だった。ジョーンズ監督は、かつて首相のスピーチライターとして腕をふるい、この大会期間中も自身がホストを務めるラジオ番組の出演を続けていた。モティベーションは大の得意なのだ。みるみる緊張と集中力が、実に質素なサブグラウンドの芝を支配した。

日本人の入社2年目の駆け出しライターでも、そのあたりまでは接近できるのだから、フランスの有力紙に働くキウイ（ニュージーランド人）のボズウィック記者が深く潜入に成功しても不思議ではない。記事には時間の経過とともに、選手の魂に火を放つトークが細密に記されている。

以下、引用しながら、いかに高度な情報化時代になろうとも、いまだ最後の聖域にとどまるロッカールーム内側の肉声（もはや映像は一部解禁された）のまれなる細部を抄訳で紹介したい。地の文については本稿の筆者が書き、カギカッコ内は、英語の堪能な友人の力を借りた原文の直訳である（一部省略）。

午後2時10分。

ドアをあく。静寂。ブライアン・ロホア監督が静かな声で口火を切る。

「スパイクのポイントを確かめろ。もうすぐレフ（レフェリー）に見せなくてはいけない」

沈黙。ところどころに響く咳。胃袋の緊張がもたらすゲップ。

アシスタントのコーチ、この12年後のワールドカップでオールブラックスを率いて、この午後と同じ相手、フランスにまさかの敗北を喫する人物、ジョン・ハートが言う。やはり落ち着いた口調だ。

「いまこそ集中する時だ」

そして、のちに多くの選手が奮い立ったと証言するロホア監督の一言。

「お前たちは、いい（グッド）チームだ」

ここで感情によって抑揚が乱れた。

「だが、まだ偉大な（グレイト）チームにはなっていない」

続けて。

「きょう勝てば、それこそが偉大なチームだ。20年が過ぎても語り継がれる。記憶に残る。偉大なチームは不滅だからだ」

もうひとりのアシスタント、オールブラックスの元バックロー、ハードマンとして鳴らしたカンタベリーのアレックス・ワイリーが口を開く。ハートがフランスに敗れた大会では、アルゼンチンのコーチとして平尾誠二監督のジャパンの前に立ちはだかった。キックオフ前のウォームアップを見守る熊のごとき体躯とひげ面の迫力は悔しく、かつ、懐かしく頭に浮かぶ。

「いつもどおりにやれば勝てると思ったら間違いだ。死ぬ気で戦わないと勝てない。体の奥底からのありったけの力を振り絞れ。これまでにはなかったエネルギーを自分の中に見つけるんだ。そいつが必要だからだ。体を張れ。ボールのためにすべてを投げ出すんだ。体を張れ。（ワラビーズとの伝統の定期戦）ブレディスローカップまでは10週間あるからリカバリーならできる。でも、もし負けたら一生回復しない。さあ行け。人生で最後の試合だと思ってプレーしろ」

体を張れ。そこにあたる原文は「put your bodies on the line」である。これ、実はセービングの英訳でもある。そう。「セービング」は本当は和製英語なのである。海外では通じない。わが仮説では、日本の土のグラウンドでは地面のボールに身を投げ出す行為は格別な意味を持った。それは出血と化膿に直結し、痛覚に対する忍耐とも同義であった。コンクリート級の堅い地面への「突撃」は、勇気と献身の象徴であり、ゆえに専門の用語も求められた。芝生の上なら、「セービング」は一般のプレーだ。だから「put your bodies on the line」の一環にくくられる。

ほとんどの選手がスパイクを履いた。ポイントの音がコンクリートを盛んに鳴らす。2時17分。トイレのドアがせわしなく開閉する。

ロホア。

「タックル！　タックル！　タックル！　やつらがボールを持ったらそこで倒せ。最初のタックルで勢いを消すんだ」

沈黙と静寂。

「ここを出るまで、あと30分」

唾を吐く音。そしてゲップ。

2時22分。背番号9のキャプテン、デヴィッド・カークが初めて話した。落ち着き払った声。「ほとんど聞き取ることはかなわなかった」。

2時24分。ロホア。

「プレッシャーをかけろ。プレッシャーをかければ連中はバラバラになる」

2時25分。ウォームアップが始まる。スパイクの音。その後の静けさ。

ロホア。

「あと25分」

同時にトイレのドアの音。

フォワードは体をぶつけ合っている。誰かが軽く走る気配。太ももを叩く破裂のような音。ストレッチング開始。静寂が戻る。この時、ウォームアップの指導にあたるジム・ブレアの理論は、当時のアマチュア競技のレベルでは最先端とされ、のちに日本でも教則書が出版された。

カーク。

「我々はオールブラックスだ。ここにいる誰もが昔からの記憶、伝統を背負っている。それこそが我々の強みなのだ」

ロホア。

「あと19分」

カーク。

「先に仕掛けるぞ（We need urgency）。すべてに先手を取るんだ」

当日のレフェリーは、オーストラリアのケリー・フィッツジェラルドである。4年後の第2回大会でも準決勝を担当し、その6週間後にブリスベンのオフィスにおいて43歳の若さで急死した。生涯にテストマッチを25度吹いている。フィッツジェラルドさんの司るコイントスではフランスが勝った。キャプテンのフッカー、ダニエル・デュブロカはあえて風下と太陽が目に入る陣地を選ぶ。そのことにブライアン・ロホア監督は激しく反応している。

「よく聞け。我々はキックオフを取った。風上でプレーする。最高のスタートだ。フランス人はそれがどんなに自分たちに打撃となるのかを知らない。なんて傲慢な連中なのだ。後半、風上で盛り返すと考えているんだ。そんなことはさせない」

このくだり、原文に「Frogs」という字の並びを発見できる。蛙。カエルを食うようなやつら。大昔からのフランス人に対する素朴な偏見である。起源は12世紀までさかのぼる。こういう表現を試合後のスピーチで監督がしたら、ただちに解任だ。でも試合前のロッカールームにおいてだけは許される。そこは徹頭徹尾、「内側の言語」が飛び交うスペースなのだから。

デュブロカ主将は、次の大会では監督を務め、準決勝でイングランドに敗退、試合後、レフェリーに詰め寄って批判を受け、その後、辞任している。

カーク。

「リメンバー、ナント！　悔しくないのか」

ロホア。

「私は悔しい。バック（ウェイン・シェルフォード）もそうだ」

前年の11月15日、敵地ナントでフランスに敗れている。3―16。完敗だった。その試合で、「バック（野うさぎ）」の愛称で呼ばれるナンバー8、シェルフォードは負傷のため途中退場している。当時、戦術的交代はルールで認められておらず、テストマッチのさなかにラインの外へ出ることはほとんど屈辱にも近かった。

カーク。

「そうだ。バック、最後までゲームにいなかったじゃないか」

2時35分。選手たちが、緊張をほぐそうと続々とトイレへ向かう。カラの嗚咽。

ロホア。

「めざすのはゴールドだ。ナンバーワンになることだ。準備はできているか？　ジョー（スタンレー）、覚悟は？　ショーン（フィッツパトリック）は、フォクシー（グラント・フォックス）は？」

カーク。

「2位は2番目じゃない。なんでもないのだ。優勝あるのみ。2番目の賞なんてあるべきじゃない。（力強く）ゴールドだけだ」

ロホア。

「あと15分。カウントダウンだ」

ここでは便宜上、カークをキャプテンと記しているが、本来、フッカーのアンディ・ダルトンが任命されていた。しかし大会前1週間に太ももを負傷して、チームには加わっていたものの芝の上には立てなかった。大会期間中、クライストチャーチ中心部の古いホテルの1階の酒場で、夜遅く、たったひとりでビールを飲み干すダルトンを見た。おそろしいほどいかしていた。孤独のオーラ。意外なほど小柄なその背中に後光は確かだった。アマチュア時代である。ちょいと一杯くらいは許容範囲でもあった。ウェールズなんて準々決勝で宿敵イングランドに勝ったら、2日間のオフを与えられるや、みんなでこれでもかと飲みまくって、あわれ準決勝ではオールブラックスに蹴散らされた。

オリジナルのキャプテン、ダルトン。

「ボールをコントロールするんだ。ラインアウトは両手でキャッチしろ。やつらは最前線から圧力をかけるドライビング・ゲームを嫌がる。ドライブを嫌がるんだ。前へ出て、1インチもくれてやるな。そうすればパックは真っ二つだ。ボールを渡すな。タックルされてもボールを放すな。我々に必要なのはラック、そこから速いボールだ。我々のウイングは最高だ。JK（ジョン・カーワン）とグリーニィ（グレイグ・グリーン）に半分ずつチャンスを与えるんだ。あとはふたりで仕留めてくれる。さぁ力を振り絞る覚悟はあるのか！」

ゲームのキャプテン、カーク。

「地面にボールがあれば全員が第三列（Loosies）だ。もしキッパー（フルバックのジョン・ギャラハー）が助けを必要とするなら全員がフルバックだ。先手、先手！」

2時40分。マイケル・ジョーンズ、グレイグ・グリーンはその場で数回のスプリントを行う。他の者は小用を足すために走る。

ロホア。

「12分！」

ダルトン。

「最高でなくてはならない。強気でふてぶてしく。我々はナンバーワンにならなくてはならないんだ。それより上なんてないからだ」

2時50分。

カーク。

「第三列はプレッシャーのことを考えろ。前5人もそうだ」

ロホア。

「この4、5週間、我々は最高のラグビーをしてきた。同じようにプレーするんだ」

カーク。

「もう頭の中はひとつだ。そこにいるやつを倒すんだ。そいつを倒せ。そいつを倒せ。そいつを倒せ。勝つんだ。それだけの実力があればカップはこっちのものだ。もしダメならそこまでということだ」

この後段のくだりは、24年後のワールドカップ決勝の前にも繰り返されている。カークは選手たちの激励にオークランド市内のホテルを訪れてこう語っている。

「それだけの努力をしてきたから優勝するにふさわしいという考えには意味がない。人生では努力が報われないこともあるのだから。実力があってこそ初めて報われるのだ」（ニュージーランド・ヘラルド紙）

スプリントの音がしだいにせわしくなる。呼吸の間隔もまた詰まる。

ダルトン。

「人生をかけた試合だ。永遠に1987年のオールブラックスが語られるか、たったの80分間でおしまいなのか」

ハートが、作戦遂行の中枢、背番号10のグラント・フォックスにソフトに語りかける。

「君は小さな宝石なんだ。リラックスしよう。君こそはベストだ。きょう、その最高の力を我々に与えてくれ」

ロホア。

「4分」

直後の監督の声のトーンはあまりにも冷静かつ穏やかで「聴取不能」なのだが、ボズウィック記者は「いつ叫び始めるのだろうか」と書き添えている。

ダルトンが「最高の第三列であることを証明しろ」と強く言った。

いかにも南島の農村部出身らしく寡黙なワイリーが口を開く。

「覚えておけ。この試合のことを一生振り返ることになる。ともかく、ここを出たらタックルだ。××（掲載不可の言葉）なタックル。ピッチの外へ放り出してしまうタックルだけが××（前のとは異なる）なやつらを倒す方法だ」

ダルトン

「考えろ。もし準優勝なら、手にできるのは取っ手のついた間抜けなジョッキ（Lousy bloody tankard）だけだ。我々が欲しいのはゴールドだ。間抜けなジョッキじゃない。だからタックルだ。タックル。プライド、威厳、内面でプレーするんだ。ここによきオールブラックスがある。勝てば偉大なオールブラックスだ」

カーク。

「我々はベストだ。ひとつの陣地獲得、ひとつのタックル、ひとつのキックを大切にやろう。きょうは接戦になる。接戦だ。だから最初の10分で抑えつけるんだ。前へ。前へ。10分だ。最初の10分こそが勝負を決める」

ロホア。

「いけるか」

静寂。ピッチへ。そのころは以下の伝統が生きていた。最後のひとりが必ず叫ぶ。ダルトンがその役だった。喉をふるわせて叫んだ。

「負けるのは××だ。我々は××じゃない」

ここにもCで始まる取り扱い注意の言葉が登場する。ベースボール・マガジン社の品位を考慮すると、ここに意味は明かせない。

直後、ドアが閉まる。その音だけが響いた。


さてオールブラックスの勇士たちは「間抜けなジョッキ」を手にすることはなかった。29―9。やや、おもしろみに欠けるほどの快勝だった。フランスだって試合直前には燃え上がっていたはずだから、ここに再録した時間だけが地元の英雄を勝たせたとは決められない。ただ勝っておかしくないだけの言葉はそこにあった。

スポーツライター、スポーツ記者の特権に「ロッカールームへの接近」がある。少なくともあのころは神聖な空間のそばまでなら近づけた。しかし「中」へは入れない。そこは、絶対に当事者だけの場所である。事実、ニュージーランドでも、このストーリーに出てくるジョン・ハートがオールブラックス監督時代、初めてテレビの固定カメラに「中」の様子を撮らせて、往年の名選手などから批判を浴びた事実がある。古きラグビー人にとっては、音なしのほんのわずかの映像でも許しがたかったのである。

ボズウィック記者が、具体的にどんな場所で壁に耳をつけたのか、あるいは音声や映像に接近できたのか（記事の一部には見たような描写も含まれている）についての記述はない。一応、同業者として推測すれば、たぶん協力者がいたのではあるまいか。おかげで闘争に臨む者の記録は残された。月曜朝のリベラシオンの紙面を飾った「スクープ」の反響はきわめて大きく、ボズウィック記者も今回の英語版の序文で「20年以上の時を経て、いまだにこの記事について話しかけられる」と記している。

あのオールブラックスのロッカールームにいた者のその後はさまざまである。

ブライアン・ロホアは、優勝監督となり、「サー」の称号を戴く。ニュージーランド社会の間違いのない名士のひとりである。ジョン・ハートには、選手としてのオールブラックスのキャリアはない。オークランドの貧しい公共住宅に育ち、自身の才覚だけでのしあがり、公共事業の難儀な用地交渉などビジネスで成功、鋭敏な言動でコーチングの手腕を発揮した。しかし前述のように99年大会でフランスに敗れる。チームを覆った油断が内外より指摘された。人間、そううまくは運ばないな。世界中のラグビー好きがそう思った。

デヴィッド・カークは、後年、ビジネスで大成功を収めた。代表を退くと、英国旧植民地の秀才に与えられるローズ奨学生としてオックスフォード大学に留学、88年9月には、同チームで来日もしている。全早稲田大学で対戦したフランカーの選手がこう話していたのを思い出す。

「カークの最初のキックをチャージできそうだった。これならいけると、どんどん狙ったら、次からは、すべて違うタイミングとスポットで蹴ってきた。表情はちっとも変わらない。これが本物のインターナショナルなのだと思いました」

もともとはオタゴ大学で医学士、オックスフォードでは哲学、政治、経済学士を得た。

ニュージーランドのボルジャー政権のコンサルタントなどを経て、05年からはシドニーの巨大メディアグループ、フェアファックスの最高経営責任者に就任、地元紙には「首相の数倍の報酬」という記事も見つかった。08年に退任、現在は、映画館チェーンなどを展開するホイツ・シネマの会長を務めている。

華麗なる経歴をゴールデンボーイと呼ぶメディアもあった。しかし、いや、だからこそ、ラグビーの決戦の前には、ほとんど「タックル」とだけ叫んでいる。緻密な頭脳、あるいは緻密な計画と準備は、いよいよ勝負が迫れば、きわめて簡潔なイメージに収斂される。だから強いのだ。だから優秀なのである。

日本代表でロッカールームの物語を紡いだのは、やはりこの人、大西鐵之祐をおいて他はない。

「歴史の創造者たれ」

71年9月のイングランド戦、秩父宮ラグビー場の一室に野太い声が熱を帯びた。

左プロップ、原進は、際立つ筋力と身体能力を買われ、この夏の代表合宿でナンバー8から転向したばかりだった。どのみち小さなフロントローでは母国の巨漢には対抗できない。無謀に映る策も勝負にかける熟慮の産物だった。

キックオフ直前、水盃が割れて、ひとりずつがグラウンドへ駆け出す。

その時、大西鐵之祐監督は言った。

「原、信頼してるぞ」

いろいろあってプロレスラーへ転じ、いろいろあって故郷へ帰った。36年後の盛夏、長崎は諫早の自宅の前の坂道で、阿修羅と呼ばれた男がつぶやいた。

「あれ忘れられないな」

信頼してるぞ。なんと簡潔にして重い一言であることか。

１９８７年のオールブラックスも、また信じることを闘争の火とした。

背番号14、ＪＫことジョン・カーワンは、24年後、再びニュージーランドの地で開かれた大会にジャパンを率いて臨んだ。「グッドからグレートへ」。それが、その年からの標語だった。ここにも、あの決勝の午後、ブライアン・ロホアの午後2時10分過ぎからの言葉は生きている。

もうひとつの翼、グレイグ・グリーンはのちに関東学院大学のコーチを務め、学生の心をつかんだ。バック、ウェイン・シェルフォードは、やはり立命館大学の指導にかかわり、こちらは芝の上の火の玉の気概とはずいぶん違って、なんとなく静かなままだった。

左プロップ、スティーブ・マクドゥーエルは、柔道の幻のモスクワ五輪代表でもあった。体のバランスに優れ、押してよし、走ってよし、この大会でベストの背番号1ともくされた。こちらも11年の母国での大会にルーマニア代表のアシスタントコーチとして参加、強力なスクラムをつくり上げた。そういえば、その3年前に「外国人コーチで初めて家族を連れてルーマニアに移住した」人物は、長らく姓を誤って綴られていた。

85年にオークランド代表に選ばれて以来、あらゆる記事に「McDowell」と表記されてきた。しかし、11年大会の期間中、『サウスランド・タイムズ』紙の記者との問答で、本当はそうではなく、「McDowall」が正しいと明かした。「初めての海外遠征でパスポートとVISAカードの綴りが違うことに気づいた」。帰国後、確かめると、父がミドルネームをファーストネームに移行させる際に生じた混乱と分かる。「ほとんどのメディアは間違っているけど別に困らない」。本人がさして気に留めていないので何十年もそのままだった。なんとなくいい逸話だ。

背番号12、カンタベリーのワーウィック・テイラーは、あくまでもゴールドをめざし、とうとうゴールドを掌中に収めた漆黒のチームに、いつでもシルバーの深みをもたらした。死にかけたボールは自身の身を投げ出し生き返らせる。つまりパスをせずに前へ出て、ラックにするか短くつないで「洗浄」する。生きたボールは素直にパス、どんなに短い距離でもすぐに深い角度からサポート、どこまでも攻撃の生命を維持させようと試みた。金でなしに銀。渋い。テイラーは、この決勝から一夜明けた日曜の朝に宿舎で来客の祝福を受けると、すぐ機上の人となって、もう月曜には、クライストチャーチのいつもの勤務先、バーンサイド校の教職の場に立っていた。そんな時代だった。アマチュアの世紀のこれもいい話である。

無念の負傷、アンディー・ダルトンは、決勝後に現役引退、農地を保有しながら、廃棄物処理ビジネスのマネジメントなど実業界でも成功、99年にニュージーランド協会会長に選ばれた。講演者としてもユーモアと洞察力に富んだ内容で人気がある。たぶん、あのロッカールームの最後のひとりとなって以来、Ｃの字で始まるおそろしく危ない用語は口にしていないと推察される。

イアン・ボズウィック記者の「盗み聞き」の功績は、世界最高のラグビー集団、そのロッカールームに飛び交う感情と言葉、もっと述べれば魂が、自分たちのよく知っているチームのそれとあまり変わらないと明かしたことだ。

タックル。タックル。またタックル。プレッシャー。プレッシャー。雪辱の意志。自信の確認。伝統の重みと誇り。「フランス人はカエルを食う」。そんな子供っぽいほどの攻撃性。あなたの高校、あなたの、あなたの友人の、あなたがファンのクラブとまるで同じではないか。だからオールブラックスは強かったのである。

初出＝『ラグビーの情景』（ベースボール・マガジン社）２０１２年８月

【第2回大会　1991】

我々には創意がある

第2回大会
1991年10月3日～11月2日
開催国・地域＝イングランド、スコットランド、ウェールズ、アイルランド、フランス
出場国数＝16カ国・地域

決勝トーナメント

準々決勝

豪州	19
アイルランド	18
NZ	29
カナダ	13
スコットランド	28
西サモア	6
イングランド	19
フランス	10

準決勝

豪州	16
NZ	6
イングランド	9
スコットランド	6

決勝

豪州	12
イングランド	6

3位決定戦 NZ 13−6 スコットランド

日本代表
監督＝宿澤広朗
主将＝平尾誠二
戦績＝予選（プールB）1勝2敗

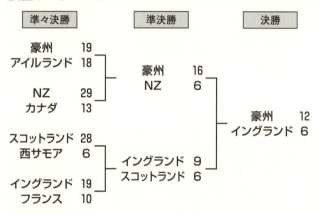

ラグビーワールドカップ1991　試合記録

予選プール　POOLSTAGE

	プールA	NZ	イングランド	イタリア	アメリカ	勝点
1	NZ		○18−12	○31−21	○46−6	9
2	イングランド	●12−18		○36−6	○37−9	7
3	イタリア	●21−31	●6−36		○30−9	5
4	アメリカ	●6−46	●9−37	●9−30		3

	プールB	スコットランド	アイルランド	日本	ジンバブエ	勝点
1	スコットランド		○24−15	○47−9	○51−12	9
2	アイルランド	●15−24		○32−16	○55−11	7
3	日本	●9−47	●16−32		○52−8	5
4	ジンバブエ	●12−51	●11−55	●8−52		3

	プールC	豪州	西サモア	ウェールズ	アルゼンチン	勝点
1	豪州		○9−3	○38−3	○32−19	9
2	西サモア	●3−9		○16−13	○35−12	7
3	ウェールズ	●3−38	●13−16		○16−7	5
4	アルゼンチン	●19−32	●12−35	●7−16		3

	プールD	フランス	カナダ	ルーマニア	フィジー	勝点
1	フランス		○19−13	○30−3	○33−9	9
2	カナダ	●13−19		○19−11	○13−3	7
3	ルーマニア	●3−30	●11−19		○17−15	5
4	フィジー	●9−33	●3−13	●15−17		3

1991年ジンバブエ戦「知られざる最多得点記録」

ジャパンの知られざる快挙がある。

16年も前、北アイルランド・ベルファストの小さくて古びたスタジアムでの出来事だ。ジャパンは、ジンバブエに52—8で勝利した。アジアとアフリカ大陸代表のW杯における「消化試合」。世界の誰も注目していなかったが、レイベンヒル競技場に足を運んだ約9000の観衆は、一部のジンバブエ人を除けば、よい午後を過ごせた。

胸に桜をあしらった赤と白のジャージィが曇り空の下、深い緑を縦横に走り回ったのだ。大会最多の9トライ。試合後の会見の仕切りを務めたウェールズ人の報道担当役員は「これがラグビーなのです。ボールを手に持って走る。体の大きさなんか関係ない。この試合を英国の子供たちがテレビ観戦できたのは素晴らしいことだ」と情感を込めて語った。

翌朝、新聞スタンドで手にした『ベルファスト・テレグラフ』紙には「ヨシダがレイベンヒルに明かりを灯した」という見出しが掲げられていた。ヨシダとは、あの左太ももの青いサポーター（わかる人にはわかる）、ジャパンの背番号11、吉田義人である。

念のため、大会最多とは「日本代表にとっての」ではない。優勝した豪州代表ワラビーズやニュージーランド代表オールブラックスなどを含んだ大会全体における最多である。

事実、ジャパンと同組の強豪、スコットランドとアイルランドは、ジンバブエを相手にともに大勝（それぞれ51―12、55―11）を遂げたが、いずれも8トライずつにとどまっている。9トライは「ボールさえ獲れれば」と強豪国の関係者になぐさめられてきたジャパンにとって、そのボールを獲れたらこうなる……というまれなる証明でもあった。

貴重な目撃者である『デイリー・テレグラフ』紙のチャールズ・ランドール記者は次のように書いた。

「ファンを喜ばせることはあっても決して試合に勝つことのなかった日本が、ここにきてやっと勝利の笑顔を見せた」

同記者は、さらに、スコットランドのイアン・マクギーハン監督の「日本はボールを持たせると手ごわいチームだ」というコメントを引いて「まさにその通りのゲーム展開になった」と付け加えた。

大会前のIRBのランキングでは、ジャパンは参加16カ国のうちの15位、ジンバブエがその下の16位とされていた。つまりビリから2番が、ビリを相手に大会最多トライを記録した。大会4強のスコットランド、優勝するワラビーズに準々決勝で勝ちかけたアイルランドよりも、同じ相手から多くのトライを奪えた。国際ラグビー史にあっては、少しばかりユニークな逸話として処理されるだけかもしれない。それでも日本にとっては、いつまでも輝く勲章なのである。

現時点では、ジンバブエ戦がジャパンのW杯唯一の勝利である。もっとも勝った事実に意味は薄い。なにしろ相手はビリなのだから。勝ったからではなく、素晴らしく勝ったところに意味はあった。その週も宗教対立による3件の殺人のあったベルファストの少年少女が、夕食の席で「きょうの試合はおもしろかったね」と笑えた事実こそが大切だった。

宿沢広朗監督、平尾誠二主将のジャパンは、後述する周到な準備を重ね、スコットランドとアイルランドとの勝負に打って出て、W杯の厳しさにはね返され、なお同格のジンバブエ戦圧勝でキャンペーンの正当な歩みを示した。

では、どんな試合だったか。

記者席にいた筆者には、いわゆる「移動攻撃」がおもしろいように決まった――という記憶がある。

移動攻撃とは、スクラムやラインアウトからサインプレーを仕掛けてゲインを切り、あらかじめ想定されるポイント（拠点）にFWが先手をとって集まり、瞬時のうちにボールを出す。それをSHが電光のごとくさばき方向転換、たとえば左に位置するランナーがスーッと右へ移動してディフェンスの逆を取る。あるいはスリ抜ける。パスの手さばきの早さ、走るコースの微妙な変化など日本人の巧緻性をいかした方法である。

宿沢ジャパンでは、速攻↓攻撃角度の変化はひんぱんに行われていた。ただしW杯のスコットランド、アイルランド戦では、気力、体力ともに充実の両古豪がスクラム、ラインアウトで圧力をかけてきて、攻撃拠点、いまの用語なら「ブレイクダウン」にも反則ぎりぎりのプレーで襲いかかった。どうしても球出しはスローダウンさせられ、用意してきたアタックの芽はつまれた。アイルランド戦では何度か鮮やかな突破を成功させたが、ほとんどは相手ペナルティからの速攻である（それはそれで効果的だった）。

　ジンバブエとの最終戦、ジャパンのＦＷはそこまでの2戦のもどかしさを振り払うようにキビキビと動いた。そう、ジャパンは、ものすごくキビキビしていた。全般にミスも目立つのだが、攻撃の機会があまりにたくさんあるために生じるパスの失敗が主で深刻な感じはしなかった。

　吉田の鋭角のランは明かりというより稲妻のようであり、朽木英次の完璧なコース取りや堀越正巳のおそるべき活力は爽快なほどだった。平尾主将の懐の深いパスさばきも効いていた。

　開始3分過ぎ、細川隆弘のＰＧで先制。以下、堀越、吉田らがインゴールを陥れ、後半は8、14、20、32、34、37、41分とトライをたたみかけた。ＦＷのトライは、サモア出身のエケロマ・ルアイウヒのひとつのみ。現在よりもポジションごとの分業がくっきりしていた当時、ジャパンの基本設計は「ＢＫでトライ」であり、つまりデザイン通りの攻撃が実を結んだ証左ともいえる。

　現地の中継映像に残されているスタッツ*では、後半開始後に表示されたボール支配率がジャパンの「56―44」。後半8分前後までの両ＳＯのプレー選択は、ジャパンの松尾勝博が19回のレシーブのうちパス14回、キック4回、ジンバブエのクレグ・ブラウンは8回のレシーブで、パス0回、キック5回と記録されている。

ジンバブエは、人種隔離政策、アパルトヘイトへの制裁で国際スポーツ界から締め出された南アフリカの不在もあって出場できた。ただし、歴史的には、独立前の旧ローデシアとして、49年、オールブラックスに1勝1分けの戦績を残すなど白人中心のラグビーの伝統はあった。この試合の右プロップ、エイドリアン・ガーヴィーは、後年、南アフリカ代表スプリングボクスで28テストに出場している。大会の負け犬ではあっても、ジャパンとの関係においては弱々しいスピッツではなかったのだ。


ジャパンは、この未知の国を既知としていた。

宿沢監督は、90年の5月、単身、1泊4日の強行日程でジンバブエの首都ハラレを訪れている。アフリカ予選偵察が目的である。現地滞在は30時間。録音テープにぶつぶつ吹き込みながらメモを取り観戦、試合後の交歓会に飛び入りし、選手たちと会話を交わして帰ってきた。その場で大筋の話をつけ、翌91年3月、ジャパンB代表でジンバブエ遠征を行う。手の内をさらしてでも、向こうの実力を探るほうが得策と考えたのである。

チーム全員に配るマラリアの薬がどうしても1錠足らず、やむなく春口廣コーチ（前・関東学院大学監督）が犠牲になってホテルの部屋を蚊取り線香でモクモクにした……。ポンコツのバスをみんなで押した……。さまざまな笑い話も残される語り草のツアーに収穫はあった。「BK勝負に持ち込めば勝てる」という確信を得られたのだ。

W杯のジンバブエ戦直前、宿沢監督の声が少しだけ大きくなった。これまで出場機会のなかった選手を試す気はないか？　囲み取材で、そう聞かれた時だ。

「試すというのは次の目的があるからそうするのであって、いまは、まさに目的のさなかにある。ワールドカップとは勝負をする場なのだ」

そんな反論を聞いた覚えがある。試合後、同じ人物は言った。「勝つ意欲が強かったから大差はついた」。1泊4日の旅は、本当の意味で、ここに終わった。

いまから思えば、宿沢ジャパンには「開き直り」の必要はなかった。その種の言葉を耳にしたこともない。連敗を喫して当初からの「2勝」の目標到達はついえて、なお、すべては準備されていた。ハラレでの確信そのままBKの勝負に持ち込んだら、あっけないほどに抜けた。鉄杭のロック、林俊之を先頭に、FWがあれほどの優勢を保てば9トライも必然に近かった。

前出のランドール記者が、ジンバブエのブライアン・カリン主将のコメントを紹介している。

「試合が進むにつれ、みるみるうちに自信が崩れていった。一生懸命タックルしたつもりだが、日本はどこからでも攻めてくるのでどうにも防ぎようはなかった」

SHのユーアン・マクミランの感想も実に率直である。「日本はグラウンド中を走り回っていた。モール、ラックへの集散も信じられないほど早かった」

ジャパンを見慣れている取材記者にも、大敗の当事者の抱いた実感はおおげさに感じられない。その通りなのだから。他方で、トライの嵐に驚きもしなかった。「ボールさえ獲れれば」これくらいはできると知っていたからである。

帰国後、宿沢監督は本誌速報号のインタビューでジンバブエ戦前の心境を語った。「最後までモラルを高く保って、目的意識を持たせなければいけない。じゃあ、どうするかというと、その時に口でいくら言ってもダメなんですね。僕らが3戦ともベストで戦いたいと思っていることを、選手がどう感じてくれるか、に賭けるしかないんです」

さらに今後のジャパンの強化の方向についての見解を述べている。

「やり方はこのままでいいんじゃないですか。あとは、それをより生かすためにパワーをつければいいと思う。世界の人も変えて欲しくないと思っているだろうし。日本のオリジナリティを大事にすべきだと思います。評価されているんだから、決して世界に通用しないラグビーではない。あとはどういう部分かというと1対1のパワーの部分」

あらためて重要な発言であると気づかされる。W杯の真剣勝負にボール奪取能力の洗礼を浴び、そこが解決されたら大会最多9トライを記録した。負けた試合にも現地のジャーナリズムの評価は好意的だった。それだけのチームを率いて、だからこそ「あとはパワー」と言い切れた。あくまでも日本のラグビーを磨き、その戦法に応じて求められるパワー、個の強さを積み上げていくべきなのだと。

その後のジャパンの歩みをなぞれば、残念ながら、宿沢発言の最後の部分ばかりが肥大してしまったと考えざるをえない。

「日本のオリジナリティを大事にすべき」

これほど正当な言葉が時代錯誤の頑迷として押しのけられた。皮肉にも、宿沢強化委員長の体勢でも「日本の日本化」は思うように進まなかった。独自性の追求を放棄したまま漫然とパワー志向に走り、海外理論の半周遅れの模倣が95年大会からは主流となる。いや完全な模倣ならまだしも、模倣もどきまで跋扈《ばっこ》して、ようやく我々が「日本オリジナル」の明確な宣言を聞くのは、背の高いニュージーランド人、ジョン・カーワンの登場を待たなくてはならなかった。

もどかしい回り道は続いた。

なぜだろうか。

１９９１年、10月14日、あのジンバブエ戦の評価を忘れていたからだ。

＊スタッツ＝チームや選手のプレーに関する統計数値。成績表。

初出＝『ナンバーPLUS』２００７年10月号（文藝春秋）。『熱狂のアルカディア』（文藝春秋）所収

闘牛士にして宝石——ダブリンの新聞が吉田を絶賛

第2戦　日本16—32アイルランド

10日付のアイルランドの新聞は一斉に「ヨシダはいいプレーヤーだ」と書いた。「闘牛士のようなステップ」「真のスピードスター」「この試合における宝石」……。アイルランド代表として63キャップを持つ、伝説的名ロックのW・J・マクブライド氏も「ジャパンにはとても素晴らしいプレーヤーがいる。ハヤシ、ホリコシ、そしてヨシダだ」とその分析記事で述べている。

アイルランド戦の後半18分。自陣22メートルで得たペナルティの左展開から吉田はマークのクラークを外に抜き去り約60メートルほど快走。梶原のトライを引き出している。

強豪国の正代表を1対1でやりこめたランニングの価値を、本場の目ざとい記者たちは見逃さなかった。

「自分の仕事はマークのウイングと勝負することと思っていた」ベルファストでの初練習を終えた吉田は言う。

国内の試合では吉田のスピードを警戒して、マーカーは外側から内へ追い込もうとしてくる。しかし、アイルランドのクラークは正面に立っていた。「出発前から内にステップを踏んですぐ外に出るイメージで練習してきた」のは「外国の選手は恐らく外めには立ってこない」と考えたから。狙いは図星だった。その吉田はジンバブエ戦を「弱いと思ったら、とてもじゃないが勝てない。タックルをよくするし強敵です」集中力の維持が課題だが「ボク自身はそれは大丈夫。ここで勝たないと日本のラグビーそのものに影響が出る」とエースはW杯初勝利へ気を引き締めていた。

初出＝「スポーツニッポン」１９９１年10月12日。『ラグビー特別便』（スキージャーナル）所収

西サモアがアルゼンチンに快勝

プールC 西サモア35—12アルゼンチン

西サモアの左プロップを務めるファティアロファ主将の職業は「ピアノ・ムーバー」だ。ニュージーランドの都市、オークランドに住み、引越業で生計を立てながら何度も同国代表オールブラックスのトライアルを受けてきた。

だが、運悪くあと一歩で選にもれ続け、意を決して故郷の西サモア代表入りの道を選択。体を張ったリーダーシップで初出場ながら世界の8強入りを実現させた。

「最初の目標は達成できた。準々決勝にも全力を尽くすだけだ」

西サモアといえば大会随一の評価を受ける猛タックルが思い浮かぶが、このファティアロファ主将を初めニュージーランドの厳しいラグビーを知るプレーヤーが組織的にゲーム

を組み立てるのも強さの理由だ。

この日は、ＦＷがまとまりを欠いて苦戦したものの、チャンスにボールを丁寧につなぐ集中力は健在。米国のユタ州立大でアメリカンフットボール経験のある左ＷＴＢタンガロアの2トライなどに結びつけた。

唯一の誤算は後半25分にロックのキーナンがラフプレーで今大会初の退場処分を受けて今後の出場が許されないこと。ただでさえロックの人材不足が指摘されていただけに、準々決勝で当たるスコットランドは胸をなでおろしているはずだ。

＊

日本代表はきょう14日のジンバブエ戦を前にベルファスト市内の「ノース・オブ・アイルランドＲＦＣ」で最後の調整に励んだ。

宿沢監督は「アイルランド戦は2年前にスコットランドに勝った（28―24）時よりもボールが取れた。ＦＷが前に出てラックを出せれば勝てる」と語る。

ジンバブエは強いタックルと前進した時の爆発力は評価されている。「ＦＷと突破力のあるＳＨのあたりでボールをつながせないようにしたい」と同監督。ジンバブエの守りを考慮してラインをやや深めに修正。動きのいい中島をあえて外して1メートル93のエケロマの高さを買ったラインアウトの練習に時間をさいていた。

初出＝「スポーツニッポン」１９９１年10月14日。『ラグビー特別便』（スキージャーナル）所収

周到な準備が開花――宿沢ジャパン価値ある勝利

第3戦　日本52―8ジンバブエ

ジンバブエ戦終了後の記者会見。

司会を務めたウェールズ出身の大会役員がこんなあいさつで予選プールの最終戦を締めくくった。

「この白熱したゲームをテレビの中継で多くの若者が見ることができたのはとても素晴らしいことだ。パス、ラン、カバーリング。これこそがラグビーなのです」

早いテンポでしかも安定したＦＷの球出し。横流れせず紙一重のパスを渡すバックスの攻撃。巨漢にも当たり負けしない肉体の強さ。

就任から2年半、宿沢監督が意図してきたラグビーは最後の一戦でようやく花開いた。

平尾主将は言う。

「このチームは絶対に強いと思っていた。スコットランド戦にしても前半はすごくいい内容。怖いのは自信を失うことだけでした」

ヒーローも誕生した。２トライを決めてトライ数で大会第４位（計3トライ）にランクされた左ＷＴＢ吉田だ。少年ファンが「ヨシーダ」と叫ぶ人気者。狭いスペースを抜くステップは高い評価を得ている。

吉田はジンバブエ戦大勝の象徴でもある。試合の明暗を分けたのは両チームのコンディションだった。ジンバブエ選手は前2戦で体力を消耗して次々と負傷したが、日本のプレーヤーには鋭さがまだまだ残っていた。

「この大会に合わせてずっと体を整えてきた。深い芝生を走るための筋肉はふだんと違うのですごく気を使いました」

宿舎のベッドに日本から持参のチューブを巻きつけて足で引き上げる日課を吉田は欠かさなかった。

その周到な準備に宿沢監督の指導がだぶる。関西の大学リーグにも足を運び、埋もれた素材を発掘。一貫した戦法を打ち立て、世界の情報を収集した。

「日本は着実に力をつけてきている」。本物の強豪には力及ばなかったがリングに上がる資格を得たことだけは確かだ。

日本の大勝を現地の各紙は好意的に報じている。北アイルランドの「アルスター・ニュースレター」は「ヨシダがレイベンヒル（競技場）に明かりをともした」の見出しを掲げて日本のオープンプレーを称賛。「アイルランドの（エースの）ゲーゲンはいつもキックを追うばかり」と書いた。「タイムズ」は試合のリポートの終わりに「ヨシダ、クチキらのアイルランド人の祖母を見つけなくてはならない」とアイルランド代表への皮肉を込めて書いた。

1991年10月14日　北アイルランド・レイベンヒル

日本	52		8	ジンバブエ
後半	前半		前半	後半
7	2	T	1	1
4	1	G	0	0
0	2	PG	0	0
0	0	DG	0	0
36	16	スコア	4	4

	FW	
太田治（日本電気）	1	ニコルズ
薫田真広（東芝府中）	2	ビーティー
田倉政憲（三菱自工京都）	3	ガーヴェイ→ロバーツ
林敏之（神戸製鋼）	4	マーティン
大八木淳史（神戸製鋼）	5	ボタ
エケロマ（ニコニコドー）	6	ヌグルヴェ
梶原宏之（東芝府中）	7	ドーソン
シナリ・ラトゥ（三洋電機）	8	カタロール
	BK	
堀越正巳（神戸製鋼）	9	マクミラン
松尾勝博（ワールド）	10	ブラウン
吉田義人（伊勢丹）	11	ウォルターズ
平尾誠二（神戸製鋼）	12	レッチャー
朽木英次（トヨタ自動車）	13	ツィンバ
増保輝則（早大２年）	14	シュルツ
細川隆弘（神戸製鋼）	15	カリン

得点：トライ（T）4点、ゴール（G）2点、ペナルティーゴール（PG）3点、
　　ドロップゴール（DG）3点
日本選手の所属、企業名は当時のもの

初出＝「スポーツニッポン」1991年10月16日。『ラグビー特別便』（スキージャーナル）所収

豪州が辛勝――アイルランドが大健闘

準々決勝　オーストラリア19―18アイルランド

歴史が動きかけた。あふれるような才能の集うワラビーズが気迫だけが頼りのアイルランドに追いつめられる。

後半34分、ゴロパントを背走した名手キャンピージがファンブル。アイルランドの左WTBクラークが拾い上げて内側にサポートしたハミルトンにつなぎ、そのまま左コーナーへ飛び込んだ。キーズのゴールも決まって15―18。この時間に及んでワラビーズが3点のビハインドを追うスリルがスタンドを包み込む。

だが、さすがにオールブラックスと並ぶ優勝候補は懐が深い。終了2分前、左ゴール前でスクラムを得るとお得意のサインプレーでSOライナーが右コーナーに再逆転トライ。かろうじて準決勝に進む権利を引きずり戻した。

「プレッシャーがきつかったよ」とキャンピージ。これほどのタレントが我を忘れかけるタフなゲームだった。

「若いチームでやればできることを示したかった。スクラムが強いのには自分でも驚いた

よ」アイルランドのフィッツジェラルド監督は満足そうに言う。統制のとれたＦＷと闘争心。「日本に学ぶべき」などと書かれる古びたスタイルだが、本場の底力は簡単には揺るがない。

初出＝「スポーツニッポン」１９９１年10月21日。『ラグビー特別便』（スキージャーナル）所収

「神への奉仕が第一さ」――Ｍ・ジョーンズ欠場

才能のほどはオールブラックスのワイリー監督の言葉を借りれば分かる。
「彼はほかの選手にはできないあらゆることを簡単にやってのける。スピードにあふれ、ハンドリングが見事でラインアウトの最後尾では素晴らしく高く跳び、必要な場所に必要な時に現れる」

マイケル・ジョーンズ、26歳。１メートル85、91キロ。西サモア出身の母親を持つこの天才フランカーは信仰上の理由から日曜日に行われる準決勝に出場しない。
「ラグビーは大切だけど、神への奉仕がまず第一さ。安息日にプレーをするのは信条を変えることになる」

前回Ｗ杯でも準決勝のウェールズ戦が日曜日にあたり欠場している。しかし、今回は「事実上の決勝」とも称されるタフなワラビーズが相手。ジョーンズ抜きでは不安が残る

のは事実だ。

ハート・コーチは言う。「どんなチームもマイケル・ジョーンズを欠けば力を保てない。明らかに影響を受けるよ」

試合前にはニュージーランドの母親に電話をかけて聖書を朗読してもらう。酒もたばこも一切やらず、ドラッグとアルコールの害に関する講演を積極的に引き受けている。

オークランド大学で地理学を修め、将来の希望は外交官。物静かで子供にせがまれたサインを決して拒まない好人物は来月2日の決勝に備えて「とてもハードなトレーニング」を自らに課している。

初出＝「スポーツニッポン」1991年10月24日。『ラグビー特別便』（スキージャーナル）所収

歴史的敗北生んだゴタゴタ――NZ屈辱

準決勝　オーストラリア16―6NZ

オールブラックスが負けた。しかもノートライの完敗。前回W杯を制して以来、世界の頂点に君臨してきた王者は屈辱の3位決定戦に回る。

不安要素は散見していた。FBの人材難。世界ナンバー1のフランカー、M・ジョーンズの宗教上の理由での欠場。そして、頑固一徹のワイリー監督と切れ者で知られるハー

ト・コーチの確執。シェルフォード前主将の役を受けたG・ウエットンの人望のなさも公然とささやかれている。

「バックを連れ戻せ（Bring Back Buck）」

この数カ月、ニュージーランド国民の多くはそう願っていた。

「バック（雄うさぎ）」とは前主将のシェルフォードのニックネーム。鋼鉄のようなナンバー8として前回大会で大活躍。88年に主将に任命されると、テストマッチで14戦無敗の成績をもたらした。

ところが、一昨年6月にいきなり代表から外されてしまう。有力な説は名キッカーのSOフォックスとの反目。ワイリー監督はフォックスを重視してシェルフォードを追放した——とNZ国内では信じられている。

そうしたゴタゴタに加えて、FBギャラハー、CTBシュスターら主力のプロ入りが厚い選手層を突き崩したのも実力低下の要因だ。

「今大会にはラグビーのプロモートという目的もある。イングランドのキックを追うだけのスタイルはいただけない。我々とオーストラリアの試合こそがラグビーなのだ」

敗戦後、ハート・コーチはそうまくしたてて報道陣の拍手を浴びた。しかし、その意識が本来の手堅いやり方を忘れさせ無理なオープン攻撃に走らせたのも事実。監督人事を始め、歴史的敗戦のシコリはしばらく残りそうだ。

あきれるようなスピードとステップで先制トライをマークしたワラビーズの切り札WTBキャンピージは言った。

「オールブラックスは決め事を繰り返すだけだが、我々には創意がある」

素早いパスからタテを突いてポイントを作り、すぐに次の攻撃態勢に入る切れのあるライン攻撃。キャンピージをはじめホラン、リトルらのきらめく才能。そして、タフなFW……。決勝のイングランド戦でも観衆を魅了する展開ラグビーを披露してくれそうだ。今夏のシドニーでの対戦は40―15の快勝。ドワイヤー監督は「タフなゲームになる」と気を引き締めた。

初出＝「スポーツニッポン」1991年10月29日。『ラグビー特別便』（スキージャーナル）所収

地元紙もこきおろす――退屈なイングランドに非難の嵐

準決勝　イングランド9―6スコットランド

誇り高きイングランドが勝ってなお、いや勝ったからこそ批判の矢面にさらされている。準々決勝のフランス、準決勝のスコットランド戦をキック主体の力任せのスタイルに徹して突破。特に準決勝はノートライでの勝利とあって、辛口の一部の新聞は「ラグビーの破滅を招く」とこきおろしている。

もう一つの準決勝、豪州―ニュージーランド戦が、ともにボールを思い切り動かすスペクタクルな名勝負だったことも「イングランド叩き」に拍車をかけた。

オールブラックスのハート・コーチは「イングランドがもし決勝で勝ったら、神よラグビーを救いたまえ……と言いたい」と大胆に発言。真意を問われると「キックを追うことがラグビーとは思わない。あれじゃあ、何のためにプレーしているのかわからないじゃないか」とまくし立てて、イングランドの記者たちから拍手が起こった。

こうした「世論」がイングランドの選手にも微妙な影響を与え始めた。27日夜のミーティングではフッカーのムーアが「ロンドンの新聞記者はスコットランド人やウェールズ人が多いからああいう書き方をするんだ」と強硬にコメント。

カーリング主将は「決勝は勝つことだけでなくそれ以上のラグビーをすることに決めた」とやや軟化？の傾向を見せた。クック団長は「我々にはもっと多くの戦法があるし、それを使わなくては負けることになる」と微妙な言い回しをしている。

英国四協会をはじめ、多くの大会参加国ではラグビーがサッカーなど他競技の大衆的な人気に押され気味だ。根強いファンが支えているとはいえ、「退屈な」（豪州・ドワイヤー監督）イングランドが勝つようでは「未来がない」という憂慮の声は日増しに強くなっている。（決勝はオーストラリア12―6イングランド）

初出＝「スポーツニッポン」１９９１年10月30日。『ラグビー特別便』（スキージャーナル）所収

1991年11月2日　イングランド・ロンドン

豪州	12		6	イングランド
後半	前半		前半	後半
0	1	T	0	0
0	1	G	0	0
1	1	PG	0	2
0	0	DG	0	0
3	9	スコア	0	6

	FW	
A・ダイリー	1	J・レナード
P・キアンズ	2	B・モーア
E・マッケンジー	3	J・プロビン
R・マッコール	4	P・アクフォード
J・イールズ	5	W・ドゥーリー
S・ポイデビン	6	M・スキナー
W・オハフェンガウェ	7	P・ウインターボトム
T・コーカー	8	M・ティーグ
	BK	
N・ファージョーンズ	9	R・ヒル
M・ライナー	10	R・アンドリュー
D・キャンピージ	11	R・アンダーウッド
T・ホラン	12	J・ガスコット
J・リトル	13	W・カーリング
R・エジャートン	14	S・ハリディー
M・ローバック	15	J・ウエッブ

得点：トライ（T）4点、ゴール（G）2点、ペナルティーゴール（PG）3点、
ドロップゴール（DG）3点

【第3回大会　1995】

ネルソン・マンデラの大会

第3回大会
1995年5月25日～6月24日
開催国＝南アフリカ共和国
出場国数＝16カ国・地域
1992年にトライの得点が4点から5点に変更された。
ペナルティキックからのラインアウトは
キックを蹴った側のボール投入に変更された。

決勝トーナメント

準々決勝

南アフリカ　42
西サモア　14

フランス　36
アイルランド　12

イングランド　25
豪州　22

NZ　48
スコットランド　30

準決勝

南アフリカ　19
フランス　15

NZ　45
イングランド　29

決勝

南アフリカ　15
NZ　12

3位決定戦　フランス　19−9　イングランド

日本代表　監督＝小藪修
主将＝薫田真広
戦績＝予選（プールC）3敗

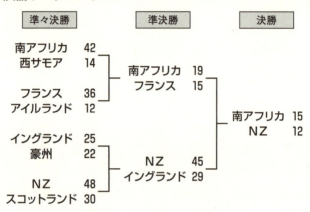

ラグビーワールドカップ1995　試合記録

予選プール　POOLSTAGE

	プールA	南アフリカ	豪州	カナダ	ルーマニア	勝点
1	南アフリカ		○ 27−18	○ 20−0	○ 21−8	9
2	豪州	● 18−27		○ 27−11	○ 42−3	7
3	カナダ	● 0−20	● 11−27		○ 34−3	5
4	ルーマニア	● 8−21	● 3−42	● 3−43		3

	プールB	イングランド	西サモア	イタリア	アルゼンチン	勝点
1	イングランド		○ 44−22	○ 27−20	○ 24−18	9
2	西サモア	● 22−44		○ 42−18	○ 32−26	7
3	イタリア	● 20−27	● 18−42		○ 31−25	5
4	アルゼンチン	● 18−24	● 26−32	● 25−31		3

	プールC	NZ	アイルランド	ウェールズ	日本	勝点
1	NZ		○ 43−19	○ 34−9	○ 145−17	9
2	アイルランド	● 19−43		○ 24−23	○ 50−28	7
3	ウェールズ	● 9−34	● 23−24		○ 57−10	5
4	日本	● 17−145	● 28−50	● 10−57		3

	プールD	フランス	スコットランド	トンガ	コートジボアール	勝点
1	フランス		○ 22−19	○ 38−10	○ 54−18	9
2	スコットランド	● 19−22		○ 41−5	○ 89−0	7
3	トンガ	● 10−38	● 5−41		○ 29−11	5
4	コートジボアール	● 18−54	● 0−89	● 11−29		3

豪雨に消えたトリコロール

準決勝　南アフリカ19―15フランス

常夏のリゾートを襲った大雨。

美しいライン攻撃こそインド洋の彼方まで流されたが、悪条件下の高い技術と堅い意志のせめぎ合いは、それはそれで見応えがあった。

どちらも考えることは同じ。

敵陣深くまで球を蹴りこみ、滑る足場と水溜りが導くだろう相手のミスを期待する。どちらも計画を遂行した。そして、どちらも、互いに望んだほどには、ミスを重ねなかった。

大会屈指のＦＢ、南アのジュベールとフランスのサドゥルニの落ち着き。巨漢ＦＷのひたむきさ。雨の攻防はすでに尊厳をたたえていた。

わずかに生死を分けたのは、ＳＨのキック力とＦＷの突進スタイル。

今大会初出場のフランスのガルティエにはキック技術がない。滑るボールをすべてＳＯまで送るため、チャージを浴びやすく、それが25分のスプリングボクスのトライへと結びついた。ハーフからのキックが皆無だから守るジュベールの負担も軽い。

また、フランスＦＷはタックルポイントをずらそうとして上体をゆする分、ボールをはたかれた。南アの突進は邪念のない一直線。

後半37分過ぎ。4点を追うフランスの猛攻。まとまりのある強力スクラムとモールを軸にダーバンっ子の悲鳴を誘うも、パントのこぼれ球を受けたベナジの指先はついにトライラインに届かない。その、かすかな距離は、いつになく優等生で、こじんまりとしていた今回のチームの限界の象徴なのか。

パリのスポーツ紙、『レキップ』の見出しは、「あと10センチ」。

初出＝『ラグビーマガジン』1995年9月号（ベースボール・マガジン社）

焦る黒衣と焦らぬカモシカ

決勝 南アフリカ15—12NZ

投獄27年。血と涙と怒りと寛容を知り尽くすネルソン・マンデラにでも平常心を盗まれたか。

若きオールブラックスたちをいたずらな焦燥が襲った。

敵地も敵地、ラグビー帝国の本陣に切れ込んでのバトル。互角の展開なら上出来のはずなのに、ロウスコアの神経戦におびえたキウイは勝手に絶滅へと向かう。

「トライを奪えぬは死」

ここまで5戦の一試合平均トライ数は「8・2」。タックルと二線防御を喪失したアジア代表相手の145得点はともかく、徹底した積極展開は大会の衝撃であり、ゆえに当事者は「奪えぬは死」の観念にとらわれた。

いっぽうのスプリングボクスは、「トライを奪えぬもまた生」。

一試合平均は「2・6」。守って、粘って、守り抜く防御重視のスタイルで山頂入口までたどりついた。

繰り返すが、展開はほぼ互角。

しかし、どちらが揺れのない心境で楕円球を追えていたかは明らかだ。

マーテンズの後半37分の中央24メートルからの勝ち越しDG失敗、ストランスキーの延長後半の劇的DG成功。直接の明暗はここに分かれたが、勝負の行方はたがいの精神状態（焦る黒衣と焦らぬカモシカ）に、ひそんでいた気がしてならない。

オールブラックスが仕掛ける。

スプリングボクスが守る。その守りが厚い。BKのしつこいバッキング。個々のタックルと腕力の強さ……。

怪物WTB、ロムーへの対処が象徴だ。

ラインは身上の素早い飛び出しで間合いを与えず、自分のマークをボールが通過すると、ただちにバッキングのコースをとる。

ロムーのマーカー、右WTBのスモールは最初から幅広く位置して、外側のスペースをあらかじめ抑える。内側からタックルの強いCTBが迫り、すぐ裏は15番、もうひとつ裏に9番、11番、バックロー陣が戻る。

逆ヘッドをいとわず（ムルダー）、足首に迷わず飛び込む（ファンデルヴェストハイゼン）。クラッシュはあくまで激しく、前に出ておいてバッキングするためヒットの角度が深い。

そして腕力。タックルしながらボールをむしったり、はたき落とすのは伝統の技術。上から捻り倒すパワーも大会随一だ。

オールブラックスとすれば、準決勝のように一定のリードを奪い、焦る相手の攻撃を切り返したい。

しかし、南アフリカ人は腰をすえて守り、敵陣深く到達するまでブラインド側キックに徹して迷いがない。噂のロムーの骨頂は「カウンターの仕留人」。セットからの正統的攻撃では、さすがに縦横無尽とは運ばず、細かいミスに自分を失い、やがて苛立ちはチームに伝染した。

ハーフタイムの両軍の表情は興味深かった。カモシカ軍はピナール主将を軸に小さな円陣を組んだ。黒布の円は縮まらず各自が勝手に喋る。

前半は6—9。ヨハネスブルグでスプリングボクスと戦っているのだ。何の不満がある

1995年6月24日　南アフリカ・ヨハネスブルグ

南アフリカ	15								12	NZ
後半	前半	延長	後半	前半		前半	後半	延長	前半	後半
0	0		0	0	T	0	0		0	0
0	0		0	0	G	0	0		0	0
0	1		0	2	PG	2	0		1	0
1	0		0	1	DG	0	1		0	0
3	3		0	9	スコア	6	3		3	0

南アフリカ		NZ
	FW	
ピーター・OS・デュランド	1	C・ダウド→R・ロー
クリス・ロッソー	2	ショーン・フィッツパトリック
B・シュワルト→G・ペイゴル	3	オロ・ブラウン
クーバス・ヴィーゼ	4	イアン・ジョーンズ
ハーネス・ストライダム	5	ロビン・ブルック
フランソワ・ピナール	6	M・ブリュワー→J・ジョセフ
ルーベン・クルーガー	7	ジョシュ・クロンフェルド
アンドリュース→ストラウェリ	8	ジンザン・ブルック
	BK	
ファンデルヴェストハイゼン	9	グラハム・バショップ
ジョエル・ストランスキー	10	アンドルー・マーテンズ
チェスター・ウィリアムス	11	ジョナ・ロムー
ヘニー・ルルー	12	ウォルター・リトル
ヤッピー・ムルダー	13	フランク・バンス
J・スモール→B・フェンダー	14	J・ウィルソン→M・エリス
アンドレ・ユベール	15	グレン・オズボーン

得点：トライ（T）5点、ゴール（G）2点、ペナルティーゴール（PG）3点、
ドロップゴール（DG）3点

のか。秩序を失くしてはただの自滅だ。

最後に。自然な歌声ではなく、場内放送で試合の応援を煽るエリスパークの流儀はちょっとアンフェア。


初出＝『ラグビーマガジン』１９９５年９月号（ベースボール・マガジン社）。

『ラグビー特別便』（スキージャーナル）所収

世界の果て、ロムーが止まった。

市場よりタロ芋はとうに消えていた。「フルーツとベジタブルのエキスパート」であるところのジャック・フォーシス氏は、その厳粛なる事実には構わず、ラジオ・ニュージーランドのスタジオからまくしたてた。

「まさに非のうちどころのないベジタブル。レシピはこんなにたくさん。さあ、彼を育てた素晴らしいタロ芋料理をお試しあれ」

ほぼ同じころ。

ＣＮＮ国際ニュースのコメンテイターは、眉と声のトーンを微妙に上下させつつ宣言した。

「スポーツ界を衝撃が駆け抜けております」

1995年。6月18日。

楕円の惑星に新生物が誕生した。

ジョナ・ロムー。ラグビーのニュージーランド代表オールブラックスの巨大な左の翼。

大好物は噂のタロ芋。

トンガ生まれの両親より世に導かれたジョナこそは、古今東西すべてのラグビーマンの記憶に埋蔵されたあらゆる願望を充たしている。

あと10キロばかり体重があれば。

もう10センチほど背が伸びてくれたら。

神様、僕の足をジョンより速くして下さい。

若ければ俺だって……。

ジョナ・ロムーの身長は195センチ。ジョナ・ロムーの体重は118キロ。ジョナ・ロムーは100メートルを10秒7で走り、ジョナ・ロムーは20歳になったばかり。

そして6月18日、ジョナ・ロムーは気高きイングランドを南大西洋のその向こうまで放り投げた。

ケープタウン。ニューランズ競技場。準決勝。午後3時過ぎのキックオフ。

オールブラックスの若きスタンドオフ、マーテンズは、フォワードを並べた右方向を狙うふりして、いきなり左奥へ高いボールを蹴り込んだ。

追うのは１００メートル10秒7のタロ芋男。

奇襲と呼ぶには迫力があり過ぎる。イングランドは混乱した。ウィル・カーリング主将とトニー・アンダーウッドがいわゆる「お見合い」。その場はなんとかしのいだものの、天秤の均衡はこれで黒衣軍に傾いた。

直後。秒針はまだ2周するかしないか。

ロムーが走った。いや、動いた。人間大陸は信じがたい速度で移動した。

両軍を球のいきかう崩れた流れ、ブロークン・プレーからの長いパスがロムーへ届く。暴風雨のごときステップと加速。１９５センチのロムーは、さきほどの「お見合い」のふたりを簡単にかわし、１１８キロのウエートをビル取り壊し用ハンマーにして最後の障害物にクラッシュ。あわれ、南アフリカ育ちのフルバック、マイク・キャットは仰向けのまま視界より消え失せた。

あまりにも肉体的な先制劇。

イングランドの神経はシュレッダーにかけられた。天秤はその機能を失くし、オールブラックスは楽々と得点を積み上げる。開始25分で25―0。怪童ロムーは、45―29のノーサイドまでに、ひとりで4トライを胃袋に収めた。

攻めさせておいて切り返す新生オールブラックスのカウンターの威力。その締め括りとしてのロムー。

イングランドの巨人フォワードの突進を第三波のあたりで阻止。素早く球をむしりとって右へ。さらに左へ１本の長いパス。

そこにロムーが待ち構える。

攻めた分だけ守りのシステムは破綻している。眼前のスペースは小さな養鶏場ほども。こうなるとジョナ・ロムーは止まらない。振り返れば、鼻紙みたいに屍が横たわっている。

欠点はないのか。よくよく観察するとロムーはフルスピードでパスを受けるのは下手くそだ。静止したまま球をもらって、次の瞬間、鋭角のステップを外へ踏む。その角度と広さと速度が人類の規範を逸脱している。

敗軍の将、カーリングは言った。

「彼はフリークだ。すみやかに、どこかへ消えてくれることを望みたい」

オールブラックスの団長、往年の名ロックにして不滅の伝説、若かりし日は小羊を両脇に抱えて鍛錬に励んだコリン・ミーズは、ウェルダンのステーキをぶったぎるごとき例の口調で一言。

「一夜にして偉大なラグビーマンなど生まれはしない。彼がそう語られるのは数年のちのことだ」

記者たちはこれをジョークと受け取った。これ以上、偉大に？

熱病は蔓延する。

ジョナ・ロムーに関するあらゆるファクトはニュージーランドはもちろん、南アフリカ、英国、フランス、豪州の各新聞に氾濫した。

ジョナはトンガ名シオネの英語読み。

14歳の時に才能を見抜いた元コーチにして、現役コメディアンの謎のウェールズ人専任マネージャーの存在。

高校時代は敵ゴールの前のラインアウトのたびにウイングからロック位置へ移動。ジャンプ&クラッシュでトライ量産。

父親のセミシは元トンガ代表のフッカー。

ダラス・カウボーイズの誇るスカウト軍団の最大級の標的。13人制プロのラグビー・リーグ各球団の契約金オファーは最低ラインで100万ポンド（約1億3000万円）。

好物はタロ芋とケンタッキー印のフライドチキン（「いつでも、あの子はファミリーバケット」母親のへピさん談）。

もっとも、ロムー自身の肉声はなかなか聞こえてこない。ほとんどの取材を拒んでいる。

「すべて本人の意志を尊重している」は団長筋の説明。メディアとの接触は苦手らしい。

本人のコメントを収集できないのだから、各紙の見出しは世界共通。

すなわち、

「誰がロムーを止められるか」

そう。ロムーを止められるのはいったい誰なのか。

3位決定戦をあいだに置いて決勝は1週間のち。

もう、このころはいずれのチームの練習も非公開だ。ロムーのまわりにも本人よりずっと弱そうなガードマンがつきまとう。さて、いかに時間を過ごすか。埃と紫外線と失業者とカッスル麦酒の大都会、ヨハネスブルグで思案していると、朗報が舞い込んだ。

チーキーに会える。

チーキーとは、「きかん坊」を意味する愛称。元スプリングボクス・ジュニア代表のダン・チーキー・ワトソンこそ、スポーツライターを除く世界中のジャーナリストに最もよく知られたラグビーマンである。

1976年。スプリングボクス入りを目前にしていたチーキーは、地元ポートエリザベスの黒人チームの役員の訪問を受ける。

「あなたに宗教心があるのなら我々を助けてほしい」

案内された黒人居住区のラグビー場は、まるで第二次大戦の爆撃の跡。

チーキーは黒人協会への加入を決意する。血と氷のアパルトヘイト。白人協会はただちに永久追放を決定。やがて、非政治青年だったダン・ワトソンはANC（アフリカ民族会議）の運動に身を投じた。

その後のストーリーは幾度も綴られている。経営していた衣料店への何者かによる放火。それを自作自演とさせられて逮捕。行動をともにした兄への暗殺未遂。

ポートエリザベスのワトソン邸。不惑を迎えたチーキーの発言に迷いはなかった。

「ネルソン・マンデラが全国民のスプリングボクスへの支援を求めるのは正しい。なぜなら彼はステーツマンだからだ。しかし、私はラグビーマンだ。そうはいかない。あのころと同じ連中が協会を牛耳っているんだ」

駝鳥の干し肉をナイフでそぎながら、元若手最有力ウイングの熱弁は続いた。

最後の質問。あなたが若ければ、ロムーをストップできるか。

「小さくて、すばしっこい相手は苦手だが、大きな男をマークするのは大好きだった」

お茶を取り替えにきたトレイシー夫人が、

「あら。また、その話題」とあきれてみせた。

3位決定戦、プレトリアのロフタス・フェルスフェルド競技場。

ここにもロムーがいた。

イングランドの若きサポーターが有名な応援歌「スウィング・ロウ」を唄うと、記者席のフランス人がその旋律に合わせて「ローム―、ロームー」とやり返すのだ。新聞紙上では相変わらず、「誰がロムーを止めるのか」キャンペーンが続いている。正確には、「止めるのは無理だ」→「誰が止める」→「こうして止めろ」の流れ。

作戦ボードの上では右ウイングのジェームス・スモールがその役目だ。ビッグなロムー対スモールではないスモール。ちなみにスモールは182センチ、92キロ。

しかし、この対決の構図は単純に過ぎる。

ラグビーは物理ではない。左の翼をへし折るのは果たして右のウイングなのか。

ファイナル。

試合開始前の閉会式。ひととおりの行事が済むとラグビー史上最強のサポーターが登場した。

大統領、ネルソン・マンデラ。

フランソワ・ピナール主将より贈られたスプリングボクスのレプリカ・ジャージィをまとい、頭には応援用の野球帽がとぼけた感じで載る。背番号は贈り主とおなじ「6」。

ほとんどが白人の6万2000観衆が「ネルソン。ネルソン」のコールをかける。ネルソン。ネルソン。ネルソン。ネルソン。

ネルソンは横一列に並んだ両軍選手への激励を開始する。

1962年8月からの27年間をケープタウン沖孤島などの獄中で費やした76歳。

白人支配層のかつての見解によれば「テロリストの親玉」だったはずの老人。小さな体。鋭いのに柔らかな目の力。グリーンのジャージィ。ゴールドの襟。甲高い英語のなまり。頭には野球帽。

無慈悲をして鳴るオールブラックスたちは、とっくに気がついている。この男と視線を合わせてはならない。精気が、毒が、勇気が、全部どこかへ吸い込まれてしまう。

記者席の受像機がかすかに音声を拾う。

「ハウ・アー・ユー」

大統領は黒いジャージィのひとりずつにそう挨拶している。

20歳の大男との遭遇。

「オー。ロムー」

おどけたような声。勝負あった。ママの作ったタロ芋料理を早く食べたい君には、まだ無理だ。

キックオフ。ロムーはミステイクを連発した。スプリングボクスの守りは厚い。足首にひとり。ボールを殺しにひとり。リターンパスのコースにひとり。

抜ききれないのは仕方がない。しかし、抜けないことを焦ったのは失敗だ。ボールを離さず次の攻撃の拠点に徹すればいいのに、一発狙いのパスにこだわる。タックルしながら球をもぎとったり、はたき落とすのは、腕力自慢のスプリングボクス伝統の技術。細かな失敗の連鎖に翼は制御を失った。

スプリングボクスは万事に迷いがない。

華麗な攻撃は最初から放棄。キックで敵陣深くをめざし、そこまで届いたら大型で獰猛なフォワードが直進を重ねる。その直進が本当の直進。隙あらばパスをつなごうとかステップを踏もうという類の邪心がない。したがってミスが生じない。ひとりずつは大きくて強いから、効率は悪くとも、なかなか攻撃権は奪われない。そのうちに守る側が根負けして反則を犯す。残り時間はひたすら大会随一のタックルを反復。

オールブラックスにすれば、準決勝のように、焦る相手のミスを切り返して崩れた状態でロムーにボールを供給したい。しかし、攻めてこないのだから、その機会もない。スクラムやラインアウトからのランは前述の理由（フルスピードでのレシーブが不得手）により、まだフリークの域には達していない。

内容はほぼ互角。

しかし、いずれの側が本来のスタイルを維持できたかは明らかだった。

大会前のキャップ数わずか2のジョナ・ロムー。そして、ロムーさえいなければ、間違いなくフロントページを飾ったろう稲妻フルバック、グレン・オズボーン（23歳。大会前キャップ数1）、蹴って走れる最新のスタンドオフ、アンドリュー・マーテンズ（22歳。同1）。イングランドもぶったまげた王国の若き秘密兵器に、最後の最後、それぞれナイーブな失敗が連続した。

怖いものしらずのはずの運動能力は、悪と善と偽善と偽悪を知り抜いた南アフリカ人の仕組んだ、蛆虫の這う神経戦に、おのれを失くしたのだ。

「一夜にして偉大なラグビーマンなどうまれはしない」

さすが、コリン・ミーズ、嘘はつかない。

表彰台。

祖国フランスを石もて追われたユグノー教徒の末裔、主将フランソワ・ピナールに、コサの魂、投獄27年、大統領ネルソン・マンデラが静かに歩みよる。

白人帝国の象徴だったスプリングボクスを黒人指導者はそう呼んだ。

「我々の子供たち」

単純な和解ではあるまい。楕円球を垂直に立てるような駆け引き。ダン・チーキー・ワトソンの叫びもまた耳に残る。

黒衣の敗者は立ちすくんだままだ。世界でいちばん巨大な子供は、台の上の小さな巨人を眺めている。

初出＝『ナンバー』３７０号（文藝春秋）。『ラグビー特別便』（スキージャーナル）所収

One and Only
チェスター・ウィリアムズ（元南アフリカ代表WTB）インタビュー

おそるべき重圧にさらされながら想像を超える歓喜にたどり着いた。いま、眼前に微笑をたたえる物静かな人物は、ラグビー史を彩る英雄のひとりである。

チェスター・ウィリアムズ。かつて南アフリカ代表スプリングボクスの背番号11として、母国開催の第3回ワールドカップ（W杯）を制した。相手は古くからの好敵手、ニュージーランド代表オールブラックスだった。1995年6月24日、ヨハネスブルグのエリス・パーク、延長戦において、勝ち越しDGを決めて、栄えある優勝の一員となる。

そして、スプリングボクスにあって、ただひとり「白人でなかった」チェスターは、もはやラグビーというスポーツの勝者ではなく、社会の変革の具現者と遇され、新しく踏み出す「虹の国（レインボー・ネーション）」の象徴ともされた。

おぞましき人種隔離政策、アパルトヘイトの終焉は、黒い肌のネルソン・マンデラ大統領がいきなり芝の上に出現、歴史的に憎悪の壁によって隔てられていたアフリカーナ（おもにオランダ系の白人）の血を引くキャプテン、フランソワ・ピナールを微笑しながら激励、そばにチェスターがこの人らしく控え目に立つことで実感された。

あれから19年、国民的ヒーローであったチェスターは、このほど「スポーツとツーリズムのアンバサダー」として「南アフリカ　トレードワークショップ」のため来日した。多忙なスケジュールの合間、東京都内でインタビューに臨み、クリント・イーストウッド監督の映画『インビクタス／負けざる者たち』（２００９年）にも描かれた「マンデラとの時間」やラグビー観について語った。

――あらためて、第3回W杯優勝の感激について話してください。あの5年前、マンデラさんは27年の獄中生活より釈放され、1年前に初の全人種参加選挙を経て、新しい南アフリカの大統領となりました。まさに社会が大きく変わる時代でしたね。

「もちろん忘れられない経験です。最後のホイッスルが鳴った。観客席を見上げると、ある人は笑い、ある人は肩を震わせていた。白人と黒人が手を握り合って一緒に喜んでいました。まさに虹の国が誕生した瞬間です。あれはW杯のほかの優勝とはまったく違うのです。もう再びはない出来事だったのです」

――丸々と太った白人の観客、典型的なアフリカーナの男たちが『ネルソン、ネルソン』と叫んでいたのを思い出します。試合前にネルソン・マンデラ大統領がオールブラックスの選手を激励すると、なんというのか、みな少し困ったような顔をしていた。個人的には尊敬する歴史上の偉人が対戦相手の側に立っているのですから。

「驚きだったはずです。あのネルソン・マンデラが初めてフィールドに現れて、声をかけながら手を握ったのですから。我々はそれでひとつになれました。すごく勇気づけられた。ただオールブラックスの選手には戸惑いもあったでしょう」

まさに「巨星墜つ」だ。昨年の12月、ネルソン・マンデラ元大統領は95歳で世を去る。若き日はアマチュアのヘビー級ボクサーであり、またラグビーのファンでもあった。アパルトヘイト時代、有色人種は限られた専用観客席で、スプリングボクスでなく、オールブラックスやブリティッシュ&アイリッシュ・ライオンズなど来征の相手国を応援するのが常だった。

しかし、マンデラは、アパルトヘイトを倒し、みずからが権力の座に就くと、白人を怨念の対象ではなく友人として扱った。寛容が国の統一をうながすと信じていた。一例がスプリングボクスの尊重だ。側近ですら、旧時代の白人のパワーを連想させる愛称と胸のエンブレムの変更を求めたのに、あえて伝統を重んじて残した。ファイナルのキックオフの前、大統領マンデラが、そのグリーン&ゴールドのジャージィ姿で登場した瞬間、白人の報復への不安は拭われ、黒人に根強かった反スプリングボクス感情の多くは消えた。

——あなたにとってもネルソン・マンデラの存在は格別でしたか。

「決勝のキックオフ前、こう声をかけられました。『君のことを誇りに思っている』。幸運にも大会後も親交を結ぶことができました。何度か食事をともにして結婚式に出席してくれた。謙虚で慈悲深く、またダイナミックな人でした。尊敬すべき個性です」

現在は43歳。アパルトヘイト体制にあって「白人でも黒人でもインド系でもない」と定義された「カラード」（現在のブライアン・ハバナやJP・ピータセンも同じ）の家系に生まれた。父親は、当時のカラードの国代表である「プロテアズ」にも選ばれている。おじは、スプリングボクス史上２人目の非白人の代表（84年のイングランド戦）、エイブリル・ウィリアムズである。

マンデラ大統領の政治的思慮を含む国家的なW杯キャンペーンの核のど真ん中、それが褐色のチェスター・ウィリアムズの勇姿であった。ポスターのモデルとなり、旅客機のボディーに大きく肖像がペイントされ、黒人の子供たちの偶像としてメディアに盛んに紹介された。

――さぞや大きな重圧だったのではありませんか？

「その通りです。黒人のコミュニティーを代表しなくてはならないというプレッシャーがありました。白人の中には、チェスターは本当はスプリングボクスに入る力はないのに（政治的な理由で）選ばれたと考える人もいて、そちらのプレッシャーもあった。私は実力を証明しなくてはならなかったのです」

大会前からの肉離れで開幕には間に合わない。代わって出場のピーター・ヘンドリックスが、ワラビーズとの開幕戦に有名なトライを奪った。

――あの時の心境は複雑でしたか。

「いえ。そんなことはありません。チームは団結していました。家族のようでした。仲間をサポートして、なによりも試合に勝つことが重要だと熟知していました。あそこで勝っておかないと準決勝でオールブラックスと当たることになりますから」

そのヘンドリックスがカナダ戦でラフプレーを行い、後日、大会オフィシャルより出場停止が科される。試合中にはフッカーのジェイムス・ダルトンが退場となり、その欠員を埋めるように負傷の癒えたチェスターがチームへ戻った。

――そんな出来事もありました。あなたは何があっても最後は試合に出られると信じていましたか。

「負傷は開幕までにほとんど治っていました。でもチームに簡単に戻れるとは思いませんでしたね。みんな素晴らしいプレーをしていましたから。私にとって幸運なことに（まずダルトンに）出場停止処分が下された。もともと監督のキッチ・クリスティーからは、ポジションがどこであろうと負傷者が出たら君を呼ぶ、と告げられていました」

——準々決勝の西サモア（当時）戦から登場、いきなり4トライを挙げます。

「純粋にラグビー選手としての能力を示せた。幸運でした。チームがうまくいっているからこそトライを重ねることができたわけですから」

——ダーバンのフランスとの準決勝は滝のごとき土砂降りの雨。17—15の辛勝でした。トライはスプリングボクスのひとつのみ。あのコンディションであなたはボールにさわりましたか？

「いっぺんくらいでしょうか。ディフェンス、ディフェンス、ディフェンス。なにしろ豪雨なので敵陣に入ることだけを考えていました」

——決勝。映画『インビクタス』でも強調されていたように、オールブラックスは怪物WTBジョナ・ロムーを擁していた。あなたの直接のマークではなかったけれど、チームとしてよく止めましたね。

「あの時のスプリングボクスにはさほど傑出した個人はいなかった。オールブラックスには才能が揃っていました。しかし我々にはガッツとパワーがあった。ひとつのチームだった。結束していたのです。ジョナ・ロムーにボールをさわらせない。そのことに集中しました」

スプリングボクスの公式ページのデータによると、現役時のサイズは「174センチ・84キロ」。南アフリカでは確実に小柄だ。それでも93年から2000年までにキャップ27を獲得して14トライを挙げている。引退後はコーチングの道を歩み、南アフリカの7人制代表、スーパーラグビーのキャッツ（当時）などを指導、スプリングボクスの監督候補とされたこともある。直近ではルーマニアの国内クラブ、ティミショアラを指揮した。現在の所属はなく「7人制も15人制も指導経験がある。ぜひ日本のチームをコーチしてみたい」。

――『ラグビーマガジン』の読者である体の小さな選手にぜひ助言を。

「どうか私のことを見てください。こんなに小さいのにプロとして成功できました。足りないところ、つまりパワーとサイズを努力によって補ったのです。具体的には素早さ、速さ、試合中の賢さです。ボールがくるのを待って相手と正対しては不利になる。パワーでなぎ倒されてしまう。常に先に流れを読んで動きながらパスを受けるのです。そして楽しむこと、喜びを感じてプレーすることが最も大切だ」

アパルトヘイト時代の87年、練習の帰りに仲間3人と歩いていたら、拘置所に連行された。「有色人種は2人までしか一緒に歩いてはいけないという規則があったのです」。同じ年、祖母の家の前で、反政府の学生運動をしている親友が警察の手で射殺された。それから8年後、チェスター・ウィリアムズは人種融和の顔となる。それは使命であり、なお宣伝やマーケティングの側のイメージ戦略でもあった。

きっと公式の美談より複雑な事実は秘められている。「肌の色と関係なくただラグビーの選手でありたかった」。この言葉を過去にどれほど口にしてきたことか。現在の南アフリカの国内チームにおける「クォータ＝一定の数の黒人選手をチームに含めること」の是非を問うと「ないことが理想。ただし撤廃はいまではない。まだ機会の付与は重要なのです」と解説した。

道、なかば。

それでも、あのエリス・パークのよく晴れた午後、チェスター・ウィリアムズが優勝杯を天へ向かい掲げてみせ、世界は確かにひとつ前へ進んだのだ。

２０１４年７月

初出＝『ラグビーマガジン』２０１４年９月号（ベースボール・マガジン社）

【第4回大会　1999】

プロ化の洗礼、変わるものと変わらぬもの

第4回大会
1999年10月1日～11月6日
開催国＝ウェールズ、イングランド、
スコットランド、アイルランド、フランス
出場国数＝20カ国・地域
出場国数が16から20に増加。プレーオフ制を採用。
リザーブ人数が7人に増加。
選手の戦術的入れ替えが可能になった。

決勝トーナメント

準々決勝

豪州 24
ウェールズ 9

南アフリカ 44
イングランド 21

NZ 30
スコットランド 18

フランス 47
アルゼンチン 26

準決勝

豪州 27
南アフリカ 21

NZ 31
フランス 43

決勝

豪州 35
フランス 12

3位決定戦　南アフリカ　22—18　NZ

プレーオフ
イングランド　45—24　フィジー
スコットランド　35—20　サモア
アイルランド　24—28　アルゼンチン

プレーオフは各組2位（5カ国）と3位のベスト（アルゼンチン）の6カ国で行い、3カ国が準々決勝に進出

日本代表
監督＝平尾誠二
主将＝アンドリュー・マコーミック
戦績＝予選（プールD）3敗

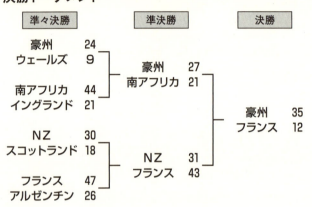

ラグビーワールドカップ1999　試合記録

予選プール　POOLSTAGE

	プールA	南アフリカ	スコットランド	ウルグアイ	スペイン	勝点
1	南アフリカ		○ 46−29	○ 39−3	○ 47−3	9
2	スコットランド	● 29−46		○ 43−12	○ 48−0	7
3	ウルグアイ	● 3−39	● 12−43		○ 27−15	5
4	スペイン	● 3−47	● 0−48	● 15−27		3

	プールB	NZ	イングランド	トンガ	イタリア	勝点
1	NZ		○ 30−16	○ 45−9	○ 101−3	9
2	イングランド	● 16−30		○ 101−10	○ 67−7	7
3	トンガ	● 9−45	● 10−101		○ 28−25	5
4	イタリア	● 3−101	● 7−67	● 25−28		3

	プールC	フランス	フィジー	カナダ	ナミビア	勝点
1	フランス		○ 28−19	○ 33−20	○ 47−13	9
2	フィジー	● 19−28		○ 38−22	○ 67−18	7
3	カナダ	● 20−33	● 22−38		○ 72−11	5
4	ナミビア	● 13−47	● 18−67	● 11−72		3

	プールD	ウェールズ	サモア	アルゼンチン	日本	勝点
1	ウェールズ		● 31−38	○ 23−18	○ 64−15	7
2	サモア	○ 38−31		● 16−32	○ 43−9	7
3	アルゼンチン	● 18−23	○ 32−16		○ 33−12	7
4	日本	● 15−64	● 9−43	● 12−33		3

プールE	豪州	アイルランド	ルーマニア	アメリカ	勝点
豪州		○ 23−3	○ 57−9	○ 55−19	9
アイルランド	● 3−23		○ 44−14	○ 53−8	7
ルーマニア	● 9−57	● 14−44		○ 27−25	5
アメリカ	● 19−55	● 8−53	● 25−27		3

カーディフ

ラグビーの第4回ワールドカップは参加各国がそれぞれ初戦を消化したが、ここまで顕著なのは大会組織委員会の「反暴力」への強い意志だ。

現地時間の4日夜、ニュージーランドの元最高裁判事を含む規律委員会は、開幕戦で殴り合ったウェールズのチャービスとアルゼンチンのグラウに出場停止2週間と3週間の厳しい措置を下した。

密集で両者がもみ合い、すぐに両軍の選手が覆いかぶさる。記者席からはさして悪意のある暴力には見えず、レフェリーが先に手を出したグラウにイエローカードを与えて事は収まった。

ところが、その直後、場内の大スクリーンがチャービスの報復シーンを映し出す。規律委員会では8台のカメラによるビデオ検証の結果、両者に出場停止処分を下した。日本戦でパンチをふるったサモアのレイディ、危険なタックルをしたトンガの選手ら3人も現地の5日夜までに同委員会に召喚される。

今回のケースで議論を呼んでいるのは、レフェリーの判断を超えてビデオによる厳格な裁定が下されたことだ。背景には、プロ容認のオープン化による「明らかなプロフェッショナル・ファウルの横行」(日本代表の河野団長)がある。

レフェリーが絶対。激しいけれどもフェア。ビデオ導入の厳しい反暴力キャンペーンは、ラグビーの伝統を取り戻すための危機感の表れでもある。

初出＝「東京新聞・中日新聞」１９９９年10月５日。『ラグビーの世紀』（洋泉社）所収

大会は総力戦

すべてに抜かりなく、あらゆる手段を尽くす。ラグビーの第４回ワールドカップは、プロ容認のオープン化を受けて、強豪各国による「総力戦」の様相を呈している。

先日のウェールズの練習では、ロックの選手が丈の長い奇妙なパンツで登場した。ラインアウトのジャンパーを前後の選手が持ち上げる「リフティング」のルールに対応するためだ。

すべり止めを縫い込んだパンツの下のほうをつかみ、宙高くリフトする。これまでジャンパーの太腿を持ち上げることは世界中で黙認されてきた。しかし今大会からは厳格に罰則化されている。ルールは「ウエストより下を持ってはならないが衣服はその限りにあらず」と解釈できる。開幕試合で思わぬ反則をとられたウェールズはすぐに対応して「長いパンツ作戦」の実験を試みた。

ウェールズの意図のある攻守には、ほれぼれとさせられる。ただし選手層に欠けるため

「相手を圧倒する力」はない。だから周到に準備を進めプロフェッショナルな取り組みを怠らない。実際に出場選手には予選リーグでも1試合あたり7千500ポンド（約110万円）程度の勝利ボーナスが支給される。

長いパンツを実際に用いるかはわからない。ただ、いわば弱者の活路ともいえる「創意と工夫」に優勝候補がなりふり構わず取り組むところに、対戦する日本の立場の厳しさがある。

＊

日本代表と対戦するウェールズは開幕戦から4人を替える布陣を発表した。名将ヘンリー監督は「日本は依然として素早く成功に満ちたチームだ。晴天になれば彼らのスタイルは威力を発揮する」と気の緩みをいましめている。

初出＝「東京新聞・中日新聞」1999年10月6日。『ラグビーの世紀』（洋泉社）所収

「史上最強」の虚実

平尾ジャパンは時間切れのまま大舞台へと駆け込んだ。ワールドカップへ随行しての結論である。

環境だとか貧困きわまるスポーツ文化だとか教育システムだとか体格差を敗因としては

ならない。総括がそれなら桜を胸に縫い付けた代表は次の1000年も巨人の足跡をはるか後方でたどることになる。より環境が貧しく体格差の開いていた過去にすら得られたささやかな尊敬とも決別しなくてはなるまい。

芝のないグラウンドも国民のラグビーへの無理解も「みんな一緒」の教育も骨の細い体の造りも、すべては前提なのだ。少なくとも、この列島で楕円の球を追う者の頂点を任された指揮官だけは、そう決意して決闘場へ乗り込むべきだった。

対サモア＝9―43。対ウェールズ＝15―64。対アルゼンチン＝12―33。奪ったトライはわずかに「2」。3名の元オールブラックスを含む6名の一級外国人選手とともに戦ってのこの成績は、本当に「体格の差を考えたらよくやった」（日本ラグビー協会の金野滋会長）のか。

「世界との本当の差がわかった。ここがスタート台」。アルゼンチンとの最終戦に完敗を喫した直後の平尾監督のコメントである。渾身を傾けた大事業に失敗したばかり。誰だって多少の混乱からは逃れられまい。それでも、この言葉を聞いた気弱なスポーツライターは、「それは前提だろう」と小さな声を発せずにはおれないのだった。

アルゼンチン戦。サモア、ウェールズとの過去2戦でパワーの違いの現実に打ちのめされたジャパンは、本来の方針の限定されたスペースの枠内で球を動かす「小さくたくさん」を撤回したかのように両翼へとパスを集中させた。ジャパンの大会MVPでおかしくない「空跳ぶフィジー人」ツイドラキ、急激な加速がウェールズでも話題を呼んだ大畑、ふたりのスピードスターがわずかでも走れば観客は喜ぶ。しかし、記者席より凝視すれば本物のトライ機はなかった。

速攻からの外側展開でいかにトライへと結びつけるかのパターンはチームとして詰められておらず、前段となるセットやリスタートのテンポも遅い。ラインアウトにはのっそりと集まり、投入のリズムものんびりとしていて、そこからの攻撃だけは速い。そんな、ちぐはぐな展開が続いた。ペナルティのクイック・スタートも盛んに試みられたが、「こう攻める」の原則がなく、いきあたりばったり。速攻をチーム丸ごとで消化しているウェールズあたりとの差は顕著だった。

「パワーに劣る我々はいかに戦うか」の大枠がぼんやりとしている。けれども、いざ本番、秩序なき殴り合いではヘビー級ならぬミドル級のサモアにもふっ飛ばされる。あわてて修正を試みるも極度の速攻を極めるには時間は足りない。世界の潮流をなぞった「一般的な技術」の獲得に限られた時間の大半を割き、独自の戦法に応じた「特殊な技術」は手つかずのままだった。

「釜石はね、全部、型で戦ったんですよ。僕の作った型によって。仕方ないんだよ」

明治大学、新日鐵釜石で全国制覇、ジャパン主将でウェールズに大健闘をした松尾雄治氏は言う。

「戦争に行ってさ、個人の判断でいけ、なんて嫌だよ。そんなの。あっちこっちに勝手に弾撃ってさ。そんなんで、どうして死ねるんだよ」

例の軽快な口調だが、大きな目は笑わない。元祖「ミスター・ラグビー」はW杯のジャパンへの失望を隠そうとはしない。

「日本のラグビーに誰も感動できなかった。体の小さな日本人が、これしかないんだって、外へ回して回して、くらいついて、ファンの人たちも『もういいよ戦わなくても』って。そんな感動のかけらもなかった。平尾監督のまともに力でいくんだ、個人の判断で戦うんだ、という勇気ある行動は評価するにしても、チーム作りや選手の気持ちの持っていきかたにおける責任は免れないでしょう」

SO松尾雄治の華麗なステップやパスワークを支えるのは緻密な型とそれを実行するための技術の鍛錬だった。イメージとは異なり、実はハードな練習の信奉者でもある。

「一人ひとりが判断するとチームとしての動きが遅くなるんですよ。やっぱりパターン化していかないと。こう戦うというものがあって、ひとたび、その型が崩れた時に判断というものが出てくる」

「型」と「個人の判断」は相反する関係なのか。興味深い主題である。

なぜかスポーツとなると「型」を「個性」の対極へと位置づけるナイーブな論調が跋扈《ばっこ》する。しかし、マイク・タイソン*は厳しいパターンに従って戦ったプロデビュー直後こそ、もっともタイソンらしかった。

あたりまえだがスポーツにはルール（競技規則）がある。ルールを突き詰めれば、有効な攻防の理論が生まれる。理論とは一定の戦い方を示している。もちろんプレーヤーの運動能力や経験や体格で大きく上回れば理論なくしても勝利は可能だ。逆から見れば、個々の才能で劣る側が理論とそれを実践するための戦い方を欠けば敗北だけが待ち受ける。

つまりスポーツに型はあるものなのだ。そして型を実行する過程においても「その人らしさ」は必ず反映されるし、「ここに拠点ができたら必ず右に攻めろ」とパターン化したところで、右に攻めた後、パスするのか蹴るのか当たるのかは「個人の判断」がしばしば決定するのである。

平尾監督は語る。

「多様な局面に対し、多様に瞬時に対応できるのが、現代のいいプレーヤーの条件です。しかし、これは日本人が一番弱い部分。そもそも、そういう教育がされていない」「（ラグビーのゲームは）常に状況が変わり、選手がどうカオス（混沌）に対応するかが問題になる」（日本経済新聞、11月20日付）

分析としてはごくごくオーソドックスだ。ならば、今回のワールドカップの最前線にあっては、「日本人の一番弱い部分」である「多様な局面における多様な対応」をできるだけ避ける戦法を練り上げるべきではなかったか。分析に基づいて、日本人が最大限の力を発揮できる独自の戦い方を創造する。これがジャパンの指導者の使命なはずだ。

再び、松尾氏。

「パワーで海外の強豪を打ち負かすことはないよ。何十年かかってもありえない。現役のばりばりの外国人を15人揃えてジャパンを編成した時だけですよ。もしくは相撲廃止令やバスケット廃止令ができた場合。サモア戦でゴール前、ばかばか突っ込んで、やんなっちゃうでしょう。がっかりしたよね。あれには。そりゃあ外へ回すのは難しいしリスクもある。でも、それしかないいんだから。日本の生きる道はさ。外で孤立してボールを奪われそうならゴロでも蹴って、タッチに出ちゃったら、次のラインアウトの攻撃を必死に止めるしかないいんだよ」

世界の8強クラスなら完全に通用する外国人を6名も含んでも、なお「予想を超える素の力の差」（サモア戦2日後の勝田隆テクニカル・ディレクター）に打ちのめされた。ジャパン自慢のテクニカル部門が枝葉に至る分析にエネルギーを費やしたのに、そもそもの幹のぶっとさは「予想を超えた」のである。

松尾氏は続ける。

「外国人が入ってきたことで、いきなりレベルに届いたと思ったのは甘かった。ぱっ、ぱっと外国人を選んで、それによって日本らしさがなくなってパワー一辺倒になっちゃって、そのパワーが通じなかったんで大負けという形だよね」

ふと想像する。1983年にカーディフのアームズパークでウェールズに24―29と迫った日比野監督、松尾雄治主将のジャパン、あの速くてたくましいチームに幾人かのオールブラックス級が加わっていたら本当に強かったろう。あるいは91年ワールドカップの宿沢広朗監督、平尾誠二主将のチームに2メートル級の長身ジャンパーが入ればアイルランドには勝てたのではないか。さらには、かの大西鐵之祐の率いるジャパンに……。

まず独自の戦法を遂行しうるチームを作り上げる。その戦法に共感、または納得した強力外国人を起用。あくまでもジャパンのプレーヤーとして仕込んでいく。もちろん「想像」ほど簡単ではない。だが、外国人を加える決断をして格上に本気で勝とうと考えるなら、そうするよりほかはなかった。

これからも外国人選手を今回のように選ぶかは議論を呼びそうだ。河野一郎団長は全敗後の会見で、「必要」と明言した。ただし2000年からの国際ラグビーボードの新規約では、複数国の代表経験は許されず、今回のバショップ、ジョセフ、ゴードン、ツイドラキのようなケースは認められなくなる。これほど豪華な顔触れが揃うことは二度とあるまい。ゆえに彼らの抜きん出た力と誠実な働きを「日本のラグビー」へ結集できなかったことが惜しまれるのである。

我々はいかに戦うのか。いや、あえて書けば、「我々はいかに生きるのか」。迫力に満ちたメッセージはついに届かなかった。

型、パターン、戦法を明快に打ち立てると、個人の判断力や力強さが身につかない。とらわれがちな呪縛ではある。少年期なら自由な判断と一般的な基本技術はとことん尊重されるべきだ。しかし代表の具体的なチーム作りにあっては、それでは時間が足りなくなる。それに、一般の指導者は選手の個性を観察した後にふさわしい型を構築するものだ。

仮に、ぶちかましを避ける極度の展開戦法を選んだとしても、その戦い方に必要なコンタクト技術やスクラムの方法などは浮かび上がる。そこを限られた時間で徹底的に反復する。「特殊な基本」「独自のたくましさ」の習熟を図るのだ。

もちろん、ディフェンスではハードなコンタクトは避けられない。採用されたシステムに対応したタックルやカバーリングの力と技術の鍛錬を繰り返すしかない。ちなみにアタックでのコンタクトをできるだけ避けた過去のジャパンも、成功したチームは、ビデオで見返すと守りの当たり（タックル力）は決して弱くなかった。

明快な型があるからこそ、それを裏切ることもできる。当然、そこに判断は要求されるだろう。余談かもしれぬが、円熟期のプレーヤー平尾の動きにはパターンが存在した。球を受けると、ぐっと外へステップを踏む。外側のディフェンダーが自分に反応したらパス。反応しなければ、そのまま抜き去るか、半身ずらして球をいかす。ひたすら、それを繰り返し、やがてほころびを広げてみせる。その揺るがぬ簡潔さこそが真骨頂だった。

サモア戦後の会見で、ＷＴＢ増保が言った。

「守りの強さは想像以上。いまのジャパンに5次、6次と攻撃を続けてトライする力はない。3次くらいまでは決まった型にはめ込んでいかないと厳しい」

実は地域ごとの細かいサインプレーの決めごとはあった。しかし前提の「こう戦う」とその後の「こうフィニッシュ」はいかにも淡い。

松尾氏は言う。

「トライというのはどうやって取るんだと。相手をぶっ飛ばして取るんじゃなくてさ。どうすれば、どうなるという理屈で取るしかないんだよ、日本は。もっと緻密に戦って、戦って、そして最後は血だらけになって。それこそニュージーランドでの宿沢さんみたいにさ」

74年のジャパンのニュージーランド遠征。のちのW杯監督のSH宿沢は試合中に頭をざくりと切った。当時の規則では負傷交替が認められない。その場で医師に縫ってもらい出場を続けた。

「タオルを巻いて。ヘッドキャップかぶって。そのタオルがまたすぐ血だらけになって。地元の人たちが、もうやめろ、もうやめろ、って言って。あの時の拍手。あの感動。日本はそういうふうに戦うわけでしょう」

後段の部分には違和感を覚えるかもしれない。「軍隊調はもうかんべん」の反応も予想できる。しかし、今回のワールドカップを現地で眺めるうちに痛感したのが「精神性」の重みである。

断言できるが、平尾ジャパンの選手もまたタオルを赤く染めて戦い続ける気迫を有していた。絶対に間違いない。ただ、個人の「魂」がチームの「魂」の域に昇華していない。正直、そうも感じた。試合直前のウォームアップ、個々の選手の表情は引き締まっているのに、なぜかチームの迫力は立ちのぼらない。「これで勝負するぞ」の芯が集団を貫き、ひとりの指導者の熱が浸透していく。そんな強さが感じられないのだ。

アルゼンチンは15人がウォームアップスーツを脱いで試合前のピッチに現れる。スクラム。キック。ジャパンより低いタックル。敵陣深くではバックスの思い切ったサインプレー。すでに戦い方は統一されている。仁王立ちするアレックス・ワイリー監督の迫力。個人の闘争心がみるみるチームへ凝縮されていく感じだ。「プロは強かった」。ジャパンの完敗の大きな理由とされた。だが、アルゼンチンの30名のスコッドにプロは7名のみ。各ポジションをひとりずつジャパンと比較しても、体格、才能とも、どっこいどっこいである。それがアイルランドをやっつけ、準々決勝ではフランスと残り10分まで互角の試合をしてのけた。違うのは明らかに「チームとしての力」だった。

「平尾ジャパン、平尾ジャパン、って言うけど、本当に平尾がやりたかったことやったのかね。違うような気がするんだよ。あのアームズパークで一緒にウェールズと戦った時、あいつも『こう戦うんだ』というものに引っ張られたと思う。『そうじゃない』と思ってるとは信じられないんだよね……」（松尾氏）

内部で何が起きたのか。どこをどうしくじったのか。国代表にはつまびらかにする義務がある。閉鎖的な情報統制こそは平尾監督の嫌う「従来日本型」の悪弊のはずだ。

ウェールズでのジャパンをわずかでも追った身には、空洞化したシステムのひ弱さは感じられた。どこか中心がぼやけているのだ。新しい仕組み作り。海外の最新情報の分析と実験。旧態のスポーツ界へのアンチテーゼ。複数の人間の理想がつるんと上滑りして、実際の勝負へ個のエネルギーが束ねられない。そんな、もどかしさはつきまとった。

この時点では新体制は明らかではなく、新たな方針もわからない。

松尾私案はこうだ。

「まず『こう戦う』というものを打ち出して、それに対してセレクションをし直す。たとえばマコーミックのような選手でもパスがまずければ落とすとかね。ただ、あいつはいいからと選んでおいて、途中で誰か来たから、ハイ、サヨナラじゃ駄目だね。チームを作っておくことですよ。そして、国内の外国人、バショップなんかを敵に回して、戦っていくんですよ。公開にして、収入を選手に分配してもいい。どんどん試合して対外国人というものを知ること。そして小さい人間にも有利なところはあるし、まだまだ戦えるということを研究してほしい」

最後に。

それでも選手とスタッフは奮闘した。つい、そう書きたくなる。名誉だが楽ではない立場だ。うっとうしい批判には「お前、やってみろよ」と叫びたくなる。と叫びたくなるだろう。しかし、在仏のジャーナリスト氏にカーディフでたしなめられた。「ここに出られて頑張るのは当然のことだ」。これも、また前提のようである。

＊マイク・タイソン＝ボクシング元ヘビー級チャンピオン。１８０センチと小柄ながら、１９８６年に史上最年少（20歳５カ月）でＷＢＣ王座を獲得。翌年にＷＢＡとＩＢＦのタイトルも獲得し３団体統一に成功する。

初出＝『ナンバー』４８６・４８７（文藝春秋）。『ラグビーの世紀』（洋泉社）所収

アルゼンチンの快挙

プレーオフ　アルゼンチン28―24アイルランド

ラグビーの第４回ワールドカップは20日までに８強が出揃った。おおむね順当な顔触れの中で異彩を放つのがアルゼンチンだ。

あのマラドーナでおなじみのサッカー王国だが、実はラグビーの人気も高い。どちらかといえば都市部の経済的に豊かな人々によって楽しまれている。今大会初出場のウルグアイもそうだが、いわゆる名門の私学が教育の手段としてラグビーを用いてきたことが背景にある。

だからアルゼンチンのラグビー界はプロ容認のオープン化には腰が重かった。現在も国内ではアマチュアを堅持している。予選組で完敗した日本陣営には「プロに負けた」との声もあった。しかしアルゼンチンは原則的にはアマだ。アイルランド戦先発のうち6人だけが外国のプロのクラブに在籍している。これは実質はプロの日本の外国人選手と同数だ。

大会前は指導者の人事をめぐる内紛で調子を崩したが、直前に元オールブラックス監督のアレックス・ワイリーに一本化され、見事にまとまった。「もともと選手の能力は高い。それをどう発揮させるかだった」（同監督）。強力FWで反則を誘い屈指の好キッカー、SOケサダのPGで得点を積み上げる。その徹底ぶりは不気味なほどだ。

来年からは日本など6カ国で行われているパシフィックリム選手権へ参加の方向で調整が続いている。再起を期す新生ジャパンにはいいお手本になりそうだ。

初出＝「東京新聞・中日新聞」1999年10月21日。『ラグビーの世紀』（洋泉社）所収

ダブリン市民は耐える

ラグビーのワールドカップを取材している。各地で行われる準々決勝をどこにするかは思案のしどころである。

24日の3試合からはダブリンを選んだ。あの古めかしいランズダウンロード競技場で、緑のジャージィの胸にシャムロックをあしらったアイルランドを眺めたかったからだ。もちろん試合後にグラフトン通りあたりのパブに舞い下りて、ギネスの黒ビールを食道に流し入れる楽しみもある。

ところが登録をすませたあとに「番狂わせ」は発生した。20日のプレーオフでアルゼンチンにしてやられたのだ（24―28）。ニュージーランドやオーストラリアではない。あろうことかアルゼンチンに。あそこは確か「ディエゴ・マラドーナ」の生まれ故郷ではなかったか。

フランス×アルゼンチン。ランズダウンロード。午後3時半開始。

あたりには葉巻の匂いが立ち込めた。８年前の大会でアイルランド×オーストラリアの準々決勝を眺めた際にはどこにもなかった香りである。

人々の手にするビールの色が黒くなければ、ここはパリあるいはブエノスアイレスだった。４万９千収容のスタンドはほぼ満席。胸を張ってのし歩くのはフランスとアルゼンチンの応援団ばかりである。あわれアイルランド、こんどはアングロサクソンならぬ紫煙くゆらすラテンに征服を許したのだ。

唐突だが、アイルランドと聞くたびに思い浮かぶ逸話がある。もうひとつのフットボール、サッカーにまつわるできごとである。

この国のサッカーはずっと世界の負け犬だった。ところがイングランドのかつての名選手、ジャッキー・チャールトンを監督に迎えるや90年のイタリアでのワールドカップに出場を果たす。

イングランドの2部リーグなどにくすぶるアイルランド系の選手を片っぱしからリクルート。「おばあちゃんが酒場のギネスの瓶を見たことがあれば代表入りの資格がある」と、からかわれながらもチャールトンはしぶといチームを作ってみせた。

さっそく政府は功労者の監督にほうびを授けた。釣り好きの彼に「アイルランドのあらゆる河川で釣り糸を垂れる権利」を与えたのである。

あんまり、いい話なので事実を疑っていたら本当だった。2年前にダブリンを訪れた時にパブで遭遇したサッカー協会の役員に真偽をただすと「本当だ」とウインクをよこしたのだ。

つまりアイルランドとはそんな場所である。

ラグビーに戻る。

すこぶる気のいい観衆は愛するわが祖国を打ちのめしたアルゼンチンの奮闘に拍手と声援を惜しまなかった。失意を奥にしまいながら伝統の「ぬくもり」をキープしたのだ。

もちろん、だらしのない代表チームと協会を許したわけではない。人々に代わって毒矢を放つのは新聞の役目である。

「サンデー・インディペンデント」の名物コラムニスト、ジョージ・フックはただただ怒る。「フランカーのドウソンの役立たずの度合いときたら1956年のチャーリー・ライドン以来だ」「フルバックについては語るべき言葉を持たない。彼には球を受けるという基本の基本すら困難なのだ」……。

夜のパブ。8年前に通いつめた名物ラグビー酒場「オールド・スタンド」を再訪する。懐かしのバーマンは健在だった。「あなたは悲しんでいる」。よせばいいのに、そう話しかけたら「ええ。とても」。ラテンの熱戦につきあうボールボーイの少年、そのどこかに憂いをたたえた視線がにわかにだぶった。

ダブリン市民は耐えている。

初出＝「東京新聞・中日新聞」1999年10月26日

閉じるべきか閉じざるべきか

ラグビーの第4回ワールドカップのメイン会場であるカーディフのミレニアム・スタジアムの最新設備がちょっとした議論を呼んでいる。ラグビー場としては世界初の開閉式の屋根を、雨天の場合に「閉じるべきか」で意見が分かれているのだ。

23日の準々決勝でウェールズと対戦したオーストラリアのロッド・マックイーン監督は「ぜひ閉じるべきだ」と試合前からしきりに叫んでいた。

だが、時に強い雨が降りつけた試合当日、ついに屋根は開いたままだった。ちなみに、この日のオーストラリア代表ワラビーズのハンドリングエラーは「16」。乾いた気候に慣れている南半球は雨はどうしても不得手だ。攻撃の機会が少なかったとはいえウェールズのそれは「5」にとどまっている。

ワラビーズのCTBホランはこんな表現で皮肉を投げた。「フェラーリを買ったのに車庫にしまいこんでバスを待っているみたいなもんだ」。ウェールズのSOジェンキンスも「多くの費用をつぎこんだ設備を使わないのはナンセンス」と同意する。

国際ラグビーボード（IB）のチェアマン、バーノン・パフ氏は「この件に関する規則はない」と語るが、大会前に「原則的には閉じない」の申し合わせが組織委員会でなされた。「自然なコンディションに従う」他会場との平等を守るためだ。これもラグビー流の

「フェア」なのかもしれない。来月６日の決勝を前に「雨天」の予報が出れば再び論争を招きそうだ。

初出＝「東京新聞・中日新聞」１９９９年10月26日。『ラグビーの世紀』（洋泉社）所収

日曜の午後の革命

準決勝　フランス43―31ニュージーランド

ラグビーはこわい。ジョン・ハート「前」監督は、トイレで泣きながら、つくづく身に染みているだろう。

かねて持論がある。スポーツ観察者として最も感激を覚えるのは、素質や環境に劣る側が美しいスタイルで巨像を倒す瞬間を目撃することだ。この午後のフランスである。

闘争心と集中力がことに大きくはない体を包む。大胆な攻撃は絶対にギャンブルではなく、複数の仲間が一本のタックルへ反応する。蒸気も立たぬほどの熱（FW前５人）。修羅に乱れぬ冷たい頭（ラメゾン！）。つまりフランスは完璧だった。

名勝負あるいは世紀の番狂わせには、たいがい伏線が張られている。

キックオフ直後からオールブラックスはおかしかった。だが、挑みかかる青いジャージィはいたずらに密集の反則を繰り返し、大事には至らない。そうこうするうちにジョナ・

ロムーが解説不要の突破力でトライを重ねたから、つい反省の機会は失われ、後半の中盤に逆転されると、もう立て直しには手遅れだった。

「ほかの北半球勢はキックに頼って敗れた。我々は球を手放さない」

独自の展開理論を持つコーチのＰ・ヴィルプルーはメディアを通じて公言してきた。

フランスはＦＷのパス能力とスペース感覚にすぐれている。その気になれば、とことん展開ラグビーをできるのが強さである。コンタクトに耐えられるベナジやマーニュが広い位置で壁を崩しながらパス。そこへ俊敏なバックスがからめば防御の焦点は絞りづらい。

展開重視の「芯」があるだけに結果としてキックの効果も増した。とりわけクラシックなチップキックは黒衣の神経をいらつかせた。

1メートル73センチ、80キロのＷＴＢドミニシの快走からのラメゾンのトライを除けば、あとの3トライはすべてキックがらみ。得点場面に限らず、ニュージーランドのロムーとウマガの両翼は蹴られた球への反応が鈍く、背走作戦は試合の主導権を握るのに役立った。

ディフェンスも狙いがはまった。

フランスの選手は近場の相手に突き刺さるタックルが強い。途中で制御を失ったニュージーランドは焦りからそこばかりを攻めて、おのれの棺桶を買いに走るはめになった。

オールブラックスの挫折に実は予感があった。

スコットランドとサモアのプレーオフをマレイフィールドで眺めていたら、まわりのニユージーランド記者団の雰囲気がなんとも悪かったのだ。

不遜。傲慢。愚直に体を張る両国選手を「Bクラス」の存在として鼻で笑う。記者席で身をよじり、あちこちと馬鹿話。第1回からW杯を追う者の「勘」が働いた。この態度はオールブラックスそのもの、さらには国中から発せられている。

選手も監督も、意識は決勝へと向いていた。試合後「フランスを尊敬しなかったことは一度とてない」のコメントが連発されたのは、尊敬していなかった裏返しだ。

この6月には、ウェリントンで54—7と圧勝している。人間だもの。どこかで緩むのは無理もない。問題はむしろ、キックを追う戻るといったチームの基本が詰められていないところにあった。怪物ロムーも球を持っていない時の動きは緩慢だった。リードを許すと、まだ望みは残されているのに、焦りにかられた単独の突破ばかりが繰り返された。

巨大スポーツ用品メーカーとの5年の契約は、100億円を超す。特殊素材の新ジャージィは「つかまれにくい」と襟を小さくあつらえた。先端のマネージメント。ピッチ外の選手の様子をしきりに流すPR活動。一糸乱れぬ「マシン」の足下では、しかし、「実際のラグビー」が置き忘れられていた。

ヴィルプルーは言った。

「我々は知っている。ニュージーランドはたいがいは勝つ。そして、ニュージーランドはたまには負ける」

負傷者の代わりに途中で呼び寄せられた30歳のガルティエ、その意地と狂気のタックルにシャンパンの杯を捧げたい。

初出＝『ラグビーマガジン』2000年1月号（ベースボール・マガジン社）。『ラグビーの世紀』（洋泉社）所収

決勝　オーストラリア35―12フランス

ラグビーの第4回ワールドカップは、オーストラリアの二大会ぶり二度目の優勝で幕を閉じた。プロ容認のオープン化後、初のワールドカップとして注目されたが、「気迫」や「団結」といったラグビーのいわば原始的な要素が勝敗を分けた試合が少なくなかった。

準決勝のフランス×ニュージーランドがその象徴だ。「負け犬」とみられたフランスの挑みかかるような闘争心に、最有力優勝候補が完敗。精神面を含むあらゆるケアを施されたはずの精鋭プロ集団が、素朴な「こんちくしょう」に足元をすくわれた。

決勝トーナメント進出にあとのないアルゼンチンがサモアに逆転勝ち、そのサモアがウェールズから起死回生の勝利を奪ったのも同様だ。戦力と戦術でやや苦しい南アフリカのしぶとさも不気味なほどだった。

スペースを瞬時にして埋める防御法が発達。ボールの争奪を促すレフェリングのせいも

1999年11月6日　ウェールズ・カーディフ

豪州	35		12	フランス

後半	前半		前半	後半
2	0	T	0	0
2	0	G	0	0
3	4	PG	2	2
0	0	DG	0	0
23	12	スコア	6	6

豪州		フランス
	FW	
R・ハリー→R・クラウリー	1	スレット→デヴィリアス
M・フォーリー→J・ポール	2	イバネス→ダル・マゾ
アンドリュー・ブレーズ	3	フランクル・トゥルネール
デイヴィッド・ギフィン	4	アブデラティフ・ベナジ
ジョン・イールズ	5	ファビアン・プルース
M・コーベイン→O・フィネガン	6	マルク・リエヴルモン
デイヴィッド・ウィルソン	7	オリヴィエ・マーニュ
トウタイ・ケフ	8	クルストフ・ジュイエ
	BK	
G・グレーガン→C・ウィタカー	9	ファビアン・ガルティエ
スティーブン・ラーカム	10	クルストフ・ラメゾン
ジョー・ロフ	11	クリストフ・ドミニシ
T・ホラン→N・グレー	12	エミール・ヌタマック
D・ハーバート→J・リトル	13	リシャール・ドゥルトゥ
ベン・チューン	14	フィリップ・ベルナサル
マシュー・バーク	15	サヴィエル・ガルバジョザ

得点：トライ（T）5点、ゴール（G）2点、ペナルティーゴール（PG）3点、
ドロップゴール（DG）3点

あり「ひたすら連続攻撃」ではトライを奪えない。ボールの確保を鍛えたはずの日本もその穴にはまったが、優勝したオーストラリア（素早い方向転換）、地元ウェールズ（浅い角度から防御とすれ違う）などは独自の方法に取り組んだ。

プロ化の影響で、体力と情報収集のレベルは均一化されつつある。差を分けたのは「戦う姿勢」と「独自性」だった。

日本はオーストラリアの倍以上の強化費を使い、強力外国人選手を加えながら、戦い方の大枠すらつくれず無策のまま敗れた。指導陣の責任は重い。

初出＝「東京新聞・中日新聞」１９９９年11月7日。『ラグビーの世紀』（洋泉社）所収

プロ化の洗礼、変わるものと変わらぬもの

あのオイスター、このギネス、短くはないブリテン島ならびにアイルランド島の旅は幾つもの至福を招いたが、もちろんハイライトは黒衣の蹉跌とフランス人の歓喜、それにめでたく女王より杯を授かった世界でいちばん大きい小型カンガルーたちとの遭遇である。

ラグビーのワールドカップは、この競技の魅力とプロ化到来の招く若干の混沌を、吸ったり吐いたりしながら、豪州代表ワラビーズの優勝をもって幕を閉じた。

これまでラグビーにおける「退屈」の評価は、たいがいは蹴ってばかり、あるいは押すだけ、つまりアンバランスに対して与えられてきた。しかし、今回のワラビーズは、憎いほど均衡がとれ、なのに退屈だった。感情の入り込む「たるみ」が残されていない感じ。言葉を遊ぶわけではないが、退屈すら味わわせてくれないほど退屈なのだ。

起伏がない。広場も路地も見当たらず全部がハイウエイである。

ポジションにかかわらず15人は共通のスキルを有している。

もともと個々の能力は高い。大会最高殊勲選手に輝いたCTBホランをはじめ、グレーガン―ラーカムのハーフ団、WTBチューン、FBバークらワールドクラスの並ぶバックスは随一だった。なのに試合を通して個人が突出した印象はない。FWも断じて押し負けぬフロントロー陣、ラインアウトにそびえる主将イールズ、砕氷船を想起させるNO8ケフーと演者はそろっていても主役は思い浮かばない。

才能に満ちているのに才能を感じさせず、パワーを誇りながらパワー頼みとは遠い。

これがワラビーズの強さであり、おそらくは観衆の胸躍らぬ要因でもある。

ホランもチューンもバークもパスを受けてからの博打は張らない。偶然には極上の身をゆだねようとはせず、計画に沿った一連の攻撃によって創出されるスペースへのみ迷わず走り込む。オールブラックスのきらめく才能であるWTBロムーやCTBカレンらが球をつかんでからしばしばスペースを探したのとは好対照だ。

1991年大会豪州優勝の殊勲者、デイヴィッド・キャンピージは大会のさなか、しょっちゅうワラビーズの名を借りた現代ラグビー批判をメディアへ展開した。

「そこにはFWもバックスもなく15人のラグビー選手がいるだけだ」

なにしろ現役引退に際して「あとは正面衝突ロボットどもに任せた」と言い放ったアーティストである。ふくよかな個人芸が削られてシステムが幅をきかすプロ化へのいらだちは理解できる。キャンピージ画伯の母国の代表は、まさにポジションなきモダンなスタイルの先端であり、つまりコンピューター・グラフィックのようでもあった。

ワラビーズは最後までへばらない。

フランスとの決勝も後半の運動量と質がそのままスコアを表した。地球上で最高のラグビー国を決める試合にあって個人のフィットネスのレベルはさして変わるまい。なぜワラビーは走り続けられるのか。万事に無理を避けるからである。

あらかじめ決められた拠点を作り、素早く球出し、力感のあるランナーがこれも既定のコースへ駆け込む。前述のように、そこには「なりゆき」も「いきずり」も「ひらめき」にも存在しない。それぞれの接点では無理に踏ん張らず「球をリサイクルするためだけ」にコンタクトをする。いわゆる「がめる」ことをしないから、疲労は最小限ですんだ。

準決勝。かのアフリカ大陸南端の笑わぬジャイアント、体力とガッツを誇るスプリングボクスとの激突では、個別のバトルはやや劣勢に見えたが、延長後半の体の切れではわずかに上回っていた。スパイクの鋲の高さほどの違い。いつだって骨きしませる南アフリカと無理せぬ豪州との微差である。

ワラビーズのロッド・マックイーン監督は、「私はゲームの図抜けた戦術家ではない」とみずから認める。かつて実業の分野で成功を収めた。利益に直結するビジョンを描き、人材を集め、チームを動かす。「現代のラグビーは多くの負担を強いるゲームと化している。選手だけでもスタッフだけでもなく、家族もまた成功のための変化が必要なのだ」。だからファミリー同伴が可能なキャンプ村で合宿を行った。用意周到。抜かりはない。

13人制のラグビー・リーグの防御を学ぶと決めれば一切の妥協を捨てる。リーグの元スター選手のジョン・マグルトンを「ディフェンシィブ・コーチ」の役に就け、しつこく、しつこく稽古を重ねた。ふたり少なくても守れる方法を15人制に適応できたのだから大会でわずか1失トライ（予選組のアメリカ戦）の堅守もうなずける。幅広くスペースを埋め、鋭く前へ出て、さらにスライドをしながら穴をふさぐ。この型を作り上げたことで、時に突破を許しても、いつでもカバーリングは機能した。「抜かれるかもしれないところ」がわかっているのである。

才能集団が周到な準備と徹底した反復をいとわない。それこそマックイーンのワラビーズの個性だった。

いまにして思い出される。96年の春、ＡＣＴ*の監督として来日したマックイーンは、もうすぐシーズンから採用される新ルールに従う試合運びを試みた。「スクラムは8人で組まなくてはならない」。日本側はFWが防御に立たなくなったスクラムのサイドをサインプレーで抜いては喜んでいたが、のちのワールドカップ優勝監督は「遠からぬルール変更に反応しない日出ずる国」が不思議そうで記者会見にてやんわりと批判した。

翌97年9月に代表監督へ就任。前任者のグレグ・スミスのもとではオールブラックスに全敗、スプリングボクスには22—61の大敗を喫した傷だらけのワラビーズをただちに蘇生させる。今大会優勝までマックイーン指揮下のテストマッチの勝率は約8割。黒衣軍にも4勝1敗と勝ち越した。

太い線で描かれた全体像とそれに応じた技術と戦術の仕込み。古今の必勝の法は、CD−ROMで敵を解析するようなモダンなシステムへ滑らかに搭載されて、観衆をときめかせもせずに栄冠を戴いた。手ざわりの温かみと引き換えのプロフェッショナリズムの体現こそはマックイーン流の勝利でもあった。

フランスの試合後の記者会見はいつも独特だ。いきなりジャン・クロウド・スクレラ監督が独白を始める。フランス語はさっぱりだが、どうやらそれは意見の開陳に近い。

そのスクレラが決勝の直後は、一言だけで唇を閉じた。

「オーストラリア人に多大なるブラボーを表明したい」

大会前、そして大会中盤までは「負け犬」の地位に甘んじていたフランス人は、ここにおいて良き敗者であることを認められた。

すべては準決勝のおかげである。

10月31日の日曜の革命はロンドンはトゥイッケナム競技場で成った。予選組からやっとこさ勝ち上ったフランスは、試合前に奇妙なダンスを踊る漆黒の最有力優勝候補を火あぶりの刑に処する。

43―31。モンスター、ジョナ・ロムーに2トライを喫しながら、国内では「冷血」の異名を授かるSOラメゾンが氷の表情で3分間に2本のドロップゴール（DG）をものにして差を詰める。ラップトップ発の理詰めの攻防を嘲笑するかのごとき古典的チップキックがジョーカー。じわりせめこんで、さらには敵失をついた防御線裏への一蹴りが好機をつくり、後半15分、19分の連続トライを生んだ。

うるさいキャンピージの許しも得そうな芸術的SOカステニェードを予選組カナダ戦の肉離れで欠き、本来のSHミニオニも負傷で離脱。それぞれ代役のラメゾン、ガルティィエの奮闘が金星を呼び込む。

猛タックルが感涙すら誘った30歳のガルティィエは大会途中で呼び寄せられた。どだい当初の選考で自分を外した首脳陣とはそりが合わない。和解したのか。記者に聞かれると過去2大会にも出場しているベテランは言った。

「話はしていない」

この個人主義者どもが団結したのだから、おそろしい。肝をすえた積極展開に打って出るやオールブラックスに勝っちゃった。FWのパスとランの能力に恵まれ、その気になれば、本物の攻撃ラグビーをしてのけられる。ながら、この準決勝、ひとときフランス人ではないような協調心を携えて歴史を刻んだ。

情報はますます流動化する。その瞬間の「真理」はすみやかに世界へ広がる。プロフェッショナルな取り組みにより、どうしても戦術が均一化しかけた時、勝敗を隔てたのは「闘争心」であった。

いたずらに精神力などと書けば、不快を与えるかもしれない。もちろん技術と体力の裏づけあってこそである。ただ個人の精神力がチームの精神力へと統合されたかが修羅の明暗を決した。それは事実だ。

負の例こそオールブラックスにほかならない。

巨大スポーツメーカーと結んだ契約金は5年間で約100億円とも120億円とも。特殊素材を用いた最新式のジャージィは一般的には流通しないほど高価だ。タックラーにつかまれにくかろうと襟は最小サイズに抑えられている。ラグビーの伝統も合理によって退けられたかのようだ。

ニュージーランド屈指の大企業でビジネス・エリートとして腕を磨いたジョン・ハート監督は、なかば使命のように、プロフェッショナルなマネージメントに邁進する。そして、いつしか、そのこと自体が目的と化した。

なんとなく好みの新聞である『ガーディアン』のオールブラックスの挫折を扱った記事にこんな言葉を発見した。

Sanitised……消毒された。「無菌の」とでも訳したくなる。うまい表現である。

最先端の組織。降って湧いた潤沢な資金。才能に満ちた選手。大胆不敵な展開ラグビー。すべては上滑りした。悪徳のビールスをも飲みこんだフランスの「魂」に食いつかれるや意外なほどの弱々しさを露呈したのだ。

準決勝は最初からおかしかった。だが、フランスが密集で反則を繰り返すため深刻な状況はやってこない。さらに「富と力」の象徴であるロムーの快走。反省の機会をなくしたまま後半中盤に逆転を許して、以後、組織は崩壊する。

キックの追い方、戻り方。崩したあとのフィニッシュのパターンの精度。良きアマチュアでもしつけられるチームの基本は驚くほど甘かった。この一点が、好敵手の豪州との大きな差だった。

ジョン・ハートはただのろくでなしではない。オークランド地区代表での他を圧する実績は揺るがないし、96年の就任直後の鋭い指導は迷える王国をすみやかに立て直した。何が切れ者を狂わせたか。それを「ビジネスの甘き香」と決めつけては誤りだろうか。「誰もが批評からは逃れられない。それはラグビーの一部だからだ。一体、何が起きたのか。我々には説明義務がある」（敗戦後の記者会見で）
虚勢だとしても、この言葉には我がジャパンの指導陣も見習うべきプライドがある。

フランスに感激を覚えたとすれば、南アフリカには感銘を受けた。腕一本、あらゆる理屈を吹っ飛ばす無慈悲な防御には、なにやら「文化」の匂いさえ漂うではないか。

SOデビアーの5DGが飛び出したパリの準々決勝。ワラビーズとの延長にもつれた準決勝の死闘。さらにはオールブラックスを葬送した3位決定戦。スプリングボクスはひたすら守りから圧力をかけた。太くて長い腕を伸ばし、からみついては敵を阻止、その力がどこよりも強い。すぐに仲間が参戦して懐にもぐりこむように球をむしり取る。この繰り返し。どちらが音を上げるのか。我慢比べに持ち込めば勝利は近づく。

豪州戦の3日前の練習をのぞいた。ロンドン郊外のイングランド銀行のクラブ。スプリングボクスは2時間半ほど汗を流した。まずFWだけやってきて延々と30分強もラインアウトを合わせる。ついでバックスも合流して防御の布陣づくりをこれまたなんべんも。このところ日本国でも流行のオーストラリアやニュージーランド産のきれいに梱包されたようなドリルとは異なる。もっと実際的で、とにかくしつこい。

準決勝。ワラビーズの侵略を一瞬は許しながら、すぐに臼を投げつけたみたいなタックルの波が押し戻す。インジュアリータイムに入って秒針が8周。本当の土壇場にデビアーのＰＧで追いついた。ボーア戦争の狼煙の絵の浮かんでくるような不気味な粘着力。その、ほんの一端をバンク・オブ・イングランドの青々とした芝に見た。

ダブリンで見つけた『サンデー・インディペンデント』のコラムには笑った。あわれアイリッシュは地元での準々決勝を待たずにディエゴ・マラドーナの故国に敗北。ジョージ・フック記者の酸に浸したペンはうなる。

「負けた翌朝、協会からのファクシミリが届いた。当然、監督と団長の更迭だと思ったら、準々決勝のチケットの発売の知らせだった」「フランカーのキーロン・ドウソンの役立たずぶりときたら56年のチャーリー・ライドン以来だ」……。

なるほどアイルランドもだらしなかったが、アルゼンチンは立派だった。スクラムを押す。キックを蹴る。足首へのタックル。ジャパンの15人とポジションごとに能力を比較しても劣勢の者は少なくない。スコッドに占めるプロ選手は30分の7。それがアレックス・ワイリー監督の簡潔かつ野太い指導を得て、ついに個人の負けん気がチームの「魂」へと昇華するや、打倒アイルランド、対フランス大善戦の快挙を遂げた。

「プレースキックが好調なのはこちらでは練習をたくさんできるから。国では仕事があって、なかなか蹴れないんだ」

3G、31PG、1DG（計102点）の大会得点王、ゴンザーロ・ケサダのコメントは、春の陽光に揺れるアルゼンチン牛の尾のごとき趣があった。

そのアルゼンチンを開幕戦で退けた地元ウェールズは「いいチーム」だった。グラハム・ヘンリー監督の緻密な指導はタックルとの接点で防御の裏をとる具体策に表現された。豪州戦の敗北はそのまま地力の差。選手の個人能力にばらつきがあるため戦いに安定を欠き「強いチーム」には届いていない。大会前、この智将は旧知の日本人へ告白している。「まだ優勝は無理だ」。5年契約の1シーズン目を終えたところ。次大会での完全復活を視野に収めるベスト8だった。

牧歌と決別する意志的なプロ志向と、友情や闘争心や団結といったラグビーの原点が両立、混在、あるいは対立する。変化と普遍。オープン化から初の大会は、そんな印象を残した。

「これで終わりです。あとは私の馬たちと過ごさなくては」

競技人口は私立男子校の生徒数ほど（1200人）、ウルグアイのディエゴ・オルマエチェア主将は3—39と大健闘の南アフリカ戦直後に引退を宣言した。

この馬専門の獣医でもある40歳のNO８が全身をぶつけると、スプリングボクスのプロフェッショナルは確かに芝へ打ちつけられた。これもラグビーである。

＊ACT＝ACTブランビーズ。スーパーラグビーに参加する、豪州のラグビーユニオンチーム。

初出＝『ナンバー』484（文藝春秋）。『ラグビーの世紀』（洋泉社）所収

【第5回大会　2003】

予告された球の軌跡

第5回大会
2003年10月10日～11月22日
開催国＝オーストラリア
出場国数＝20カ国・地域
予選を5カ国×4プールに変更してプレーオフ制を廃止。

決勝トーナメント

準々決勝

イングランド	28
ウェールズ	17
フランス	43
アイルランド	21
NZ	29
南アフリカ	9
豪州	33
スコットランド	16

準決勝

イングランド	24
フランス	7
豪州	22
NZ	10

決勝

イングランド	20
豪州	17

3位決定戦　NZ　40−13　フランス

日本代表

監督＝向井昭吾
主将＝箕内拓郎
戦績＝予選（プールB）4敗

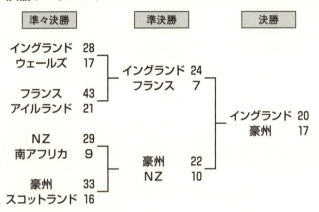

ラグビーワールドカップ2003　試合記録

予選プール　POOLSTAGE

	プールA	豪州	アイルランド	アルゼンチン	ルーマニア	ナミビア	勝点
1	豪州		○17−16	○24−8	○90−8	○142−0	18
2	アイルランド	●16−17		○16−15	○45−17	○64−7	15
3	アルゼンチン	●8−24	●15−16		○50−3	○67−14	11
4	ルーマニア	●8−90	●17−45	●3−50		○37−7	5
5	ナミビア	●0−142	●7−64	●14−67	●7−37		0

	プールB	フランス	スコットランド	フィジー	アメリカ	日本	勝点
1	フランス		○51−9	○61−18	○41−14	○51−29	20
2	スコットランド	●9−51		○22−20	○39−15	○32−11	14
3	フィジー	●18−61	●20−22		○19−18	○41−13	10
4	アメリカ	●14−41	●15−39	●18−19		○39−26	6
5	日本	●29−51	●11−32	●13−41	●26−39		0

	プールC	イングランド	南アフリカ	サモア	ウルグアイ	ジョージア	勝点
1	イングランド		○25−6	○35−22	○111−13	○84−6	19
2	南アフリカ	●6−25		○60−10	○72−6	○46−19	15
3	サモア	●22−35	●10−60		○60−13	○46−9	10
4	ウルグアイ	●13−111	●6−72	●13−60		○24−12	4
5	ジョージア	●6−84	●19−46	●9−46	●12−24		0

	プールD	NZ	ウェールズ	イタリア	カナダ	トンガ	勝点
1	NZ		○53−37	○70−7	○68−6	○91−7	20
2	ウェールズ	●37−53		○27−15	○41−10	○27−20	14
3	イタリア	●7−70	●15−27		○19−14	○36−12	8
4	カナダ	●6−68	●10−41	●14−19		○24−7	5
5	トンガ	●7−91	●20−27	●12−36	●7−24		1

タウンズビル発・1

初戦　日本11―32スコットランド

熱帯の木々、海を近くに感じさせる微風、タウンズビルの開放的なデイリー・ファーマーズ・スタジアムに、少し場違いなような「妖気」が漂った。ふさわしい日本語がなかなか思い浮かばないのであえて使わせてもらうなら、それは「スピリチュアル」な何かのようだった。

ジャパンはスコットランドをあわてさせ、しかし、11―32とスコアを譲った。スポーツ記者の常套句風に記せば「敗れても桜は散らず」といった内容だった。ただただタックルのおかげである。

あらためて断言したい。

膝下タックルとは、つくづく日本ラグビーの財産である。

小さなハーフ団、辻高志や広瀬佳司が大男の細長い脚の下のほうを刈り取れば、ともかく倒れる。

ふたりは、いったい、なんべんタックルしたのか。試合直後の辻は「どこも痛くありません」と元気だったが、翌朝、首を動かすのも不自由そうだった。

現場の指導者やキャプテンには経験があるだろう。

しばしばスポーツ、それも団体競技、ことにラグビーにおいては、どん底から這い上がるときのエネルギーがいちばん強い。

かの偉大なる新日鉄釜石は、そのことを熟知してチームづくりを行っていたのだと聞いた。秋にいったん調子を落として、冬本番、そこから駆け上がる活力をトーナメントの連戦にぶつけるのだ。

タウンズビルのジャパンも、また、どん底→上昇の線を、ちょうど標的の試合に重ねることができた。

おそらく計画に沿ったチーム構築の成果ではない。大敗、チーム内のぎくしゃく、そうした諸々から脱出せんと誠実にもがき、ワールドカップの雰囲気に触れ、代表としての使命感がわきあがり、そこに格の高いシニア・プレーヤーの経験が合わさって、タックルまたタックルの妖気はかもされた。

実はチームの緻密な戦法・戦術は未完成に思える。

開始のキックオフを受けた直後のアタックが未整備だったのは象徴だ。健闘に映るラインアウトも、スコットランドがジャパンの方法をさほど研究していなかったわりには、ままならなかった。

ラックの球出しでの「ジャパンの方法」は突き詰められておらず、スコットランドの意外に低く激しく球にかぶさるような接触にコントロールは乱れがちだった。

すみません。報道従事者の悪癖で、すぐにアラをさがしてしまう。

もちろんジャパンの勇士の大奮闘は事実だ。タウンズビルの夜の街で、なんども「よくやった」と声をかけられた。酒場で背中を丸めずにすんだ。素直にうれしいものだ。

スコットランドの重鎮ロック、スコット・マレイは語っている。

「ジャパンのディフェンスはエクセレント。称賛に値する」（スコッツマン紙）

つまり、ジャパンは、活力の急速な結束で、チーム構築の遅れを、ひとまずは覆ってみせた。個々の潜在力が、一定の域に達しているなら、ラグビー競技ではそういうことはありうる。

個人的にジャパンのマン・オブ・ザ・マッチ、フランカー大久保直弥の体を張って張りまくる厳しさ、たくましさ、どうしても知性と書きたくなる集中心、それらの代表する「戦う姿勢」はチーム全体に広がっていた。

そのことは絶対に評価を受けるべきだ。

ただし、これもコーチ経験のある方にはわかるだろうが、このスコットランド戦のようなゲームのあとは、必ずしもチームの歩みが順調ではなかっただけに、えてして各選手の受け止め方にばらつきが発生する。

あの状態からよくここまできた。いや勝てなくては意味がない。いつもどおりさ。そういうように個々の評価に幅ができる。

2003年10月12日　オーストラリア・タウンズビル

日本	11			32	スコットランド
	後半	前半		前半	後半
	1	0	T	2	3
	0	0	G	1	1
	0	2	PG	1	0
	0	0	DG	0	0
	5	6	スコア	15	17

	FW	
長谷川慎（サントリー）	1	トム・スミス
網野正大（NEC） →坂田正彰（サントリー）	2	ロバート・ラッセル
豊山昌彦（トヨタ自動車）	3	B・ダグラス→G・カー
木曽一（ヤマハ発動機）	4	S・マリー→R・ビーティ
アダム・パーカー（東芝府中）	5	スチュアート・グライムズ
大久保直弥（サントリー） →渡邉泰憲（東芝府中）	6	ジェイソン・ホワイト
箕内拓郎（NEC）	7	J・ピートリー→M・レズリー
伊藤剛臣（神戸製鋼）	8	サイモン・テイラー
	BK	
辻高志（NEC） →苑田右二（神戸製鋼）	9	ブライアン・レッドパス
広瀬佳司（トヨタ自動車） →A·ミラー（神戸製鋼）	10	G・ロス→G・タウンゼント
小野澤宏時（サントリー）	11	ケニー・ローガン
元木由記雄（神戸製鋼）	12	ジェイムス・マクラレン
R・パーキンソン（サニックス）	13	アンディ・クレイグ
大畑大介（神戸製鋼）	14	C・パターソン→S・ダニエリ
松田努（東芝府中） →栗原徹（サントリー）	15	ベン・ヒンシェルウッド

得点：トライ（T）5点、ゴール（G）2点、ペナルティーゴール（PG）3点、
　　ドロップゴール（DG）3点
日本選手の所属、企業名は当時のもの

放置したまま次の難敵に対すると、へたをすれば大崩れしかねない。高校生のトーナメントでよくある事態だ。

ここは指導者が、18日のフランス戦までに、「満足・不満・その混合」（過去）から「次はこれで勝負するんだ」（未来）の向きへ、くっきりとイメージを統一することが重要である。それを期待して、いまからジャパンの練習（10月14日）を見に行こう。

初出＝SUZUKI RUGBY「友情と尊敬」2003年10月

タウンズビル発・2
第3戦　日本13—41フィジー

タウンズビルは、つまり「中津江村*」だった。

ジャパンは、あの九州の山深い村の民にとってのカメルーンかもしれなかった。自然と景勝に恵まれた地方の小さな土地、そこへ、物珍しく色彩に富んだフットボールの集団はやってきた。

人々は大歓迎した。

おおげさなほどの喜びや感謝、温かいもてなし、そうした諸々が、本来は厳しく辛いであろう闘争の祭典を優しく包んだ。スコットランドと競り、最有力優勝候補のひとつフランスからは見事なトライを奪った。間違いなくタウンズビル市民の後押しがあればこそだ。驚異のタフネス、32歳、ナンバー8の伊藤剛臣は言った。

「まるでホーム。秩父宮よりそうかもしれない」

善戦にわいたホームタウンは、ついに勝利を望むまでになった。しかし、やはり現実は甘くなかった。

ジャパン、フィジーに敗れる。

どうやら作戦を外した。南海の魅惑の怪人たちの好む広大なスペース、それに大きな球の移動を、いつの間にか許してしまったのだ。

スクラムをぐいぐいと押し（このクラスの相手に、これほど優位に立てた例はあっただろうか）、モールもぐいくらいは押し、ラックからの推進の鋭さも負けていなかった。なのにジャパンは球をさほど素早くもなく中庸のリズムで動かし「不安定で穏やかな状況」を自分の側からつくりだした。

不安定かつ緩やか。そう。ラグビー・フットボールの歴史の事実において、フィジー人の愛してやまない要素である。奔放で愉快なフィジーの魔法を封じるには、もっぱら局地戦に励む。世界の常識だ。あの夜のジャパンは、スクラム、密集の結束（強さではなく、まとまり）に優勢だった。しつこく、しつこく、局地戦を挑めたはずだ。

ピック＆ゴーを繰り返していけばフィジーは反則をおかし、すぐにクイックで前進すれば、きっと思わずタックルしてきて、数度目にはイエローカード……。そんな図も描けた。

それでもジャパンは球を動かしたくなった。なぜか。大会に入ってからのフィジーはおかしかったからだ。

旧知の英国人記者によれば「内紛がある」。ジャパン戦の先発を大きく変えたのも、そのせいとの噂があった。

チームがぎくしゃくしている。ことにコーチ（監督）やマネージメントと選手の関係が良好でなく信頼が壊れると、選手は、地面にこぼれた球に身を投げたり、敵のモールをこらえたり、遠くのキックをひたむきに追ったりといった「地味で痛い仕事」をしなくなる。フィジーはそうだった。ことに米国戦では、無駄走り（無意味ではない。もうひとつ余計に走ること）はどこにも見当たらず、内紛の有無を確認はできないが、ともかくチームは機能していなかった。

球を動かし、走れない相手が薄くなったところで前進と突破を。ジャパンの戦いにそうした意図ものぞいた。

しかし、現象としては、さぼって残っているフィジー人の列へ球が戻っていくような展開を招いた。

しだいにゲームはルーズと化す。すなわちフィジーの時間は訪れた。

フィジーは「日本のチームでプレーする選手から情報を得ていた」（マッキャリオン監

督)。ことに先発SO、7人制の魔法使い、ワイサレ・セレビが負傷でしりぞき、ニッキー・リトルが入って以降はキックを多用、ジャパンの根源的欠点である蹴られた球の処理とその後の攻防の拙さ（とその放置！）をついた。

大正解だった。キックの球を落とす、なんとか受けても、蹴り返しの方針と技術がチームとして定まっていない。熱心には追いかけてこないフィジー選手が、ずらりと残っているスペースへ飛んだキックは、さらなるピンチを呼んだ。

戦い終えて、翌朝にタウンズビル空港を去る箕内拓郎主将は明かした。

「ジャパンはセットからの攻めと守りが基本。キックでさげられて、そこから前へ出る力は足りなかった」

いわば球がとっちらかる展開、いくら体が重くても、それはフィジーの所有物だった。そこまで全敗、しかも、シドニー郊外ゴスフォードまで計6時間以上移動の中3日で迎えた米国イーグルス戦、後半18分、大畑大介のトライと栗原徹のゴール成功で26―27と迫っても、記者席の身に逆転の確信は抱けなかった。各選手の奮闘は確かだ。しかしチームとしての「もろさ」は消えきってはいない。

ひとりの選手にファインプレーと子供じみたエラーが同居する。その厳粛なる事実は、ジャパンとしてのチームづくりの未成熟を示していた。タウンズビルに続き、ゴスフォードの観衆の心もつかんだ桜の勇士に深く敬意を抱きつつ、やはり、そう書かざるをえない。

チームとは、つくづく、ひとりの人間と同じなのだ。

ラインアウトにサポーティングが導入され、自軍投入の獲得率が大きく増して以来、ノータッチの攻防こそは、勝利のための重大要素だ。そこは手つかずのままだった。「挑む側」の生命線であるターンオーバー直後の反撃とあわせ、カウンターアタックは、あまりに未整備だった。

これくらい戦える能力があるのだ。全試合に全力を尽くさなくてはならない「挑む側の体力」を本当に身につけていたなら、結果は異なっていただろう。

元無名コーチの本稿筆者として以下の結論に勇気はいる。でも、そうなのだ。

W杯のジャパンは、能力と存在の一部を示せた誇りとともに、指導体制の不備、準備不足を悲しむべきだ。

このページのいちばん上の行を書き出したのは、米国戦終了後半日を過ぎたあたり。すでに4年後の大会は始まっている。こんどこそ最良にして最高の人選と準備を。それのみが、たとえば難波英樹やアダム・パーカーの地面の球へ身を放り出しての献身、そしてタウンズビルの大声援に応える道なのである。

＊中津江村＝２００２年 FIFA ワールドカップでのカメルーン代表のキャンプ地。大分県日田市。いちばん小さな自治体のキャンプ地として注目された。

初出＝SUZUKI RUGBY「友情と尊敬」２００３年11月

スピードタックル――２００３年豪州W杯　ジャパン総括

東京からやってきたスポーツライターが書いたのではない。パリに自宅を持つはずの『レキップ』記者のひねり出した一節である。

フランスは恐怖を感じた。

必要十分な販売部数と十二分な影響力を有するフランスのスポーツ新聞は、ラグビーの日本代表について毒のインキに浸したペンをふるうことはなかった。

もちろん最有力優勝候補のひとつ、フランスは勝った。しかし、予測よりうんと小さな得点差だった。51―29。ちょうど抵抗者を称えるのにふさわしいスコアである。

日本は見事なレジスタンスを示し、我がトリコロールの軍を混乱へと陥れた。

フランスは日本の柔道家たちに決定的な力量を見せつけるには至らなかった。

敵対者による勇敢かつ抜け目なき防御――それは自在に開閉を繰り返した――のおか

げで、フランスは、意に反して、攻撃のオートマティズムを欠いた。

（ローラン・テロ記者、『タウンズビルより特別な贈り物を』10月19日付、電子版）

万事において「外国の視点」を気にかけるのは、日本国ジャーナリズムの悪癖だろう。それでも参考にはなる。レキップ、ラグビー情報では斯界《しかい》の雄にも近い（ちゃんと大会前のジャパン東京合宿にも現れた）伝統の新聞が、ひとまず評価をくれたのは素直に喜ぶべきだ。桜の勇士は一定の務めを果たしたのである。

さて、ジャパンのような非強豪国代表を、当地では「MINNOW」と呼ぶ。品よく訳すと「小魚」、むき出しなら「雑魚《ざこ》」だ。

そんなミノウがフランスに噛みついた。薄っすらと血はにじんだ。その様子をレキップは得意の修辞を用いて記録に残した。そして、ちっぽけな魚はせわしなく噛みついておいて、ようやく自分には歯があるのだと気がついた。

もう少し早く、つまり3年前の向井ジャパン発足と同時に、歯を牙へと砥ぎ始めたなら……。スコットランドの首くらい落とせたかもしれない。フィジーとは歴史に残るスリリングな勝負を展開できた。米国代表イーグルスは突き放せたはずだ。

ジャパン帰国より10日強、シドニーへ居残り、うんざりするほどの青空のもと、パソコンのキーを叩いての実感である。

フランス戦後の会見、向井昭吾監督は、どうしても安堵を隠し切れなかった。外国人記者がきいた。

「日本ラグビーの最も輝かしい瞬間か」

16年前の第1回大会、優勝候補、地元オーストラリアに23―42と迫ったジャパンの一員である監督は、はっきりと否定はしなかった。

「大差で負けないチームをめざしていた。それがいいところでは出た……」

誇り高き元オールブラックス候補、ジャパンのCTBジョージ・コニアがわずかに首をひねった。会見後、コニアを追いかけて「負けて満足感が漂うのは少し不思議ではないか」と問うた。約10秒の沈黙、この夜、鮮やかなトライを挙げたニュージーランド人は言った。

「少し、そう思う。でもジャパンは段階を踏んでいる途中だから」

愛称、チェリー・ブロッサムズは、眼前の試合に全力を尽くした。シドニーの『デイリー・テレグラフ』(11月3日付)も予選B組の「最高試合」に、日本―フランスを挙げている。

そうした事実を認めつつも記さなくてはならない。もしかしたら本稿に目を通してくださっているあなたも、学校時代の野球部監督や卓球部コーチや受験担当主任に指摘されたかもしれぬ古びた教訓を。

試合（試験）で努力をせぬ人間はいない。問われるのは、毎日の練習（勉強）で本当に努力をしてきたかだ。

ジャパンは判官びいきの観衆にとどまらず、ほとんど皮肉を職業とするジャーナリストにすら支持された。低いタックル、素早い球の動きは、感動と悦楽を呼んだ。確かにラグビーの抱える可能性の一端を表現できた。であればこそ「もっと勉強しておけば」と悔やむべきなのである。

ほとんど日本と時差のない高温多湿のタウンズビルで、欧州勢のスコットランド、フランスと大会初期にぶつかる。条件は悪くなかった。より早く、より強い準備が施されていたなら、世界は、もっと、もっと驚いただろう。

「最後はスピードアタックじゃなくて、スピードタックルでしょ」

ワールドカップで国際級の働きを披露した大久保直弥（サントリー）の帰国後の発言である。本誌編集部が東京でインタビューした。本人も聞き手も笑った。しかしユーモラスな表現には、大切な事実が含まれている。

副将を務めた大久保は続けた。

「アタック（を身につけるの）はやっぱり時間がかかるんですよ。段階、段階で区切って、いろいろなプロセスを踏んでいかないと。難しいんですよ。でもジャパンが7―0で勝つのはしんどい。多少はトライをとられても冒険的なアタックを仕掛けなくては」

サントリーで極度の攻撃主体のスタイルを実践したリーダーの実感だ。

――アタックを詰める時間はなかった。

「いまさら言ってもしかたがありません。僕らが応えられなかっただけかもしれないし。向井さんの頭の中にはしっかりとプランはあったのかもしれない。ただ最終的には……。まあ、前回の2トライよりはとってるのだから（計6トライ）4年後に……」

紳士は、それ以上は語らない。

以下、シドニー残留の紳士でないスポーツライターが引き取る。つまり向井ジャパンは、本来のスローガンであるところの「スピードアタック」を突き詰めるための時間を過ごしてはこなかった。挑む側、小さい側の生命線であるターンオーバー直後の攻撃、ペナルティーからの速攻はついに未整備だった。現代ラグビーの焦点、タッチを切らないキック応酬の対処も手つかずのまま、フィジー戦の完敗へ直結した。

米国イーグルス戦では、球出しのあと、タッチ際の相手防御が何度か、瞬間的にガラあきになった。だが、擬音を用いるなら「ピピッ」と誰かが走り込むような反応に欠けていた。

いずれも徹底した反復と意識づけの求められる分野だ。

ひとりの選手に「輝き」と「貧弱」が同居した。FB／WTBの栗原徹が典型だ。国際級のプレースキック、才気に満ちたラン、そして未完のディフェンス。振幅の激しさはジャパンの一面の象徴だ。そもそもチームが完成していれば長所と短所はうまく吸収される。監督は言ってのけるだろう。「タックルのひとつ、ふたつ外されても、PG決めて、サインプレーで、パーン、走り切ってくれたら勝てるわ」（関西弁に他意はありません）

ワールドカップでのジャパンはキックを主体にゲームを組み立てた。向井監督がこだわったのは「時間の消費」だ。大崩れを避ける。キックで陣地を稼いで、PGと敵陣でのサインプレーで得点を重ねる。くっついて、くっついて、時の過ぎるのを待つ。

現状認識としては正しかった。惨敗はまぬがれたのだから。ただし、その「現状」は、向井ジャパンの実質始動から二年半の期間に、もっと高いところへ達するべきだった。負傷や各チームの思惑、さらには「自己都合」で合宿や遠征の参加辞退者は絶えなかった。チーム構築は後手を踏む。隙あらば攻めるはずの「スピードアタック」に不可欠なフィットネスの数値は伸びなかった。そのわりによく戦った。ひとつの事実である。しかし本来は「そのわり」の責任も指導者の側にある。

イーグルスとの最終戦前、ジャパンの試合分析と情報収集を担当するテクニカル部門は、選手に対して次の報告を与えた。

ジャパンの強み（世界に通用した武器）
●体を張ったタックル

以下、ＦＷは◎スクラム◎第3列のライン参加◎ラインアウト、ＢＫは◎ファースト・フェイズ・アタック◎ＰＧ◎ＤＧなど計9項目が並んでいる。

決戦直前のイメージは、これくらい簡潔でいい。ただし、こうであったらと想像してしまう。もうふたつだけ「●」を。その下に「底知れぬフィットネス」と「超高速カウンター攻撃」の二行を。

昨年（２００２年）の3月31日、向井監督は、箕内拓郎主将指名会見の場で明快に語っている。

「日本は何をしてくるか分からない。そう思われるような特徴あるラグビーをしなくてはと思っています」

すなわち時間切れだった。

潤沢な体力、瞬時に攻撃態勢を整える反応、細密な攻防原則の獲得には至らなかった。

そこで手堅い手法に切り替えた。それは未完の「何をしてくるか分からない」よりは確実だった。

ここで考えるべきは、ワールドカップへやってきて、結果として効果を得たのは「日本的」な要素だった……という事実である。

スコットランド戦での膝下タックルは、単純な精神論とは別次元の技術だった。急速に海外の列強へ広まった前へ飛び出す防御も、ほとんど日本がオリジナルだ。

フランス戦、前半32分のコニアのトライは、フランスの「飛び出し」を、元祖らしく逆手にとった。間合いの詰まった空間で球を受ける前にわずかに横へ伸びてパスを放る。CTB難波英樹が、日本ラグビー伝統の技術を、堂々と実践してみせた。

一週間後、スコットランドは、フランスの「飛び出し」にがんじがらめにされた（9—51の完敗）。狭い空間で素早く動けないから、間合いをなくすと、ただの肉と骨だ。ジャパンは、反対に、フィジーの緩慢なような待ちの防御に弱い。個々のサイズとパワー、歩幅や腕の長さに差があるため、かえって包まれてしまう。これも「日本らしさ」である。

向井ジャパンは日本流を格別には磨いてこなかった。社会人各チームと同様、オーストラリアなど海外直輸入のノウハウが基本だ（それで地力のつく側面もある）。なのに実際に戦うと特色は発揮された。はじめから日本の独自性を信じて、それに沿った緻密なセレクションと強化計画を練っておけば、おそらく結果は違っていた。

低さ。いきなりの加速。器用さ。日本ラグビーの長所だ。加えて、東アジアの民の持つスタミナ（マラソンの実績）を強化、個人主義の怪物にも負けぬチームへの誇りを長い時間かけて醸成する。「たとえば日本人が決め事を遂行する能力に優れているなら、徹底的に決め事でもいい」（大久保）。最前線で体を張った当事者の言葉は重い。

いけない。つい苦言に傾いてしまう。こちらの職業ゆえとお許しあれ。現実には、ワールドカップのジャパンは、敬意を払われ、愛された。では、大会前の湿地帯からどう抜け出たのか。

大久保は言う。

「ちょっとした頭の変化ですよね」

試合前に「他人まかせ」にせず、状況と対策を話し合えるようになった。「前回の経験」が大きかった。99年大会は、元オールブラックスも並ぶ６名の外国人にどうしても依存していた。「彼らが止められるとニッチもサッチもいかなくなった」。あの時、問題を修正する能力の重要性が身に染みた。

タウンズビルに入り、ようやく選手間の遠慮は薄れた。コミュニケーションが良好になると「ミスをサポートできる」。修正能力は芽生えた。「どん底を脱している感覚はありましたね」。

今回のジャパンには練習を含めて「のどか」なような雰囲気は漂った。規則も少なく、のんびりとしていた。たぶん多くの選手の気質に合っていた。

ただし世界のトップには別の場所がある。フランスのジャパン戦前のウォームアップ、主将を先頭に、ひとかたまりで走る。途中、滑稽にも映る屈伸運動を「ピョン」とはさむ。あの不気味さ。団結と規律と鍛錬。真剣勝負の境地である。

大久保はジャパン強化の王道を語った。

「トップリーグの各クラブが『我々はこれで世界と戦う』という意気込みでチームをつくること。夢があるじゃないですか」

そして、こうも。

「この失敗を繰り返さないこと」

前後の文脈はあったが、確かに録音機は「失敗」の響きを再生した。

批判ではない。単純な後悔とも違う。プライドが言わせたのだと思う。


初出＝『スポーツ・ヤァ！』80号（角川書店）。『楕円の流儀』（論創社）所収

ラグビーよ、お前もか

準々決勝　NZ29—9南アフリカ　フランス43—21アイルランド

おなじみのウォークライ、「ハカ」が始まる。

ニュージーランド代表オールブラックスの決闘前の儀式である。好敵手、南アフリカ代表スプリングボクスの大きな男たちは肩を互いに組み、負けじと大声で国歌を叫ぶ。

一触即発の緊張、鋭い視線の交錯、先の土曜夜、メルボルンで行われたラグビーのワールドカップ準々決勝での光景である。29—9。オールブラックスの完勝。試合後、更衣室で、身を削り合った両国の選手はビールを酌み交わした。

翌日の同準々決勝では、フランスがアイルランドを43—21と圧倒する。フランスは人の壁で道をこしらえながら、大会を去る敗者を静かに待ち、やがて拍手で迎え、拍手のまま送った。

いずれもラグビーの美しい習慣だ。激しく繊細な競技の文化は、芝の上には、なんとか生き延びている。

今回のワールドカップ取材では、つくづくラグビー界の変貌を実感させられる。統括団体、国際ラグビー・ボード（ＩＲＢ）の「拝金主義」は露骨だ。

メルボルンの準々決勝では空席が目立った。初日が1万強、翌日は2万席が埋まらずじまい。チケットの高額化のせいだ。豪州ドル（以下同じ）で「95」「１９５」「２９５」の価格設定。80円換算なら、それぞれ７千６００円、1万5千６００円、２万3千６００円である。ちなみに決勝の最高額は535ドル（4万2千800円）だ。

子ども料金は存在しないから観客席に未来の代表選手の姿はほとんどない。企業向けの特別席でワインをたしなむビジネスマンが子供のようにはしゃぐだけだ。

最低5ドルの席もあった予選各組では非強豪国同士の試合も観客の入りはよかった。「好カードは高く」は合理的だが、準々決勝で、興行師（IRB）の目算は外れた。

8年前にプロ容認に踏み切ったラグビー界では、急速に「貧富の拡大」が進んでいる。持てる者が持たざる者を支配する構造だ。イングランド代表のスーパースター、ジョニー・ウィルキンソンの本年の収入は、各紙報道を引けば、360万ドル（約2億9千万円）に届く。サッカーのベッカムとCMの共演も果たした。

他方、前回ベスト8の実力国、アルゼンチンの開幕戦先発のうち6名はアマチュア、大会期間中の日当は55ドル、4千円ちょっとだった。そもそも同国協会の年間予算は約1億6千万円、一選手の年収に及ばない。

日程でも「公正」は打ち捨てられた。予選組4試合を消化する期間は、トンガが15日なのに、同じ組のオールブラックスは23日、ジャパンも15日で、同じくフランスが21日、アルゼンチンは17日でオーストラリアは23日……。持てる者ほどさらに有利な仕組みである。

IRBのシド・ミラー会長は「中継の放送局の影響はあった」と正直だ。

トンガのイノケ・アフェアキ主将（セコム）は怒りと悲しみをユーモアにくるんだ。

「フェアな日程を考えられる数学者はオーストラリアにもいるはずなのに」

ラグビーよ、お前もか。

こんな叫びはできれば封印したい。

準決勝（ニュージーランド―オーストラリア、イングランド―フランス）と決勝、どうか無人の荒野で札束など吹き飛ばすような戦いを。それこそは高価なチケットに値するのだ。

初出＝「東京新聞・中日新聞」２００３年11月11日。『楕円の流儀』（論創社）所収

イングランド決勝進出――ウィルキンソンが全24点

準決勝　イングランド24―７フランス

雨と颪。滑る芝。落球の応酬。いたずらに過ぎる時間。そしてジョニーのブーツが残った。

イングランドのＳＯ、ジョニー・ウィルキンソンが３ＤＧ、５ＰＧと１人で全24得点、黄金のブーツ（スパイク）、つまり格別なキック能力を見せつけた。

開始９分に先制ＤＧ、鋭角の体の動きが不思議なほど球は柔らかく飛んだ。両手を組む独特のフォームから繰り出されるＰＧは、すなわち外した場合だけが話題だ。

試合直後、ウッドワード監督は言った。「ウィルキンソンはウィルキンソンだった」。準々決勝のウェールズ戦（28―17）はトライ数なら1―3、この夜も0―1。それでもイングランドは負けない。敵陣へ迫り、球を連取、「背番号10」が足を振り抜けば3点だ。ラグビー界最高の人気者、サッカーのベッカムとの共演CMも話題を呼んだ。24歳、身長1メートル78と大きくはないが、実は激しいタックルをいとわない。2DGは利き足でない右で決めた。満点の優等生がいよいよ最後の試練を迎える。

初出＝「東京新聞・中日新聞」2003年11月17日

崩壊始めた「黒の王国」

準決勝　オーストラリア22―10ニュージーランド

1987年10月、東京都内のホテル「芝パーク」の正面玄関。黒服の男どもが外へ出る。遠くを射るような視線、笑顔の対極にあるみたいな険しい表情、居合わせた人々は思わず後ずさりをした。

地下社会を生きる者ではない。スポーツ界で最も有名な愛称の一つで呼ばれる健康でまっとうな存在、オールブラックスが日本遠征の初戦へ向かおうとしていたのだ。

その光景を狙っていたはずの写真家のカメラには何も写っていなかった。恐ろしくて、また申し訳ないような気がして、ついにシャッターを押せなかったのである。

ちなみに、ラグビーのニュージーランド代表オールブラックスは第1回ワールドカップを圧倒的な力で制したばかりだった。

対戦相手は代表より格下の日本選抜、世界王者にとってはきわめて簡単な試合のはずだ（94―0）。なのに、ここまでの迫力、駆け出しの本稿筆者は「これがオールブラックスというものか」と驚いた。

あれから16年、シドニーのテルストラ・スタジアムで黒いジャージィがおどけていた。先週土曜（11月15日）のワールドカップ準決勝、オーストラリア代表ワラビーズに前半をリードされながら、ベンチの控え選手が笑っている。開始前には観客席の友に携帯電話をかけてみたり、仲間とおどける者もいた。

オールブラックスは変わった。つまり弱くなった。ただ弱いのではない。強いのに弱い。10―22。今回も、きらめく攻撃力で最有力優勝候補とされながら、4大会連続で栄冠を逃した。

敗北後の会見。いつもの質問が出た。すなわち国民の反応について。

ルーベーン・ソーン主将は言った。

「つらいと思う。われわれ（選手）は、その倍もつらい」

人口400万、小さな国だ。先進国にあっては経済の規模も大きくはない。乳製品や羊毛の質に自信はある。だが、なんといっても世界にとどろく特産物は「オールブラックス」だ。かつてニュージーランド人にとってラグビーとは宗教であり、共同体であり、幸福の証明であり、運動の苦手な男の子にはいまわしい対象でもあった。タックルをしくじると、勉強ができても女の子にもてないからだ。

王国に黒い雲が忍び寄るのは、95年のラグビー界のプロ容認決定以降である。結局のところ経済はスポーツの現場にも反映する。

「国内でプレーする者だけ代表入り」の方針は、選手の海外流出への対抗策だ。それでも大会前に、エースのダグ・ハウレットが代表の報酬の少なさに異を唱えて海外移籍をほのめかすなど、黒衣の威光すらマネーの前に揺らぎつつある。

そもそも今大会はオーストラリアとニュージーランドの共同開催の予定だった。しかしニュージーランド協会は会場の既存広告撤去などに対応できず、みすみす資格を失った。未成年の競技人口でサッカーに抜かれたとの一部統計もある。アマ時代、不人気にあえいだオーストラリアのラグビーが、いま景気の活況とともに人気を得ているのとは対照的だ。

ニュージーランドの日曜紙の見出しは「この世の終わり」。イスタンブールでの爆破の悲劇と比べれば、そうでもあるまい。ただし「ラグビー王国の終わりの始まり」なら当たっているかもしれない。ある記事の表現を借りるなら、第1回大会の優勝は、もはや「古代」の出来事らしい。

初出＝「東京新聞・中日新聞」２００３年11月18日。『楕円の流儀』（論創社）所収

ただ銀杯のために
決勝　イングランド20―17オーストラリア

覚えておこう。イングランドのフットボール、ベッカムじゃないほうの甘くとろけるクリーム、ジョニー・ウィルキンソンのスイス時計のごとく精密なキックを。

予告された球の軌跡だった。

すべてのラグビー好きの胸にしまわれた結末のあり方、効き足の左でなく右なのが、わずかに想像と異なったか。

純白の背番号10が右側の下半身を振り抜く。飢えた野生に追われた小動物のような楕円の球は、イングランドの幸福とオーストラリアの諦観に包まれながら、とうとうＨの上を直線であって放物線でもあるみたいに飛び越えた。

１００分間の決闘、ラグビー史の先端、その頂点に、競技発祥の地の代表が５度目のワールドカップにして初めて届いた。

惑星最高のキッカー、ジョニー・ウィルキンソン、今大会８度目のＤＧ成功、計20分の延長戦の最後の最後だった。17―17→20―17。こうなるだろうとの希望と不安は裏切られ

なかった。

本号発売時には、やや旧聞に差し掛かってはいるが、その場面の再現を許していただきたい。なぜなら、そこにイングランドの強さ、栄誉に浴するだけの理由は凝縮されているからだ。

同点に追いつかれて、残り1分30秒、キックオフを蹴り込む。ラックができる。ワラビーズは敵陣へ入りたい。「ウィルキンソンは陣地を3点に変える」（ワラビーズ、エディー・ジョーンズ監督）からだ。イングランドにすれば長いキックで戻されたくない。

ワラビーズは後方にふたりのキッカーがいた。SOラーカムとFBのロジャースである。イングランドは両方に圧力をかけた。いわゆる「キック・チャージ」。結果、タッチラインに対する角度の狭いロジャースが余裕なく球を受けて短いタッチを刻む。

大会を通して、イングランドのポジションの枠を超えた「勤勉」は光った。チャージにしてもFW第3列のみならず前5人が黙々と飛び出す。ロジャースに対しては途中出場のFLが身を投げ出したが、数年来の努力が「全員でチャージに向かってくる」という潜在的重圧を与えていた。

イングランドのジョンソン主将は後述している。

「必ずタッチに蹴り出してくる。そのラインアウトから勝負」

敵トライラインから約27メートルの自軍投入をしっかり確保、まずCTBで縦をつく。

このあと、ウィルキンソンのDGへと続く過程がほとんど完璧だった。ラック。ウィルキンソンはさっそく深く立ってDGを狙う構えを見せる。ワラビーズはそうはさせまいとチャージを狙う。ラック周辺の選手の意識はみな「ジョニー殺し」へ向いた。

その時、SH、30歳のドウソンはパスを投げそうで投げずに縦突破を図る。相手心理を読み切った見事な選択だ。大きくゲイン。こんどこそDGの好機である。

ウィルキンソンは、当然、深く立った。

しかし長いパスを正確に放れるドウソンはラックの下敷きになっている。そこでSH役のFL、バック（34歳）は、いったん33歳の巨漢LO、ジョンソン主将に球を渡す。わずかに前進、この間に本職のドウソンが定位置へ戻り、注意深く20メートルのパスをウィルキンソンへ送った。

疲労と緊張の極《きわみ》、あえて年齢を書き添えたベテランたちが的確な判断を重ねた。先発15人のうち30歳代は6人、スタミナ不足を危ぶむ声もしきりだったが、準決勝―決勝と雨の冷気にも助けられて、重ねた年齢は勝利の条件だった。演劇的なハッピーエンドも、周到な脚本と名優あればこそだ。

その20数分前、印象に残る光景があった。

延長へ入る。観客席上部のコーチ席から両国指導陣が駆けおりる。イングランドのクライブ・ウッドワード監督はウィルキンソンに指示を与えるつもりだった。「パスをするな。まずWTBの背後へ蹴り込め」。しかしジョニーは、キック用のティーを手に人の輪を離れようとしていた。「練習をしたい」。後半は蹴る機会がなく感触を確かめたかった。やむなく指揮官は他の選手に「敵陣勝負」の心得を伝えた。

いっぽう中央線を隔てたワラビーズは懸命にまとまろうとしていた。小さな円陣が組まれる。試合前なら、ふさわしい心構えだ。だが、事ここに至ると、ほんの少し、弱々しくも映った。当たり合いとスクラムで押され、反則すなわち失点の恐怖に常につきまとわれる。試合内容の根本の劣勢が「まとまり」を強いている。

イングランドは、試合開始に備えての統一感は見事だった。しかし延長戦の前は一見ばらばら、各自の方法で集中力を高めている。それが、かえって図太さをかんじさせた。

「練習したんだ。何年も、何年も」

24歳のウィルキンソンをすでに皇太子から王様へ押し上げた「キック」を自身が語る。

何年も、何年も。イングランドも、また、うんざりするほどの鍛錬と計画と経験を積み、ついに発祥国の責務を果たした。

12年前、第2回イングランド大会では、重厚なFW戦とキック主体の戦法で決勝へ進んだ。当時は自国の新聞さえ「退屈」と書き立てた。ワラビーズとのファイナル、不慣れなオープン展開を仕掛けて潔く散った。いかにもアマ時代のイングランドらしく「美しき敗北」を求めたのだ。

95年、やはり充実の戦力で臨むも、準決勝、オールブラックスの怪物ジョナ・ロムーの下敷きと沈んだ。大会終了間もなくラグビー界は公式にプロ容認へと踏み切る。

おおむね経済の好調も手伝って大国イングランドはプロ化による追い風を受けた。国内リーグに海外の実力選手とコーチが集まり、世界の情報は蓄積された。前回大会は、ウッドワード監督のもと準々決勝敗退、しかし、しだいに「国力」は戦績に反映する。今大会前までの4年間なら40戦35勝、地元トゥイッケナム競技場では無敗である。

かつてアマチュアリズムの総本山だったイングランドのラグビーは、専属職員250名を抱えるプロフェッショナリズムの権化と化した。

時に年間200日にも届く拘束、ディフェンス、キック、視野（ビジョン）、ビデオ分析、栄養士、シェフ……細分化されたスペシャリストが長期にわたりチームを組む。練習前後に体脂肪率を計測、不足分はただちに補われた。体質改善のためベーコンと卵の英国風朝食へ別れを告げ、自軍にイエローカードが宣せられる危機に備えて14人の防御、7人のスクラムを繰り返した。専属広報は3名、決勝後、疲労困憊のはずの選手たちが記者用の仕事部屋へふらりと現れ、自由な取材に応じるようなはからいもあった。

もうひとつイングランドの充実を支えたのはチームの団結だ。ウッドワード監督は代表入りの「試験」の機会を最小限に抑える。

「試合中の素早い反応はチーム内信頼関係のもたらす本能」が持論、細かなセレクションを避け、30名のスコッドをできるだけ固定、代表内にあっては出場機会の薄い選手たちにも帰属意識を浸透させた。ちなみに今大会のスコットランドは、英語で「フリンジ（FRINGE＝外辺、急進分子）」と呼ばれる控え組の過度な飲酒や練習態度といった規律の乱れに苦しんだ。個々の心理状態が集団へ拡散しがちなラグビーでは放置できない要素だ。白いジャージィに抜かりはなかった。

端正な顔立ち、まじめな態度、「ウィルコ」ことウィルキンソンは優等生にふさわしく、実はタックルはじめ防御に体を張る。ことに危機察知能力は秀でており、イングランドびいきの観客が「まずい」と感じる寸前、さりげなく穴を埋めている。そんなスーパースターの地味な働きも、うわべでない「プロ化」の象徴だった。

全般に今大会に斬新な戦法は出現しなかった。前回、ワラビーズの提出したスペースを大男が埋め尽くすディフェンス法は行き渡り、さらに前へ厳しく圧力をかけ合った。簡単に抜けない分、キックの重要性は増し、陣地を堅実に奪う旧式スタイルは復権したかのようだった。

同時に「抜く」能力が問われた。角度の変化と素早いパスでフランスの前へ出る防御の裏をとったジャパンのトライ、横一杯に広がるディフェンダーに小さくすばしっこいランナーをあえて立ち向かわせたウェールズの成功は見応えがあった。

「小さな人間には大きなスペースが用意されている」（大活躍のウェールズ小型ＷＴＢシェーン・ウィリアムス）。ジャパンへ、あるいは体格に恵まれない選手へ、まったく素敵なメッセージだと思う。

プロ化以来、ポジションの壁を取り払った「万能型」の選手が求められてきた。スクラムの駆け引き、タックルそのものの確実性、パスの正確さ……といったひとつずつの職人的技術よりもチームのトータルな能力を磨く。モダンなラグビーである。

しかし、ワールドカップでの実力伯仲の真剣勝負にあっては、もういちど職人技が問われた。そこでしか差がつかないからだ。「中年軍団」（Dad's Army）と呼ばれたイングランドの強みは実はそこにあった。

15人が均一的アスリートにも見えるニュージーランド代表オールブラックスは、相手が弱いか準備不足だと手がつけられないほどの大量得点をものにする。だが準決勝のワラビーズ戦では、とたんにタックル力のもろさが露呈した。ディフェンスのシステムは構築されていても、タックルそのものが薄っぺらなのだ。

もうひとつ、頭ひとつ抜けた戦法のない分、いっそう「心理」が勝負を分けた。

試合直前のウォームアップ練習で、より気迫をたぎらせ、スキのない側が勝つ。準々決勝のフランスとアイルランド、準決勝のイングランドとフランス、ワラビーズとオールブラックス、すべてそうだった。世界最高の舞台に登場した世界最高級の選手とチームにあっても、ここだけは花園の高校大会と少しも変わりがない。「魂のないラグビーは塩のないキュウリと同じ」。本稿筆者の独断である。失意の3位決定戦より、技術レベルは低くても、ジャパン―米国やウルグアイ―グルジアのほうが本当におもしろい。

ラグビーとは、そういう競技なのである。

そして、CMでベッカムと共演（FKを難なく決める）して以来、頻繁に連絡を取り合うなど友情を培うウィルキンソンは魂の行脚《あんぎゃ》をやめない。

「4年間、すべてのゲームに勝つために練習を積んできた。いつでもプレッシャーに身を置いてね。旅はこれで終わりじゃない。まだ続くんだ」

安息はわずか。職業、ラグビー選手。

ラグビーの真の報酬は銀杯やチャンピオンシップにあるのではありません。ラグビーをする楽しみと選手間の永遠の友情にこそあるのです。ラグビーとは、それ以上でもそれ以下でもありません。（1971年、イングランド協会会長トム・ケンプ博士の代表来日時のメッセージ）

あれから32年、誇り高きラグビーの母国は変わった。明確に「銀杯」（エリス杯は金だ

2003年11月22日　オーストラリア・シドニー

イングランド 20						17 豪州				
後半	前半	延長	後半	前半		前半	後半	延長	前半	後半
0	0		0	1	T	1	0		0	0
0	0		0	0	G	0	0		0	0
0	1		0	3	PG	0	3		0	1
1	0		0	0	DG	0	0		0	0
3	3		0	14	スコア	5	9		0	3

イングランド		豪州
	FW	
トレバー・ウッドマン	1	B・ヤング→M・ダニング
スティーブ・トンプソン	2	B・キャノン→J・ポール
P・ヴィッカリー→J・レナード	3	アラステア・バクスター
マーティン・ジョンソン	4	ジャスティン・ハリソン
ベン・ケイ	5	N・シャープ→D・ギフィン
R・ヒル→L・ムーディー	6	ジョージ・スミス
ニール・バック	7	フィル・ウォー
ローレンス・ダラーリオ	8	ライアンズ→コーベイン
	BK	
マット・ドウソン	9	ジョージ・グレーガン
ジョニー・ウィルキンソン	10	スティーブン・ラーカム
マイク・ティンドゥル	11	ロテ・トゥキリ
マイク・キャット	12	エルトン・フラッタリー
ウイル・グリーンウッド	13	スターリング・モートロック
ジェイソン・ロビンソン	14	W・セイラー→J・ロフ
J・ルースィー→I・バルショウ	15	マット・ロジャース

得点：トライ（T）5点、ゴール（G）2点、ペナルティーゴール（PG）3点、
ドロップゴール（DG）3点

が）を報酬と定め、ビジネスに邁進したのである。現地報道によれば、ジョニー・ウィルキンソンの本年の収入は約3億円に達する。

初出＝『スポーツ・ヤァ！』82号『楕円の流儀』（論創社）所収

俺たちに明日はない

ワールドカップの決勝には緊張と興奮と気高さがあった。

最後の最後の局面で完璧な判断を重ねたイングランドは覇者にふさわしかった。

そして、コンタクトとセットで劣勢に陥りながら、反則に細心の注意を払い（ほぼ）守り切ったワラビーズの底力は、ほとんど不気味なほどだった。

余談ながら、前ウェールズ代表監督のグラハム・ヘンリーが、かつて以下のような内容を述べている。

「オーストラリアは戦力でイングランドやニュージーランドを上回る必要はない」

2001年、全英／アイルランド代表ライオンズのオーストラリア遠征の指揮をとった。事前に「オーストラリアのラグビー」について分析しての見解だ。細かな技術ではなく「オーストラリア人にとってラグビーとは何か」、つまりは「オーストラリア人とは何か」を考えたのである（いいコーチはみな同じことをする）。

なぜ「上回る必要はない」のか。

まずオーストラリアが世界に冠たるスポーツ王国であることによる環境とプライド。

もうひとつ、伝統的にオーストラリアにおけるラグビーは、プライベート・スクール、どちらかといえば富裕階級の学ぶ私立学校を基盤にしており、そこでは「自分を信じる」気風が培われている。だから少し戦力で劣っても、勝利を得られる。事実かはともかく、そう語っているのである。

大会前も大会が始まってからも、よれよれと落ち着かなかったワラビーズは、準決勝のオールブラックス戦で、なるほど「自分を信じる」凄みを見せた。焦点を絞り切り、迷わずプランを遂行する。あれは、中学であれ高校であれクラブであれ、ともかくレベルを超えて参考となる闘争だった。

決勝のワラビーズは見事だった。しかし、本当に勝てる雰囲気をかもすにはいたらなかった。

イングランドも、また、揺るがぬ自信を秘めていた。地力は確かだ。

キック、ディフェンス、栄養士、ビデオ分析、シェフ……などなど専属のスペシャリストを抱え、スコッドのメンバーは長期にわたって行動をともにしてきた。大国イングランドにふさわしい経済力と選手層に支えられ、ベテランを揃えて過去の苦い経験をもっぱら教訓としえた。まさにプロフェッショナルだった。

スコットランドのイアン・マクギーカン監督は大会前に語った。

「イングランドが本気になって万事をオーガナイズしたら手がつけられないと以前から指摘してきた。とうとう彼らはそれをやった」

1995年のオープン化（プロ容認）からそれなりの歳月が過ぎ、より深いプロフェッショナリズムを実践できたイングランドが笑った。小国ニュージーランドの予想を裏切る惨めな敗退も、経済規模を理由に、また当然の結果とこじつけられなくもない。

さて大会期間中に滞在したタウンズビルやメルボルンやシドニーでは、実は、とても数多くのアマチュアのゲームに接した。ケーブル・テレビが「クラシック」と称して往時のテストマッチをずっと放映したのだ。

73年、ワラビーズがトンガに敗れた（11―16）有名な一戦も確認できた。あの敗北を機にオーストラリア協会はコーチング・システムをはじめ本格的な再建に取り組んだ。現在の隆盛の根っ子の「事件」だった。そして80年代のオールブラックスとの定期戦「ブレディスロー・カップ」などを眺めるうちに、小さくはない感動を覚えたのだった。一言で表せばこうなる。

「この男ども、なんと勇敢な」

アマチュア時代である。職業はさまざまだ。勝とうが負けようが1ドルももらえはしない。現在の選手より胸板は薄い。太ももも細い。単純なスピードも劣る（一瞬の反応速度は変わらない)。

しかし、ともかく勇敢なのだ。無謀にも近い。細身のフルバックがハイパントに身を挺する。危ない。ついテレビに向かって叫びたくなる。なんと表現するのか「後先を考えない」感じだ。

ワールドカップは存在しておらず、テストマッチそのものに価値があった。そもそも国際試合の機会はまれである。「この一戦」がすべてだった。いま、ただただ全身全霊を尽くす。俺たちに明日はない。そんな迫力。報酬とは無縁、母国のすべてのラグビー人を代表する誇りと名誉と責任感が「危ない」を連続させる。ついでながらタックル、パンチの応酬、いまなら黄色いカードの連発である。それでいて終了の笛が鳴ると、友情とビールの文化は生きていた。

今回のワールドカップ決勝は、もちろん「最初で最後」のような緊迫に包まれた。あの瞬間、金銭に思いをめぐらせた者はおるまい。アマチュア時代のテストマッチは、それと同じだった。準決勝のオールブラックス敗北を現場の実況席から凝視して、つい浮かんだのは、アマ時代の黒衣の原初的な迫力である。難しい理論はない。合理的戦術とも遠そうだ。しかし眼前のラック、ひとつのタックル、ハイパントの競り合いに明日なき覚悟で臨む。そんな美しさがあった。いまプロ化した後進たちは、ひとりで広いスペースを鍛えぬいた体力で守るディフェンスをこなすうち、一撃のタックルの威力を忘れた。あのオールブラックスが（個人差はあるけれど）腕から先にタックルを仕掛け、自分の体からペチャンと芝に倒れる。

原点へ帰れ。それでは単純に過ぎる。プロの厳しさ、緻密さ、肉体の強大さは当然だ。ただラグビーという競技の本質は、精神的にも技術的にも、次の契約金や保障や興行を考えずに、あるいは次や次の次のディフェンスの網を張るより先に、「いまここ」に全力を尽くす態度を求める気がしてならない。

初出＝SUZUKI RUGBY「友情と尊敬」2003年12月

【第6回大会　2007】

ハートの大会

第6回大会
2007年9月7日～10月20日
開催国＝フランス、ウェールズ、スコットランド
出場国数＝20カ国・地域

決勝トーナメント

準々決勝

南アフリカ	37
フィジー	20
アルゼンチン	19
スコットランド	13
イングランド	12
豪州	10
フランス	20
NZ	18

準決勝

南アフリカ	37
アルゼンチン	13
イングランド	14
フランス	9

決勝

南アフリカ	15
イングランド	6

3位決定戦　アルゼンチン　34−10　フランス

日本代表
ヘッドコーチ＝ジョン・カーワン
主将＝箕内拓郎
戦績＝予選（プールB）1分3敗

日本代表は2004年に就任した萩本光威監督が翌年退任、ゼネラルマネージャー（GM）とヘッドコーチ（HC）の新体制となり太田治GM、ジャン＝ピエール・エリサルドHCが就任。2006年10月にエリサルドが解任され太田GMがHCを兼務。2007年からジョン・カーワンHC。

ラグビーワールドカップ2007　試合記録

予選プール　POOLSTAGE

	プールA	南アフリカ	イングランド	トンガ	サモア	アメリカ	勝点
1	南アフリカ		○ 36−0	○ 30−25	○ 59−7	○ 64−15	19
2	イングランド	● 0−36		○ 36−20	○ 44−22	○ 28−10	14
3	トンガ	● 25−30	● 20−36		○ 19−15	○ 25−15	9
4	サモア	● 7−59	● 22−44	● 15−19		○ 25−21	5
5	アメリカ	● 15−64	● 10−28	● 15−25	● 21−25		1

	プールB	豪州	フィジー	ウェールズ	日本	カナダ	勝点
1	豪州		○ 55−12	○ 32−20	○ 91−3	○ 37−6	20
2	フィジー	● 12−55		○ 38−34	○ 35−31	○ 29−16	15
3	ウェールズ	● 20−32	● 34−38		○ 72−18	○ 42−17	12
4	日本	● 3−91	● 31−35	● 18−72		△ 12−12	3
5	カナダ	● 6−37	● 16−29	● 17−42	△ 12−12		2

	プールC	NZ	スコットランド	イタリア	ルーマニア	ポルトガル	勝点
1	NZ		○ 40−0	○ 76−14	○ 85−8	○ 108−13	20
2	スコットランド	● 0−40		○ 18−16	○ 42−0	○ 56−10	14
3	イタリア	● 14−76	● 16−18		○ 24−18	○ 31−5	9
4	ルーマニア	● 8−85	● 0−42	● 18−24		○ 14−10	5
5	ポルトガル	● 13−108	● 10−56	● 5−31	● 10−14		1

	プールD	アルゼンチン	フランス	アイルランド	グルジア	ナミビア	勝点
1	アルゼンチン		○ 17−12	○ 30−15	○ 33−3	○ 63−3	18
2	フランス	● 12−17		○ 25−3	○ 64−7	○ 87−10	15
3	アイルランド	● 15−30	● 3−25		○ 14−10	○ 32−17	9
4	グルジア	● 3−33	● 7−64	● 10−14		○ 30−0	5
5	ナミビア	● 3−63	● 10−87	● 17−32	● 0−30		0

悲観と楽観。

酒場の友が言った。

「カーワンだから、いい席のチケットを買ったよ」

この仏教総合雑誌編集長は本物のラグビー好きだ。なぜならジャパンが絶対に最優先なのである。普段の会話に「ひいきチーム」の気配は薄い。早稲田がトヨタに勝った試合では「後半の20分過ぎからスタンドで泣けて泣けて」と明かしたが、それとて、ことにW党ゆえというわけではなさそうで、きっと敗者も含んだラグビーの美徳に触れた涙と推察できる。ちなみに、編集長は、実家がお寺のサントリー佐々木隆道が「引退して、もし僧侶になったらインタビューをする」のが楽しみらしい。

こういう善良きわまるファンが、ジョン・カーワンのジャパンに希望を託している。いよいよ始まる連戦では、いつもより値の張るシートに座るつもりでいる。ついでに「クラシック・オールブラックスのメンバー、もう最高」と声弾ませてもいる。

そもそもラグビーとは楽観的な営みである。体重制限もなしに全速力で走ってくる巨漢を阻止しなくてはならない。もし自分のほうがサイズに恵まれていたとしても、ことによれば「南ベトナム解放戦線のゲリラ兵士」のような捨て身のタックルにさらされる。ほとんど人間地雷ってやつだ。押せと命じられ、同時に素早く動けと求められる。グラウンドには、楽しみと同量の痛みと理不尽があちこちに漂っており、おりにふれて体に付着する。とても悲観的な人間には無理だ。ともかく前へ進もう、ともかく扉を開けてしまえ。こういう思考でないと本物のラグビーは楽しめない。

だからラグビー報道も口笛を吹く調子でありたい。「カーワンなら勝たせてくれる」と。でも残念ながら楽観は危険だ。ヘッドコーチであるカーワン当人のせいではない。徹底的に「レビュー」を怠ってきた日本協会の体質のせいである。

レビューとは、過去の精査だ。

つまり、どうして03年のワールドカップでは、フランスとスコットランドに思わぬ善戦ができて、フィジーと米国にはしてやられたのか。ヨーロッパから遠く離れた中立地での結果をどう相対化するのか。

04年のスコットランド／ルーマニア／ウェールズ遠征の惨劇の理由は。なぜトップリーグ各チームは選手を出したくなかったのか？　なぜクラブと代表のコミュニケートが使命と胸を張った当時の強化委員長はまるで機能できなかったのか？　さらにはエリサルド体制の実相とは。選んだのは誰か。例の「兼務問題」で、むしろあいまいになったが、協会はジャパンのコーチとして具体的にいかに評価していたのか。

こうしたレビューを公式な（ペラペラでない）文書として後世に残す。この国の全ラグビー人の共有情報として公開する。その姿勢がない。ゆえに似た過ちを重ね、あわてて次の指導者を招き、就任時には時間が足りない。

「世界最速のディフェンス」

「日本独自のスタイル」

そうだ。そのとおり。ただし細部を詰めるための締め切りは切迫している。口笛は吹けない。

ジョン・カーワンの全身に充満する誇りは、ジャン＝ピエール・エリサルドの抱く誇りよりも、多くの選手にとって伝わりやすい。優劣ではなく個性の問題だ。いまのところイメージの伝達は滑らかである。遠くへ逃げた時間を猛追している。

「なぜミスしたのに笑ってるんだ。君たちは国の代表なんだ」

4月16日の練習、JKは、FWの気の緩みと意識の低さを見逃さなかった。現場を目撃したラグビー経験のある新聞社カメラマンが「なかなかいいですよ」と電話をくれた。

ジャパンにおける「楽観・悲観の均衡」は以下のようであるべきだ。

日本のラグビーを信じる楽観→悲観的なほど緻密な準備→選手と指導者の信頼と愛情＝楽観。

「日本人にはこれしかない。ジャパンはここで勝負だ」。この大枠は悲観のようであって実のところ楽観である。「日本の独自性なんて一度しか通用しない」と唱えるのは「一度でも強豪国に勝つこと」すらあきらめた悲観主義なのである。

４月15日、往年の日本代表の集う「桜とシダの会」の試合が秩父宮で行われた。大西ジャパンと次の世代を中心とした元勇士たちは、つくづくラグビーが球技であることを、よれた足どりで示してくれた。みな抜きにいって半分コンタクトしながらポッとつなぐのがうまい。そして、ここにいる人のほとんどは、現役時代、神秘の微笑とともに全身凶器のタックルを繰り返した。まさに解放戦線の不屈のゲリラであり、悲観的に鍛えられた楽観の化け物でもあった。ＪＫジャパン、箕内ジャパンも、またそうあろうとしている。していると（楽観的に）信じたい。

初出＝『ラグビーマガジン』２００７年６月号（ベースボール・マガジン社）

ジャパン、燃ゆ。――ロスタイムの総攻撃及ばず、フィジーに惜敗。

第２戦　日本31―35フィジー

ジャーポン、ジャーポン。世界有数のラグビー熱狂地帯、栄えあるクラブ、スタッド・トゥールーザンの聖地、南フランス・トゥールーズの夜でも明るい空に、声援と敬意の束は吸い込まれた。試合中だけでなく終了後まで。

11点のリードを許しながら、後半38分、ルーク・トンプソンのトライ（ゴール）で４点差まで挽回、そこからジャパンが総攻撃を仕掛けた。

フィジーの逃げのキックを受けると、ポタッ、ポタッと水滴の落ちるようなリズムで大切に球をつなぎ、とうとう自陣から敵陣深くまで攻め込んだ。よれよれのフィジーが反則をおかす。優勢なモールで勝負だ。NO8の箕内拓郎主将は残り時間をレフリーに確かめる。「あとワンプレー」。タッチキックをあきらめた。もう秒針2周ほどの時間があったら……。本稿筆者は、ジャパンがモールに頼るのはワラビーズ級には通用しづらいという意味で批判的なのだが、記者席で「モール！」と叫んだ事実を白状しておきたい。

1991年大会以来のW杯勝利は鼻先をかすめて逃げた。

ボール支配はジャパンが61パーセント、陣地でも58パーセントを占めた。スクラム、ラインアウトはおおむね安定、ブレイクダウンの反応にまさり、モールは優勢だった。

「フィジーの戦い方は、すべて想定通りでした」

なかば急造プレースキッカーながら7度試みて6度成功、任を果たした大西将太郎は言った。

なのに想定外の事態は続いた。

フィジーのディフェンスは考えた以上に粗雑だった。ジャパンの一次攻撃が成功せず後ろへ下がったラックのあと、フィジーにしたら中途半端に前へ出た直後が、ことにスカスカで、あれなら、もっと捨て打ちの攻撃を仕掛けてよかった。太陽光線を背にしたキック多用にも一定の効果はあったが、全体として考えれば、ラック→移動攻撃で崩せたはずだ。

大西も「ラック二つ、三つでオーバーラップはできた」と感触を語った。

もうひとつは、警戒していたカウンター攻撃ではなく、固定されたスクラムから全トライを奪われたことだ。前半35分、大歓声でコールがかき消され、箕内―吉田の意思疎通の乱れからンゲラに独走を許した。

後半9分、ジャパンがスクラムで仕掛けて、入れ替わるようにンゲラに走られたのもコミュニケーションのエラーだった。PR西浦は言う。「その前のスクラムで回してターンオーバーできたので、ここも仕掛けた。（球が）とれないと分かったらステイする約束でしたが、うまく伝わらなかった」

なんといっても最大最悪の想定外はSHの相次ぐ負傷退場である。後半18分、吉田の足がけいれん、交代の矢富の好調ぶりに希望はふくらむも、7分後、こちらも足首の靭帯を痛めてタッチの外へ。3年ぶりにSOを務めたロビンスが「初めての」SHに入らざるをえず、最後の攻撃を含めてリズムを失う。言い訳無用を人生訓に掲げるジョン・カーワンHCも、さすがに「こんなことは初めて」と唇をかんだ。

さて、幾つかの手痛いエラーをおかし、不運にもさいなまれながら、逆転に迫る総攻撃につなげられたのは、はっきりとJKの強化策と箕内主将のリーダーシップの成果だ。簡潔で、確実な方針を浸透させ、選手は指導者を信じた。だから崩れそうでも崩れない。「いいチームになった。全員があきらめずに最後まで頑張る」。キャプテンのありきたりのような言葉こそ充実の証明だ。

あたかもワラビーズ戦と比べて、裏と表のような結果ではある。しかし実は、この2戦の「成果」と「課題」は通底している。

成果は熱と信頼である。対ワラビーズのチームにもその芯は通っていた。ディフェンス重視、キックを軸とするゲーム管理のリアリズムは、フィジーにならなら肉薄できた。

課題は、パスの拙さに象徴される「未完成の日本化」にある。ワラビーズ戦、いくら気持ちをこめても本物の低さと鋭さと素早さには達していなかった。あのクラスには、折半的な日本ラグビーでは通用しない。感動のフィジー戦でも、キック多用の計画を変更して素早く攻める方法は身についていなかった。フランス遠征のサントリーが、1部リーグで昨季6位のブルゴアンに0―49で完敗した。出場したFWの選手の一人は「相手のBKにコンタクトしても一歩も動かず、横からタックルされたのに半身も前へ出られなかった」と驚いていた。将来、世界に存在を示すためには、ジャパンとしてじっくり強い体をつくり、その上で海外列強とは極端に異なるスタイルで戦うしかないような気もする。

ウェールズ戦は、日本ラグビーの針路を定める試金石となる。フィジーと堂々と渡り合えたチームだから本当の位置を見きわめられる。

初出＝『ラグビーマガジン』2007年11月号（ベースボール・マガジン社）

『みんなの気持ち乗せた』――まっすぐ伸びた　大西同点キック

最終戦　日本12―12カナダ

勝ったわけではない。でも勝ったみたいに喜んだ。7点を追い、途中交代の平が右中間へトライ。ろく軟骨を痛めて出場の危ぶまれた背番号12、大西のキックに引き分けの望みは託された。難しい角度だ。肩を組み見守る仲間を背に静かに助走、ふわり浮いた球は真っ直ぐに伸びた。感激の同点ゴールだった。

「みんなの気持ちを乗せてけりました」。青春ドラマみたいな本人のコメントがピタリときた。

フィジー戦で勝ち点1（4点差以内の負け）を得ているため、最下位を逃れてグループ4位をほぼ確保した。

単調な攻防のカナダは戦いやすい相手だった。それでも、あわや負けかけた。体を張って粘り、追いついたのは収穫だが、キックの飛距離を含む攻撃力はとぼしく、モールの力攻めではトライできなかった。

カーワン・ヘッドコーチ（HC）はあと1年の契約を残す。「この試合から始まる。積み重ねが重要だ」と同HC。ぜひ「チームの熱と結束」は継承してほしい。そしてラグビーそのものについては「本当の素早さ」を前提とする再構築も求められる。

2007年9月25日　フランス・ボルドー

日本	12	12	カナダ

後半	前半		前半	後半
1	1	T	0	2
1	0	G	0	1
0	0	PG	0	0
0	0	DG	0	0
7	5	スコア	0	12

日本		カナダ
	FW	
西浦達吉（コカ・コーラW） →相馬朋和（三洋電機）	1	R・スノー→ダン・プレッチ
松原裕司（神戸製鋼）	2	リアダン→マイク・プレッチ
相馬朋和（三洋電機） →山村亮（ヤマハ発動機）	3	ジョン・ティール →スコット・フランクリン
大野均（東芝） →侍バッベイ（近鉄）	4	マイク・ビュラク
ルーク・トンプソン（近鉄）	5	マイク・ジェームズ
ハレ・マキリ（福岡サニックス）	6	コリン・ユークス
フィリップ・オライリー（三洋電機）	7	クリーバーガー→ジャクソン
箕内拓郎（NEC） →木曽一（ヤマハ発動機）	8	カーペンター→ウェッブ
	BK	
吉田朋生（東芝）→金喆元（近鉄）	9	モーガン・ウィリアムズ
ブライス・ロビンス（リコー）	10	ライアン・スミス
クリスチャン・ロアマヌ（埼工大3年）	11	ジェームズ・プリチャード
大西将太郎（ヤマハ発動機）	12	デイヴィッド・スパイサー
今村雄太（神戸製鋼） →平浩二（サントリー）	13	クレイグ・カルパン →J・メンサー＝コーカー
遠藤幸佑（トヨタ自動車） →小野澤宏時（サントリー）	14	DTH・ファンデルメルヴァ
有賀剛（サントリー）	15	マイク・パイク

シンビン　【カナダ】リアダン
得点：トライ（T）5点、ゴール（G）2点、ペナルティーゴール（PG）3点、
ドロップゴール（DG）3点
日本選手の所属、企業名は当時のもの

初出＝「東京新聞・中日新聞」２００７年9月26日

アルゼンチン

ジャパンの総括については、幾つかのメディアに書いたので、ここでは重複を避けたい。ＪＫ、ジョン・カーワンは、トップリーグが代表する現在の日本ラグビーの潜在力をすくい上げてくれた。選手が指導者を信じていたから、チームに芯は通り、だからフィジー戦でＳＨを相次いで失っても、そこから追い上げられた。あれは「信」と「芯」がなくては不可能だ。

ただし本当の日本のラグビー、本物の速さと低さには届いていない。少し乱暴にとらえれば「トップリーグの地金のラグビーを情熱の指導者が束ねて」ぶつかったら、フィジーとカナダには通用したが、ワラビーズとウェールズには、あんなに歯を食いしばって奮闘しても、蹴散らされた。ここが現時点の日本ラグビーの実相である。

ＪＫがチームをまとめ、闘争心に火をつけ、土台を仕込んだから「いまの方法では強豪には届かない」という現実は浮かんだ。ファンもジャーナリズムも「段階を踏めている。これでよい」とか「もっと素早い攻防を追求すべきだ」という議論をできるようになった。ここから先は、こんどこそ日本協会のレビュー能力が問われる。

さて大会の驚きは、トンガの南アフリカ戦大健闘、フィジーのウェールズ戦勝利、ポルトガルのはつらつとした感動、そしてアルゼンチンの強さである。

アルゼンチン、ちょと前までは、日本の仲間と思っていたら、ずいぶん遠くへ行ってしまった。もはや実力は本物だ。スコア以上の完勝のアイルランド戦では、今大会のスターもアルゼンチン人に決まった。

ファン・マルティン・エルナンデス。25歳のスタンドオフだ。

高く舞うハイパントは魔術的ですらある。おそるべき高さ、降下時にはボールが枯葉のように変化する。パントには、攻守が入れ替わり反撃をくらうリスクをともなうが、これなら危機はゼロに近い。裏へ繰り出すキックも多彩で、緩急自在だ。アイルランド戦は、右で2本、左で1本、サッカー選手のシュート練習みたいにDGを決めた。

アルゼンチンのラグビーは異質だ。異質だけれど複雑ではなく、きわめて簡潔である。

エルナンデスは王様の位置を保つ。いつでもタックルされない深さに立ち、魔法のキックを繰り出す。SOからCTBへ普通にパスを回すことは少ない。守る側からすると明らかにキックと読めるのだが、そのキックが前述のように普通ではない。

伝統的に強いスクラムを押す。モールの結束も固い。あとは近場をドスンドスンと攻める。それでキックまたキック。「アルゼンチンのラグビーはこれだ」という全体像がくっきりしているから、選手の動きに迷いがない。はつらつとしている。蹴る。追いかける。

押す。当たる。タックルは低く強く、すかさず2人目の選手はボールに働きかける。

99年に就任、元同国代表のマルセロ・ロフレダ監督の手腕は確かだ。極端なほど明快なゲームプラン、その枠が揺るがぬからこそ細部の精度は追求され、選手の自由性も高まる。スタイルは違っても、そこにはジャパンのめざすべき道がある。

アルゼンチンの核、SHのアグスティン・ピチョットは言う（英国ガーディアン紙）。「我々はロマンティックなチームなのです。パートタイムのコーチ、年間に国際試合はたったの5回。それなのに大会に存在を示せるのだから」

選手の雰囲気はリラックスしており、取材記者にも自然に接する。ある英国のジャーナリストは「そこには、あの高慢なプレス担当者がいない」と書いた。「自発的なコミュニケートや情熱はアマチュア時代に戻ったかのようだ」という記事もあった。

いいことずくめのプーマス*だが、キック主体とはっきりしているため相手が「1点差でも勝てばよい」と焦点を絞って対策を練ればもつれる可能性はある。開幕戦のフランスは、どこか余裕で臨んでくれた。アイルランドは準々決勝進出へ4トライが必要だったのでバランスを崩して攻めるほかなかった。準々決勝でぶつかるスコットランドは、そもそもがPGによる1点差狙いのチームだ。気をつけたほうがよい。

＊プーマス＝アルゼンチン代表の愛称「ロス・プーマス」の略称。

初出＝SUZUKI RUGBY「友情と尊敬」2007年10月

油断の気配
準々決勝　イングランド12―10オーストラリア

マルセイユ。地中海に面したフランスの港湾都市だ。先の土曜（10月6日）、この港町はラグビーならではの感動に包まれた。入江沿いの酒場は真夜中まで祭りの場となった。当地で行われたワールドカップの準々決勝、優勝候補のオーストラリア代表ワラビーズは、イングランドに10―12で敗れた。両チームの心の動き、その微妙な「あや」が、予想を覆す結末をもたらした。

前回大会決勝と同じ顔合わせである。この時は、イングランドが延長終了寸前のDGで20―17と勝ち越して、ラグビーの母国として念願の初優勝を遂げた。DGとはドロップゴール、地面に小さくバウンドさせたボールをけってHポールの真ん中を通れば3点が記録される。いわば「飛び道具」。負けた側にしたらトライを奪われたわけでもなく本当に悔しい。

だから今回のマルセイユでの決戦ではワラビーズこそが「雪辱」に奮い立っているはずだった。事実、選手たちはそう公言していた。

なのにキックオフ直後からイングランドの闘争心が芝の上を支配した。人間の生存本能のような気迫は、憑《つ》き物なんて難しい漢字を使いたくなるほどだった。

イングランドは、今大会、南アフリカに0—36と完敗を喫し、開幕前は日本と同格とされたトンガにも終盤までもつれる大苦戦（36—20）と調子を崩した。メディアの批判を浴び、試合開始直前まで、前回王者の勝利は考えづらかった。

もっとも、個人的にはイングランドの白星もありうると見ていた（前夜の酒場で、そんなことはないと否定したイングランド人は、通りすがりの日本人の予言をちょっぴり尊敬しているだろう）。ワラビーズにかすかな油断の気配を感じたからだ。本稿筆者の感覚が鋭いのではなく、かつて高校や大学のコーチをした経験のおかげ、実はそれで失敗したこともあるからである。

ワラビーズの選手の立場になってみる。前回の悔しさを忘れるな。「公式」にはそう思っている。でも今大会のイングランドの戦いぶりを映像で研究してみたら、自分たちと力の接近している南アフリカに吹き飛ばされている。格下のトンガには四苦八苦だ。どうしても「イングランドは弱い」という意識が心に入り込む。ラグビーの恐ろしいところは、ほんのわずかずつでもそう思うと、たちまち足し算ではなく、二乗の勢いでチーム全体に伝播《でんぱ》してしまうことだ。

「これがスポーツだ」。ワラビーズのジョン・コノリー監督のコメントは、「これがラグビーだ」と置き換えてもよい。

この試合後、ウェールズのカーディフでは、優勝候補筆頭のニュージーランド代表オールブラックスが、フランスの魂にしてやられた（18—20）。テレビ観戦のホテルの窓を開けると、港から祝福の汽笛が聞こえてきた。

初出＝「東京新聞・中日新聞」2007年10月9日。『楕円の流儀』（論創社）所収

アルゼンチン焦り決勝逃す

準決勝　南アフリカ37—13アルゼンチン

荒馬がタキシードを着たようであり、内科医が戦闘服をまとったようでもあった。アルゼンチンが、ふてぶてしさと冷静さのいずれをも失って決勝進出を逃した。

2度のインターセプトを許し、ミスからのカウンターでさらに2トライを奪われた。「ミスの代償は大きかった。南アフリカは少しもあわてなかった」（ロフレダ監督）

腕力と体格を誇る南アフリカは、なのにアルゼンチンにばかり攻めさせて失敗を待った。国としての経験の差は明らかだった。ただし、ここが準決勝であることを考えれば、アルゼンチンにとっては成功の大会だ。

開幕戦で、開催国フランスを破り、伝統国の支配してきたラグビー界に風穴をあけた。最高のサッカー選手のように多彩で自在なキックをけり分けるSOエルナンデスをはじめ国内外の注目を集め、同国出身のキューバ革命指導者、チェ・ゲバラが医学生時代にラ

グビー専門誌を編集していた逸話なども各国メディアは盛んに紹介した。サッカーの国はラグビーの国としても広く認められた。日本協会にとっては、かつて同格に等しかった存在の躍進は、徹底した研究の対象だろう。

初出＝「東京新聞・中日新聞」2007年10月15日

存在感を示す、価値ある勝利
3位決定戦　アルゼンチン34―10フランス

3位決定戦は決勝進出を絶たれた両チームが失意のままにぶつかる。しかし、この日ばかりは情熱がはじけた。アルゼンチンの3位には意味があるからだ。

英国勢とフランス、ニュージーランド、オーストラリア、南アフリカの伝統ある8協会が長らく中核に位置してきたラグビー界では、アルゼンチンは新興勢力。このところ力をつけたとはいえ、W杯の具体的結果で今後の評価は決まる。

開幕戦でフランスを破り、準決勝で南アフリカに敗れた。フランスと再び当たった3位決定戦、トライ数なら5―1。アルゼンチンは堂々たる内容で存在を示した。

攻めさせて、切り返して、仕留め切る。SOエルナンデスや、医師資格を持つCTBのF・コンテポミらの卓越した個人技でカウンター攻撃を得点へ結びつけ、あとは落ち着い

2007年10月19日　フランス・パリ

アルゼンチン	34		10	フランス
後半	前半		前半	後半
3	2	T	0	1
1	2	G	0	1
0	1	PG	1	0
0	0	DG	0	0
17	17	スコア	3	7

	FW	
R・ロンセロ→E・ギナス	1	ジャン＝バティスト・プクス
ヴェルネット＝バスアルド	2	R・イバニェス→S・ブリュノ
O・ハサーン→M・アイヤザ	3	ニコラ・マス
アルバレス＝カイレリス →エステバン・ロサダ	4	リオネル・ナレ
パトリシオ・アルバセテ	5	J・チヨン→S・シャバル
M・デュラン→JM・レギサモン	6	ヤニック・ニアンガ
フェルナンデス＝ロベ	7	T・デュサトワ→R・マルタン
ゴンザロ・ロンゴ	8	イマノル・アリノルドキ
	BK	
アグスティン・ピチョット →フェルナンデス＝ミランダ	9	ジャン＝バティスト・エリサルド
J・マルティン・エルナンデス	10	ミシャラク→ミニョーニ
オラシオ・アグジャ	11	クリストフ・ドミニシ
フェリペ・コンテポーミ	12	D・マルティ→L・ボクシス
マヌエル・コンテポーミ →エルナン・センジョサ	13	ダヴィド・スクレラ
マルティン＝アランブル	14	ルージュリー→クレール
イグナシオ・コルレト	15	クレモン・ポワトルノー

シンビン　【アルゼンチン】アルバレス＝カイレリス、レギサモン
　　　　　【フランス】イバニェス
得点：トライ（T）5点、ゴール（G）2点、ペナルティーゴール（PG）3点、
　　　ドロップゴール（DG）3点

て守り、長いキックで時間を費やす。「きわめて重要な日だった。わたしは誇らしく、幸せだ」。知将の風格も漂うロフレダ監督が言った。当時者だけではなく、ラグビー史にとっても重要な日だった。

初出＝「東京新聞・中日新聞」2007年10月20日

キック応酬、底力――イングランド連覇ならず

決勝　南アフリカ15―6イングランド

夜空へ歓喜の腕を突き上げた南アフリカのフィフティーンは、球を動かせば走り切るスピードを誇りながら、あたかもそれを封印するかのごとく静かに戦った。トライのない決勝。ひたすらキックを追い、球の争奪局面に圧力をかけ、水を詰めた袋で打ちつけるような重いタックルでイングランドに身動きをさせない。接戦にもどこか余力を残していそうだった。

「われわれのゴール、それは勝利のみ」。ホワイト監督の試合後のコメントに実感がこもっていた。

大会は波乱続きだった。フランスは開幕戦でアルゼンチンにつまずき、大本命とされたニュージーランドは準々決勝で、そのフランスに敗れた。オーストラリアも不調だったイ

2007年10月20日　フランス・サン＝ドニ

南アフリカ	15		6	イングランド
後半	前半		前半	後半
0	0	T	0	0
0	0	G	0	0
2	3	PG	1	1
0	0	DG	0	0
6	9	スコア	3	3

南アフリカ		イングランド
	FW	
オーエス・デュラント	1	アンディ・シェリダン
ジョン・スミット	2	M・リーガン→G・シューター
CJ・ファンデルリンデ	3	ヴィッカリー→スティーヴンス
ジョン・バキース・ボタ	4	サイモン・ショウ
ヴィクター・マットフィールド	5	ベン・ケイ
スカルク・バーガー	6	マーティン・コリー
ジュアン・スミス	7	ムーディ→ウォーズリー
D・ロッソウ→J・ムラー	8	イースター→ダラーリオ
	BK	
フーリー・デュプレア	9	アンディ・ゴマソール
ブッチ・ジェームズ	10	ジョニー・ウィルキンソン
ブライアン・ハバナ	11	マーク・クエトー
フランソワ・ステイン	12	M・キャット→T・フラッド
ジャック・フーリー	13	マシュー・テイト
JP・ピーターセン	14	ポール・サッキー
パーシー・モンゴメリー	15	ロビンソン→ヒップキス

得点：トライ（T）5点、ゴール（G）2点、ペナルティーゴール（PG）3点、
ドロップゴール（DG）3点

ングランドにまさかの敗戦。

いずれもわずかな気持ちのゆるみが挫折を招いた。

開幕前の優勝候補で順当に勝ち上がったのは南アフリカだけとあって、ここまでの好敵手の失敗を繰り返すまい、と、慎重に慎重に試合を進めた。

「開幕以来、何度かタフな瞬間はあった。われわれは学習してきたのだ」。フッカーのスミット主将が言った。

怪力にして俊足。何でもできそうなのに、キックばかりのイングランドと同じ方法で勝った。あえて「退屈」を貫けるのが底力の証明だった。


初出＝「東京新聞・中日新聞」２００７年10月22日

勝負を分けたハートの差——２００７年フランスW杯　全体総括

ラグビーとは、つくづく精神性の競技であって、選手ひとりずつの闘争の覚悟も、ほんの少しだけの弛緩も、たちまちのうちに集団の隅々まで伝播して、ときに劣勢をはねのけ、また優位をも手放させる。

２００７年のワールドカップは、誤解をおそれずに書けば「ハートの大会」であった。

そこには「情熱」と「心理状態」という要素も含まれる。

トライのない決勝で、パリの夜空に太い腕を突き上げた南アフリカ代表スプリングボクスは、キック主体のイングランドを相手に、じっくり、じんわり付き合った。その臆病なほどに手堅い戦いぶりは、波乱の大会を反映しているようだった。ニュージーランド代表オールブラックスも、豪州代表ワラビーズも、開催国フランスもいなくなった。だから、開幕前の優勝候補唯一の生き残りとして自分たちだけは消えられない。そんな心理。

大本命のオールブラックスは、決勝どころか準決勝にさえ黒衣の雄姿を現すことはなかった。準々決勝でフランスに敗れたのだ。ハートで。燃えるハートの熱量で。

フランスは、パリでの開幕戦、薄ぼんやりとした心構えのままアルゼンチンに敗れた。グループ2位を確保するも本拠地を離れなくてはならず、ウェールズのカーディフで、よりによってオールブラックスとぶつかる。順当なら、ここでおしまいである。

まさに断崖にかかとはハミ出ていた。

試合前、オールブラックスは恒例のウォークライ、ハカを披露する。フランスのメンバーは、トリコロール、赤、白、青のTシャツを着分けて、人間の国旗をこしらえて対峙した。なんとしてもパリへ帰る。情熱は、ほとばしった。

前半は、オールブラックスが13—3とリードするも、後半29分、フランスは18—18と追いつき、ゴール成功で勝ち越した。あとは、ひたすら青い壁を築き、ついに守り切る。

公式記録では、ボール保持率（%）が、71対29、地域支配率（同）も63対37と、オールブラックスが圧倒的に優勢だった。だが、フランスのタックル数は、ディフェンス担当コーチのカウントでは「299」にも及び、そのうちのミスは「15」に過ぎなかった。

オールブラックスは、まるで開幕戦のフランスのように、自信満々でもなく、さりとて危機感で一杯でもない、中途半端な心理状態にはまり込んだ。プール戦ではソフトな相手に大勝続き。初めて骨のある敵とぶつかるノックアウト・ステージで、いきなり生きるか死ぬかの局面が襲いかかってきたのである。

「なぜ負けたのか分かるくらいなら、それは解決されていたでしょう。これから長い時間を費やして考え続けることになる」

リッチー・マコウ主将のコメントは痛々しかった。

クラブの試合（南半球のスーパー14）を計画的に休ませ、「燃え尽き」を回避する狙いから層を厚くして「ローテーション」と呼ばれるレギュラー巡回制を採用、サッカーでいえばブラジルのように潤沢なタレントを擁するチームは、用心深く、大切に大切に扱われながら本大会を迎えた。すべては盤石のはずだった。しかし、精神の根源を奮い立たせたフランスに打ち砕かれた。

オールブラックスの蹉跌《さてつ》を長く紹介したのは、今大会は、これに似た心理のアヤによって少なくない勝敗が決したからである。

ワラビーズもそうだ。準々決勝、そこまでよれよれのイングランドにしてやられた。プール戦でスプリングボクスに0―36と大敗して「終戦ムード」に覆われた前回覇者は、この午後、豹変していた。鈍重な戦いぶりから一転、ボールを果敢に動かし、「魂」としか形容できない気迫のタックルを繰り返して、冷静沈着で鳴るワラビーズをパニックに陥れた。12―10。僅差にして大勝利だった。

フランスは、待望のパリで、そのイングランドに敗れる（9―14）。こんどはフランスがオールブラックスのようだった。多くの領域に少しずつ優勢ゆえ焦点を絞れず、突き放せぬまま終盤に引っくり返された。

心のスキを突いて勝ち上がり、その心のスキに敗れ去る。緩んでいるのではない。緩んではならぬと言い聞かせてはいる。しかし言い聞かせている時点で、ハートに自然と火のついた挑戦者魂に後手を踏んでいる。

フィジーは、日本を35―31で辛くも振り切り、日本が18―72で負けたウェールズに38―34で勝った。ウェールズは単調な戦法が世論の批判にさらされ、それならと日本戦で広くボールを動かして評価されると、フィジー戦もそのままの方法で戦った。フィジーに必勝を期すならキックとFW戦に徹すればよかったのに。ここにも心理の動きが働いている。

こうしたハートの「起伏」と無縁だったのが、堂々の3位、アルゼンチンである。情熱の炎は、いつでも燃えて燃え盛った。

愛称・ロス・プーマスのスタイルは異質にして簡潔である。言葉の本当の意味でのフットボーラーである背番号10、ファン・マルティン・エルナンデスの美しくも残忍なキックが幹にはある。宙高く蹴り上げられたパントは、枯れ葉が舞うように揺れながら落ちる。ディフェンス網の裏をつく低いキックは、トカゲの舌がニョロッと伸びるみたいに速度を変化させた。これまでのラグビーのキックとは次元が違うのである。この格別なキックを軸に、勤勉で結束の固いFWが効率的に仕事に励む。スクラムを押し、モールを前進させ、ゴツンゴツンとぶちかまし、あとは必殺のタックルに徹する。倒し切り、奪い、カウンター攻撃、またキックとゴツンゴツン。スタイルはくっきりしている。選手の大半は欧州でプレーするが、国内クラブはアマチュアのままだ。SHのアグスティン・ピチョット主将の発言がよい。

「我々のラグビーは最後のロマンティシズムなのです。パートタイムのコーチ、年間に国際試合は5回のみ。それなのに世界に存在を示せるのだから」（英国ガーディアン紙）。

他国とは異なる明快なゲームプラン、その枠が揺るがぬからこそ細部の精度は追求され、むしろ選手の自由性も高まる。スタイルは違っても、そこにはジャパンのめざすべき道筋がある。長期的にフィットネスと筋力を鍛え、日本ならではの戦法と技術を構築していく。それがアルゼンチンに続く方法である。

アルゼンチン、フィジー、それにスプリングボクスに25―30と迫ったトンガ、いずれも母国の人物が監督を務めた事実は興味深い。冒頭の仮説である「ハートの大会」の傍証ともなる。プロ化が浸透、国境を越えて人と情報の交流は盛んで、戦術や技術に大差はない。この3カ国のように一定の身体能力を備えているなら、それぞれの文化を知る指導者が、ふさわしい手法でハート（魂）を解放することで力はみるみる発揮される。

さて、覇者たるスプリングボクスへの言及が少ないのは、どこか「消去法」の気配なくはないからである。ただし、ラインアウトの安定、ブレイクダウンでの圧力、タックルの重さは世界一の称号に値した。

しくじらぬよう慎重に勝ち抜いた、その繊細さは、実は、歴史的に南アフリカのラグビーの一面でもある。人種隔離政策アパルトヘイトへの反動もあり、万事が「政治」と無縁ではありえない。国民注視のスプリングボクスにもバランスは要求される。具体的には、「人種の均等＝非白人の起用」を求める政治圧力との駆け引きである。ジェイク・ホワイト監督は「実力主義」を唱えたため微妙な立場に置かれた時期もある。決勝メンバーに非白人は2名のみ。負ければ批判は必至で、その意味でも勝つほかはなかった。怪力で俊足、なんでもできそうなのに、あえて殻を破らず静かに引き寄せたトロフィーは、政治バランスとグラウンドのリアリズムの溝を埋める「魔法の杖」なのかもしれなかった。

初出＝『ナンバー』691（文藝春秋）。『楕円の流儀』（論創社）所収

#8209

ポルトガルの躍動を見た。ナミビアの叫びを聞いた。グルジアの意志を知った。ジャパンの熱風のごとき闘争心と、フィジーの夜露のような怖れを感じた。

ラグビーとは、つくづく、精神の営みである。人間の体内の奥深く、そのまた奥の奥の最も良質な何物かを引っ張り出してくれる。

アマチュア集団としてスコットランドに立ち向かい、サンテティエンヌの観客を満足させ、とうとう戦い終えたポルトガル人たち、その足首をつかんで逆さにしたら、もう汗も血も一滴も垂れなかっただろう。

そして、ラグビーは、若者の魂を救済する。

南アフリカ代表スプリングボクスのWTBアシュウィン・ヴィレムセの腕と脚には「#8209」という刺青が彫られている。かつてギャング組織「アメリカンズ」の構成員であった事実を示すナンバーだ。

ヴィレムセは、若き日、麻薬のディーラーを仕事にしていた、人を銃で撃ち、人から銃で撃たれた。

英国の日曜紙オブザーバーのアンナ・ケッセル記者が、大会前、本人にインタビューしている（以下、カギカッコ内は引用）。

「1995年にワールドカップが南アフリカで開かれた時、アシュウィン・ヴィレムセは14歳だった。祖母の白黒テレビ――家に電気が通っておらず2台のバッテリーで電源をとった――で決勝戦を見たのを彼は覚えている」

ケープタウン郊外の貧困地域のバラックに母と祖母と暮らした。電気も温水もなかった。昼は、学校でラグビーに励み、夜は「シチリアのマフィアと密接な関係にあったアメリカンズという組織」のメンバーとして「想像しうる最低の行為」を繰り返していた。

本人は同紙に述べている。

「私はクスリを売り、それにより得た金銭で、祖母にキリストの肖像画を買ったのです」

16歳、のちの南アフリカ最優秀選手は自殺を試みる。病院のベッドに伏していると、学校のラグビーの先生がチーム全員を引き連れて訪れた。

「それは私の半生における最もパワフルな瞬間でした」。ラグビーの師は「ただの一度も決めつけをしなかった。ただ愛する生徒のひとりとして接してくれた」。

救済と蘇生。ボーランド地区のU21代表としてのプレーぶりが、現在の代表監督ジェイク・ホワイトに評価されると、たちまち成功の階段は眼前へと現れた。

「最初から殺人者や麻薬ディーラーや常習者に生まれてくる者はいない。環境がそうさせるのです」

20歳、例の刺青をレーザーで消そうかと考え、「なぜ人生の痕跡を消し去るのか」と思いとどまる。

#8209。いくらか薄くはなったけれど目には見える。それはアシュウィン・ヴィレムセの孤独の叫びの記録であって、ラグビーの友情を確かめる契機でもある。

もうひとり、カナダ代表のロック兼3列、ジェイミー・カドモアのストーリーもメディア用のワールドカップ公式ページに紹介されていた。

「ラグビーに救われた」

それがタイトルである。

カドモアも、10年ほど前まで、故郷、西海岸のスコーミッシュという街において麻薬の代金取立てをしていた。鑑別所で1年を過ごした経験もある。当人は不在で直接関与しなかったが、97年、カドモアの自宅での大晦日パーティーが、カナダ全土に報じられた殺人事件を引き起こす出来事もあった（トライアスロンの名選手でもある弁護士がティーンエイジャーに殴り殺された）。

転機は17歳、ラグビーとの出合いだった。そこでは、ありあまるエネルギーをコンタクトに差し向けることができた。「ある意味では、ラグビーに救われました。私の内面の無軌道の出口となったからです」。まさに無軌道な生活をしているころ、カドモアは、いっぽうで陸上競技やスキーのスラロームとダウンヒル、それに野球に熱中していた。

ある試合で、ホームベースへ突入する相手にタックルしてしまい観戦の親たちの怒りを買った。

「でもラグビーなら評価される。誰かにぶつかれば、誰かがぶつかってくる。それこそは、私が人生に求めてきたことだったんだ」

フランス、クレルモン・オーベルニュ所属の198センチ、116キロのタフガイは言った。

筆者は、W杯期間中の、パリにアパートを借りている。地方の試合地へ旅をすると、そのホテルの小さなタオルを失敬したくなる。あれば便利だからだ。でも私はラグビーを愛しているし、ラグビーを取材にやってきたのだ。そう胸の内にささやいて踏みとどまっている。


初出＝『ラグビーマガジン』2007年11月号（ベースボール・マガジン社）

【第7回大会　2011】

やっぱり、ニュージーランド。

第7回大会
2011年9月9日〜10月23日
開催国＝ニュージーランド
出場国数＝20カ国・地域

決勝トーナメント

準々決勝

NZ	33
アルゼンチン	10
豪州	11
南アフリカ	9
フランス	19
イングランド	12
ウェールズ	22
アイルランド	10

準決勝

NZ	20
豪州	6
フランス	9
ウェールズ	8

決勝

NZ	8
フランス	7

3位決定戦　オーストラリア　21―18　ウェールズ

日本代表

ヘッドコーチ＝ジョン・カーワン
主将＝菊谷崇
戦績＝予選（プールA）1分3敗

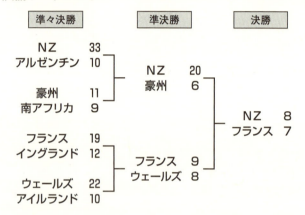

ラグビーワールドカップ2011　試合記録

予選プール　POOLSTAGE

	プールA	NZ	フランス	トンガ	カナダ	日本	勝点
1	NZ		○37−17	○41−10	○79−15	○83−7	20
2	フランス	●17−37		●14−19	○46−19	○47−21	11
3	トンガ	●10−41	○19−14		●20−25	○31−18	9
4	カナダ	●15−79	●19−46	○25−20		△23−23	6
5	日本	●7−83	●21−47	●18−31	△23−23		2

	プールB	イングランド	アルゼンチン	スコットランド	グルジア	ルーマニア	勝点
1	イングランド		○13−9	○16−12	○41−10	○67−3	18
2	アルゼンチン	●9−13		○13−12	○25−7	○43−8	14
3	スコットランド	●12−16	●12−13		○15−6	○34−24	11
4	グルジア	●10−41	●7−25	●6−15		○25−9	4
5	ルーマニア	●3−67	●8−43	●24−34	●9−25		0

	プールC	アイルランド	豪州	イタリア	アメリカ	ロシア	勝点
1	アイルランド		○15−6	○36−6	○22−10	○62−12	17
2	豪州	●6−15		○32−6	○67−5	○68−22	15
3	イタリア	●6−36	●6−32		○27−10	○53−17	10
4	アメリカ	●10−22	●5−67	●10−27		○13−6	4
5	ロシア	●12−62	●22−68	●17−53	●6−13		1

	プールD	南アフリカ	ウェールズ	サモア	フィジー	ナミビア	勝点
1	南アフリカ		○17−16	○13−5	○49−3	○87−0	18
2	ウェールズ	●16−17		○17−10	○66−0	○81−7	15
3	サモア	●5−13	●10−17		○27−7	○49−12	10
4	フィジー	●3−49	●0−66	●7−27		○49−25	5
5	ナミビア	●0−87	●7−81	●12−49	●25−49		0

やっぱり、ニュージーランド。


やっぱりラグビー選手はニュージーランド人だね。

そんな言葉を何度も聞いた。

トップリーグの監督やコーチ、それに選手からも。

オーストラリア人でもイングランド人でもトンガ人でもサモア人でもなくキウイ。それは必ずしも民族を意味するのではない。

先住のマオリでも、白人でも、ポリネシア系でも、ニュージーランド、あの白く長い雲のたなびく島国に生まれ、あるいは、幼いころより育った者はどこか異なる。

「ラグビーに取り組む姿勢。ことというところで体を張る態度。違うんですよ、他の国の連中とは」

すぐに思い浮かんだのは次の言い回しだった。

やっぱりお相撲さんは日本人だね。

そうなのだ。お相撲さんは日本人に限る。

昔、東京の曼荼羅クラブにローワン・ベイトというニュージーランド人ロックがいた。あんまりラグビーは得意でなさそうだった。それでも愛される男はこんな逸話を語った。

故郷の学校時代、いきなりラグビーのコーチが怒鳴った。

「みんな、うつ伏せになれ」

横向きで縦一列に寝たら、いきなり、そのコーチが背中の上を走り抜けた。金属ポイントの旧式スパイクのまま。恐怖。痛み。そこから解放された笑い。息をかすかに荒くしながらコーチはおごそかに宣言した。

「いいか。試合中に寝たらこうなる。お前たちの背中は真っ赤に腫れ上がるだろう。それがラグビーだ」

そのような国でワールドカップが始まる。

競技の起源は、イングランドのラグビー校生徒、少年エリスのボールをつかんでのランとされる。しかし、エリス杯の母国なら、ほとんどニュージーランドである。

詳細は省くが、1979年、初めて世界的大会のアイデアを公的な場で表明したのはニュージーランド人だった。1985年、8カ国（それぞれ2票ずつを有する）による投票で開催は決まる。

ニュージーランド、オーストラリア、フランスは賛成。イングランドとウェールズは賛成と反対それぞれに1票ずつ振り分け、スコットランドとアイルランドは反対、人種隔離政策アパルトヘイトにより国際舞台から締め出されていた南アフリカはかすかな参加の希望を抱いて、思案の末に賛成票を投じた。

2年後、ニュージーランドとオーストラリアで第1回大会開催。予選はなく、日本を含む16カ国が招待された。

オークランドのイーデン・パークにおいて栄冠を差し上げたのはオールブラックス主将、デイヴィッド・カークその人であった。

「黒い毛布」と称されたFWの集団的機動力と力強さ、簡潔で完璧をモットーとした攻撃は際立った。現在の日本代表ヘッドコーチは大会の顔でもあった。

アマチュアの時代である。

オールブラックスの背番号12、ワーウィック・テイラーは、決勝の2日後には、勤務先のクライストチャーチの学校でいつものように授業を行った。

ワラビーズは、優勝候補のひとつながら準決勝のフランス戦では失速した。後年になって、理由の一端が明かされる。アラン・ジョーンズ監督はかつて首相のスピーチライターを務め、ラジオの生番組のホストが本職だった。大会期間中もレギュラー出演を続け、その放送が午前中なので練習はいつも午後から始めた。選手たちにすれば先に全体のトレーニングをすませ、その後の時間をウエイトやリカバリーやリラックスにあてたかった。結果、チーム内にはストレスが充満してしまった。

こんなこともあった。

招待国以外のいわば「補欠」として西サモア（現サモア）が選ばれた。開幕直前、参加予定のフィジーにおいて軍事クーデターが発生、にわかに繰り上げ出場の可能性もふくらんだ。西サモア代表のジャージィの胸のエンブレムの形状や文字が正確にわからない。それではプログラムをはじめ印刷物などに支障をきたす。

解決はひょんなことからである。あるスタッフがニュージーランドのラグビー専門誌の切り抜きを持ってきた。そこには西サモアのジャージィを着た子供の写真が掲載されていた。ただちに、その男の子に連絡をとりオールブラックスのジャージィと交換してもらう。結局、フィジーは出場したが、まあ万事に素朴なのだった。

あれから24年、ほとんど不思議なようにオールブラックスの2度目の戴冠はない。文句なさそうな強者が、あるところで、まるで自転車を盗まれた小学生みたいに泣きべそをかく。圧勝また圧勝。そして劇的な惜敗。「またもや4年待つのだ」。コメンテイターは声を荒らげた。

もういっぺん書く。

「やっぱりラグビー選手はニュージーランド人だね」

勤勉で使命感と責任感をたたえ、アスリートにしてファイターでもある。新しい才能は、ロトルアの温泉のごとく本日もまた湧き出る。周到な準備。他を圧倒する勝率。それなのに勝ち切れなかった。

オールブラックスは強過ぎるのでふと弱くなる瞬間を迎える。

グループ・ステージでは、まさに無人の野を進み、骨のある試合なんて相手に許さず、つまり自分たちも経験できず、準々決勝か準決勝で魂の挑戦者にしてやられる。

では今回は。

前轍を踏まぬ。その一点に心を配り、また集中もしてきた。そのためだけの「またもや4年」だった。

バランス。バランス。バランス。身体能力ばかりには傾かず、本能と沈思の均衡に配慮、ルールの適用を先取り、セットプレーを磨き上げ、選手の「燃え尽き」にも配慮を怠らない。いま誰もが公式には語る。

「オールブラックスが勝つべきだ」

でもラグビーの森は深い。

もし胸に桜の勇士が、ダン・カーターの膝の機能を破壊したら？

2011年のワールドカップが、日本でなしにニュージーランドに決まると、心ある世界の批評家は「これぞラグビー界の守旧体質」と批判してくれた。

人口400万人ほどの小さな国が、商業的には多くの人の想像よりはるかに成功している大会を催すのはすでに無理がありそうだ。ブレザーをまとう老人たちの感傷が、ラグビー王国にして小国に最後のチャンスを与えた。そのことは事実だ。

ではニュージーランド大会は間違いなのか。そうではない。

ここではラグビーがスポーツ文化でなく文化として存在する。オールブラックスが順当に勝とうが、そうでなかろうが、ジャパンのたとえば小野澤宏時のステップの質の高さを見抜く。背後の熟考をかぎとる。きっと大野均の労働の量と質も称えるだろう。

誰が？　そこの老婆ですら。

初出＝『ラグビーマガジン』２０１１年9月号別冊初秋号「ワールドカップ展望号」（ベースボール・マガジン社）

ニッポンのよい夜。――スタジアムを湧かせた60分間

初戦　日本21―47フランス

異国の冷気に響き、重なる「ニッポン、ニッポン」の温かい声援。その渦中の高揚は確かにあった。

公式に述べて、本物の番狂わせの匂いはなかった。でもワールドカップ（W杯）の存在理由にふさわしい時間帯が60分は続いた。その意味でニッポンのよい夜だった。

トップリーグにおける切磋琢磨、ジャパンでの鍛錬、そして代表としての個人の誇りが、崩れて不思議のない急流に抗し、反転の攻勢を呼び込んだ。オールブラックスがいまだ警戒を怠らぬフランスが相手なのだから、ノースハーバーの観客が桜の勇者の側につくのは道理だった。

「ジャパンが長い時間を守り攻められることを示せた」。ジョン・カーワンHC（ヘッドコーチ）は敗れて満足そうだ。安堵と自負がそこにはあった。

開始11分までに「ソフトな2トライ」（同HC）を許した。いつもの青でなく白のジャージィをまとったレ・ブルーの鋭利で重厚な攻守はまさにヘビー級であり、頼みのライアン・ニコラスまでが縮こまったかのように映る。

樫の木の両ロックが固く互いをバインド、ジャパンより先に構えるフランスのスクラムの威力は想像のままだ。つけ入るスキのないフロントローの上体の筋力にのしかかられ、はね上げられずに反則を取られる。そんなFWを有しながらフランス人たちは開始22分まで2度のラインアウトのクイックスローを遂行。ライン全体で防御に前へ出る意志とスピードにも揺るぎはなく、ジャパンの標榜してきた「世界最速のディフェンス」が事実ではないとさっそく分からせた。

フランスは強く重く早くて速い。それなのに一方的にはならなかった。マルク・リエヴルモン監督は試合後の会見で述べた。

「選手たちは最初の簡単な2トライで簡単な夜になると考えてしまったようだ」

開始30分、ジャパンは左ゴール前のモールを押し切れず、そこからジェームス・アレジが裏へキックを転がした。主要な得点パターンだ。

しかしマークのフランソワ・トラン＝デュックはとっさに足で阻止する（おそるべき反

応）。ボールは当たり「幸運」と書いては議論もあろうが、さいわいにもアレジの胸にそのまま入った。トライ。もしボールがトラン＝デュックの手の内にはねて独走されていたら……。スコアというオセロ盤はそのまま青ならぬ白に埋まったかもしれない。

前半は11―25。後半開始すぐ、フランスは強国の定義のひとつに従い息の根を止めにきた。ここでジャパンは粘る。2度、トライかどうかのTMO（ビデオ判定）にかけられ、どちらも得点にならなかった。

後半4分、流れが変わった。

WTBの小野澤宏時が自陣でボールを得て、襲いかかられ、からみつかれながら振りほどいて抜け出し、そのまま独走する。強靭と柔軟の完全なる両立。まさに「鋼のラバーマン（ゴム人間）」の身上がラグビーの王国に表現された。この夜の背番号11の攻守には、技巧と体力と思慮の深さが凝縮されていた。不利な体勢にも簡単には倒れず、孤立しかけた仲間の救出（ブレイクダウンの地味な働き）を成功させる。

SHの田中史朗もタイミングを逃さず自陣からライン際を駆け、巧みなキックを蹴り込んで、さらに流れを引き寄せた。こちらも勢いではなく「実力」の成果だ。ひざを痛めて惜しくも離脱、ホラニ龍コリニアシもしかり。トップリーグの激闘を生き抜いた者はたくましい。

後半8分、アレジが白い網をくぐり壁をぶち抜く。追撃のトライ。タックルに向かうのでなく人と人のあいだを狙ったのがよかった。直前のHO堀江翔太の突進がこの好機を呼んだ。これもまた実力だった。パナソニックの背番号2はタックルにも力を見せつけた。

最後は21―47。約20分間は7点差内に踏みとどまったジャパンにとっても、ほぼ「簡単な夜」を手にしかけていたフランスにとっても妥当でないようなスコアだった。

ジャパンとはあらためて「型」のチームである。緻密な型というよりも波状の攻撃を連続させる型。セットプレーからニコラスを軸にドーンと前へ出る。そうなるとフランスを相手にもボールをキープできる。攻め続ける時間が長ければ弱みも覆われる。そのためのサイズとパワーを選考の最優先にすえてきた。

NZヘラルド紙のウィン・グレイ記者はリポートに「堀江、トンプソン、菊谷、田中、小野澤、ニコラス」の名を挙げた。普段なら関心の外のジャパンが重鎮ジャーナリストの目に留まるのも善戦ゆえだ。

ただし残り3試合について楽観はできない。

本稿はオールブラックス戦の前に書いているが、おそらくセットプレーを狙われ、外側の防御も標的とされる。また同格のトンガやカナダとは攻守の激しく入れ替わる展開となるはずだ。「型で攻め続ける」時間の外でも布陣は機能しうるのか。僅差を争えばプレースキックの正確性も問われることになる。


初出＝『ラグビーマガジン』２０１１年11月号（ベースボール・マガジン社）

不公平は不公平だ――強豪国日程優遇

第3戦 日本18―31トンガ

ラグビーのワールドカップ（W杯）でジャパンは同格とされるトンガに敗れた。選手それぞれは力をふり絞っていたがチームを貫く活力に欠けていた。前の試合、ニュージーランド（NZ）代表オールブラックス戦の湿地帯をさまようような完敗が尾を引いていた。あれは「捨てゲーム」にも近かった。

ジョン・カーワンHC（ヘッドコーチ）は中4日で迎える対トンガを優先、世界最高位の相手に主力を休ませた。本音のみならず表向きも勝利追求を放棄した。現地の新聞は「ジャパンB」と当然のように書いた。

議論は続いている。

W杯で地元オールブラックスとぶつかる。次戦に差し支えようともベストの布陣でベストの戦法を打ち立てベストの準備で挑むべきだ。眼前の勝負に全身全霊で臨む姿勢の蓄積が「ラグビー国力」と「伝統」を培うのだ。もし感動の善戦ができたなら選手は大きく成長するし自信もつかめる。その勢いがトンガ戦にもよい結果をもたらすだろう。

いや中4日で必勝の試合が控えている。トンガは中6日なのだ。実利の観点から「ジャパンB」もやむをえない。むしろ情緒的対応は方向を誤る。

個人的な立場は前者である。ただ後者に理もなくはない。23日にオーストラリアと対戦の米国代表も「B」を編成、中4日のイタリア戦に備えた。

ここで触れたいのはラグビー界にくすぶる「金銭追求とエリート主義」だ。そのことが不平等な日程の根底にある。強豪国には潤沢な休みを与え、そうでない国には過酷なスケジュールを強いる。

サモアは、中3日で中6日のウェールズと当たり惜敗した。同国の選手、エリオタ・フィマオノ・サポルは自身のツイッターで「奴隷制度」や「アパルトヘイト」という表現を用いて国際ラグビーボード（ＩＲＢ）を批判した。

ＩＲＢの見解は「強豪国の日程優遇はテレビへの配慮。大会収益の60％は放映権料で、それを発展途上国の強化に回している」（英ＢＢＣ放送）。経済の厳しいサモアの施設にも資金は投下された。20チームを4組に振り分けて強国の試合を週末のよき時間帯に配するとどうしてもこうなる。

うなずきそうになるが、やはりおかしい。スポーツを公正に発展させるために不公正な過渡期を求める。そんな理屈がすでにスポーツではない。あるべき姿を絶対の前提に難問を解決するのがスポーツの知性ではないか。

初出＝「東京新聞・中日新聞」２０１１年9月27日

新しい「日本」創造を

最終戦　日本23―23カナダ

日本代表は終了直前にカナダに追いつかれ、またも白星を逃した。前回と同じ1分け3敗。むなしさは残る。試合後の会見、ジョン・カーワン・ヘッドコーチ（ＨＣ）は、要約するとこう総括した。

「チームづくりに失敗はない。スタイルは評価された。ただ勝てなくて失望している」

全体の方向性が正しくないから未勝利に終わったはずだ。でも指揮官は「何も間違っていないのに力が足りなかった」と語る。スレ違いだ。「外国人」を多数起用した選手選考については「最強チームの編成が代表監督の仕事。ルールにのっとっている」と説明した。

現地に滞在すると分かるが、英語で以上のように発信されると、普段は日本に関心のない海外のメディアは「その通り」と支持する。ものすごく弱い国に元オールブラックスの英雄が指導者として舞い降りてまともに育てた。そう受け取るのだ。

長く日本のラグビーを見続けてきた身にはもどかしい。国内のラグビーはそんなに不毛なのか。本当にジャパンに合うスタイルだったのか。「外国人」のうちに日本選手に代わりの務まる者はいなかったのか。そうした細部は飛ばされ、「弱小国を強豪国のノウハウで引き上げた」という表層のみが流布していく。

2011年9月27日　ニュージーランド・ネーピア

日本	23		23	カナダ

後半	前半		前半	後半
0	2	T	1	2
0	2	G	1	0
2	1	PG	0	2
0	0	DG	0	0
6	17	スコア	7	16

日本		カナダ
	FW	
平島久照（神戸製鋼）	1	ハバート・バイデンス
堀江翔太（パナソニック）	2	P・リオダン→R・ハミルトン
藤田望（Honda） →畠山健介（サントリー）	3	マーシャル→フランクリン
トンプソン ルーク（近鉄）	4	ジェブ・シンクレア
北川俊澄（トヨタ自動車） →大野均（東芝）	5	J・カドモア→T・ホトソン
バツベイシオネ（パナソニック） →タウファ統悦（近鉄）	6	アダム・クリーバーガー
マイケル・リーチ（東芝）	7	C・オトゥール→J・ケイン
菊谷崇（トヨタ自動車）	8	アーロン・カーペンター
	BK	
田中史朗（パナソニック） →日和佐篤（サントリー）	9	フェアハースト→ホワイト
ジェームス・アレジ（ノッティンガム）	10	アンダー・モンロ
小野澤宏時（サントリー）	11	フィル・マッケンジー
ニコラス ライアン（サントリー）	12	ライアン・スミス
アリシ・トゥプアレイ（キャノン） →ブライス・ロビンス（Honda）	13	DTH・ファンデルメルヴァ
遠藤幸佑（トヨタ自動車）	14	マット・エヴァンス
ウェブ将武（コカ・コーラW） →マリー・ウィリアムス（豊田自動織機）	15	プリチャード→トレイナー

得点：トライ（T）5点、ゴール（G）2点、ペナルティーゴール（PG）3点、
ドロップゴール（DG）3点
日本選手の所属、企業名は当時のもの

協会の責任においてファンや選手が胸躍る「新しい日本のラグビー」を創造しなくてはならない。大切なのはカーワンHCの発言からこぼれた領域の検証である。

初出＝「東京新聞・中日新聞」２０１１年9月29日

小さな広告——ラグビー気質死なず

アレサナ・ツイランギ。ディズニーのアニメに出てくる南洋の怪人のような風貌だ。ラグビーのサモア代表の人気者にして実力者である。

身長１９４センチ、体重１１１キロの特大サイズにして走り屋のＷＴＢを務める。現在、ニュージーランド（ＮＺ）にて開催中のワールドカップ（Ｗ杯）で、この大男のそんなに大きくはない口の中が注目された。

マウスピースの前歯のところに大会公認でないメーカーのロゴがあった。国際ラグビーボード（ＩＲＢ）のいわば「内偵機関」がそれを発見、チームに対して1万ＮＺドル（約60万円）の罰金を科した。ツイランギは、マウスピースを製造会社（その名があしらわれていた）から提供されており、ずっと装着してきた。地元メディアが報じると、たちまち広がった。

サモア代表のエリオタ・フィマオノ・サポルは、早速自身のツイッターで「ルールはルールにあらず。公正が先だ」と異を唱えた。発展途上国に不利な試合日程を「奴隷制度」と批判した人物（突破力のある好選手）は、今回も女性参政権論者の例を挙げて「彼女がもしルールに従っていたら投票権はずっとなかった」と述べている。なかなかの論客だ。

ラグビー界は16年前までは原則的にアマチュアだった。急激な商業化の象徴がW杯であり、いまだ現場ではスポーツの心情（寛容）とビジネスの論理（非寛容）がせめぎ合う。

日本―カナダ戦後の会見では、ＩＲＢ担当者が「録音機を使うな」とうるさかった。権利また権利、ビジネスのゆがんだ肥大だ。取材者が小さなレコーダーに「選手はよくやりました」という監督の声を録音しても人類の誰も困らない。

スコットランドは、前夜10時すぎまで試合をしながら帰国のため翌朝9時にホテルを出るよう命じられた。敗退濃厚ながら、その時点では他試合の結果次第で準々決勝進出の可能性もわずかに残されていた。「次のチームが入る」が、組織委員会の説明だった。

さて「口の中の広告」の罰金だが、公式通達の前に資金はまかなわれた。ＮＺでよく知られた放送番組とその司会者が街角でソーセージをジュージューと焼いて寄付を募り、サモアの通信会社も提供を申し出た。

鉄板の焦げる匂いや小さな国の会社の心意気がビジネスの冷徹に一矢を報いて、そこには昔のラグビー気質があった。

初出＝「東京新聞・中日新聞」２０１１年10月4日

どう猛なドクター

最もどう猛なチームには「お医者さん」が3人もいる。

チームのドクターではなく選手がそうなのだ。ラグビーのワールドカップ（W杯）の準々決勝、アルゼンチンは、地元ニュージーランド代表オールブラックスに善戦するも10―33で敗れた。体を張り、猛獣のようなタックルを仕掛ける情熱が観客の心を打った。

世界的なCTB、フェリペ・コンテポーミ主将は、フランスのクラブに在籍しながら、故郷のブエノスアイレスに父親と共同で整形外科医院を開いた。父カルロスも元同国代表にして医師である。

世界最強級のプロップ、ロドリゴ・ロンセーロも医師資格を持つ。対戦相手の首や背中をスクラムで痛めつけながら「治療」について考えてきた。身長203センチ、体重110キロの巨漢ロック、マリアノ・ガラルサもプロの経歴と医学の勉強を両立させた。

サッカーの国、アルゼンチンは、前回のW杯で3位に躍進したラグビーの国でもある。30人の代表のうち23人はヨーロッパでプレーのプロだが、国内のクラブはいまだにアマチュアだ。アルゼンチンのラグビー界には「文武両道」や「職業との両立」という伝統への自負がある。

敗退直後にコンテポーミ主将は言った。

「準々決勝へ到達することが、多くの困難を抱えるアルゼンチンのラグビーにとっては重要だった」

W杯前まで本年のテストマッチは3試合のみ。これは全参加国で最少だ。海外組主体で活動はままならず、アマも混合の環境でこの結果は立派である。

さてアルゼンチンに限らず別に職業のある選手が見つかると何となくうれしい。20年前の第2回大会までは選手の多彩な職種が楽しかった。

旋風を起こした西サモア（現サモア）の主将の仕事は「ピアノムーバー」。重い楽器や家具を粛々と運ぶのが務めだ。「だから私に筋力トレーニングの必要はない」と少しも笑わずに言った。数年後にはプロ時代の大物となるオーストラリアの若手は「日本資本のホテルで働いている」と話しかけてきた。

今大会のテレビ解説をしていて、職業を持つ選手を紹介しようと調べると「医者」や「弁護士」によく行き当たる。プロ化が進んで専門職でないと選手生活との両立は難しい。これも現代ラグビーの一断面である。

初出＝「東京新聞・中日新聞」2011年10月11日

ニッポンの実力。

準決勝　NZ20－6オーストラリア

優しく細い声に迫力があった。

「実力をつけてください」

川越藤一郎さんに言われた。

すでに雲の上におられる。戦前の日本代表名CTB、早稲田大学主将として、1軍から5軍まで、公式戦と練習試合のすべてにシーズン無敗を達成した。

猫背で悠然と歩く。遠くから声を張り上げて人の名を呼ぶことをしない。お公家さんの風貌の奥に火の玉の気配があった。筆者が大学コーチ時代の夏合宿、その大先輩が近寄ってきた。「あなたたち一生懸命工夫しているけどね」

一瞬の間があいて。

「まず実力をつけてください」

十数年前の記憶がよみがえったのは、オークランド・イーデンパーク放送席である。準決勝。もしかしたら事実上のファイナル。脱ぎ捨てられたワラビーの着ぐるみを残し、あとは何もかもが真っ黒だった。オールブラックスは空間と時間を余白なく塗りつぶした。

試合前、当地のメディアは不安で一杯だった。ワラビーズ、つまりオーストラリア人は楽天的で自尊心が強く、一発勝負になると不思議と力を発揮する。キウイ、ニュージーランド人、つまりオールブラックスの精神構造は、ちょっぴりその裏返しだ。過去、91年、03年のワールドカップ準決勝では、突然、ナーバスになり、いずれも敗北を喫している。

シドニー・モーニング・ヘラルド紙には、ワラビーズの元ロックでコラムニストのピーター・フィッツシモンズが「拝啓・キウイ様」という一文を書いた。

「ラグビーには三つの偉大なる伝統があります。試合前のコイントス、試合後のレフリーへのスリーチアーズ、そしてオールブラックスがワールドカップの準決勝で砕け散ることです」

まあ、そんな雰囲気は確かにあった。オークランドの新聞やテレビの論調もやけに心配そうだった。

ワラビーズ先蹴のキックオフ。

太陽と雨雲のSO、今大会はほとんど降ってばかりのクエイド・クーパーがそのままタッチを割るミスをおかす。ナイーブのサインをいきなり露呈したのはゴールドのジャージィのほうだった。これでキウイは「おびえ」から解放された。

オフロード！　どんよりと実体のない重荷はたくましい肩からポッと離れた。6分。好調、マーア・ノヌがトライラインに躍り込む。

鋭く柔軟で強固なスクラム。乱れるところまれなラインアウト。パスやキックの技術の確かさ。無尽蔵なほどの意志と体力。スキルフルなアスリートがこれでもかと並ぶ布陣に際立つセットプレーが備わっている。ラグビーの辞書では「手がつけられない」と同義である。

実力。そうなのだ。実力こそ揺るぎがないのだ。川越先輩は正しかった。そして、こうも思った。

このラグビーをジャパンが追随するのは賢明ではない。

クイックのボールが供給されたらパス一本とそれを受ける瞬間のスピードだけで、ワラビーズのディフェンス、あのアイルランドにもスプリングボクスにもトライを許さなかった堅牢な防御を簡単にずらしてしまう。すべてが「抜ける」か「抜けかける」。そこでは個の能力がものをいう。スクラムのノウハウにしてもウッドコックやメアラム級の体の幹の強靭を前提としている。オールブラックスの顔ぶれだから威力もあるのだ。

ニュージーランドに数週間滞在しているので、13人制のラグビーリーグの試合中継をよく見る。カーワン体制のジャパンがこの競技から少なくない影響を受けていたとよく分かる。地面のボール争奪とセットプレーが（実質的に）ないリーグには、流れの中での攻守入れ替えはさして存在しない。規定の6回までは攻め続けるのが原則だ。ジャパンも似ていた。ボールを手に攻撃を始められれば、ライアン・ニコラスの斬り込みを軸に前進もできた。攻め続けて守るイメージ。だが、ターンオーバー発生後の組織プレー、キックを追い戻る陣形など攻撃と防御をつなぐ領域については淡いままだった。

こんどこそ実力をつけよう。ただしオールブラックスのようにではなく「新しい日本ラグビー」の大枠における実力を。攻めと守りの中間にこそ独自の哲学は表現されるのだ。

さてワールドカップ決勝の前に書いている。オールブラックスの実力が上回る。上回るはずだ。でもプール戦の大勝はえてして心のスキにつながる。ネジを締める指の力がワラビーズ戦の前とはわずかに違う。

ラグビーには偉大なる伝統があります。フランス人はいつだってフランス人ということです。その実力は永遠の謎だ。樽をあけるまでワインの出来栄えは誰にも分からない。


初出＝『ラグビーマガジン』２０１１年12月号（ベースボール・マガジン社）

意味なき3位決定戦の意味

3位決定戦　オーストラリア21―18ウェールズ

最後の歯磨き粉をチューブから絞り出す。後半40分、緩急交互するようなウェールズの長い長い攻撃が実を結んだ。ＦＢハーフペニーがインゴールへ飛び込むと、両国の多くの選手はへたり込み、あおむけに倒れた。トライ後のＧも決まって、それでも18―21、オーストラリア代表ワラビーズが逃げ切った。

「3位決定戦に意味はあるのか」。古くて新しい命題だ。余力をなくした姿に、決勝進出を逃しながらも失意にムチを入れる誇り、そして激しく厳しくなる一方のW杯の現実は浮かんだ。

ワラビーズが25歳、ウェールズは26歳、それぞれの先発の平均年齢だ。ラグビーでは若い。ともに主力には20代前半が並ぶ。つまり、次回イングランド大会の「本命」を狙える存在である。

そこが「意味なき3位決定戦の意味」だった。ウェールズのガットランド監督は言った。「世界最高級の相手に3点差は前向きな結果だ」。強がりでもあるまい。ワラビーズも充実の昇り竜に勝ち切ったのは大きい。

ただし、どちらも意欲をなくしていないのにミスは頻出、体のキレもなかった。はっきりと疲れのせいだ。6週間で7試合、より大きく、より速く、より強くなるばかりの選手による緻密な頭脳戦は心身を休ませない。若き希望が現代ラグビーの飽和を示した。そんな試合だった。

初出＝「東京新聞・中日新聞」２０１１年10月22日

オールブラックス、満身創痍で24年ぶり覇権奪回。

決勝　NZ8―7フランス

こんなに頑強で、これほどまでに不屈なのに、慎重に慎重に道を歩んできた。オールブラックス。周到な準備と果敢な攻撃精神。才と力と技の贅沢な融合。ああ、それなのにファイナル、長い旅の終わり、そこにいたって、予測不能の混沌に放り込まれた。

つまり相手がフランスだった。

紙の上では大勝だ。29日前のプール戦では37―17と圧倒している。愛称レ・ブルーは、その後、トンガにも負けた。マルク・リエヴルモン監督と選手たちの不和と不信は露呈。本国からの記者団とチームも露骨にぶつかった。

オールブラックスは普通であれば強い。でもフランスは普通ではない。気がつくと決勝まで進んでいた。なぜ準々決勝のイングランド戦でいきなり生まれ変わったのか。世界の誰も答えを知らない。

午後9時キックオフ、いつもの青でなく白のジャージィのフランス人たちは別の生き物になっていた。獰猛で執拗でふてぶてしい。幻想的で現実的。「よい時のフランス」という生き物に。

開始15分。オールブラックスはラインアウトのとっておきのムーブで、背番号1のトニー・ウッドコクがインゴールを陥れた。崩れた状況でなく、セットプレーを起点とするサインプレーが唯一のトライ。それが苦闘を示していた。

33分。おそれていたことが起きた。SOアーロン・クルーデンが負傷退場する。当代の名手であるダン・カーターを準々決勝の前に失い、後継のコリン・スレイドは足の不調を訴えた。控えで登場のスティーブン・ドナルドは序列では四番手、大試合になると力を発揮できぬ印象もつきまとう。

ほとんど唯一の敵が「ナーバス」であるところのオールブラックスをさらなる不安が襲った。

試合終了後、グレアム・ヘンリー監督に「ナーバスにならなかったか？」という質問が飛んだ。

「私は試合を通してナーバスになる。スティーブン・ドナルドのことだけそうなるわけではない」

ものすごく心配だった。そう語っているに等しい。

5―0とリードの前半最後のプレー、攻めずに、みずから試合を切った。あれだけの攻撃力を誇るのになんだか弱気だ。この瞬間に接戦は予告された。

後半7分、フランスが黒い壁を壊し突き破った。ラックのターンオーバーから敵陣深く攻め入り、SHディミトゥリ・ヤシュヴィリの落ち着き払った制御で右へ。この夜、光を放ったCTBオレリアン・ルージュリーが通り道をこしらえ、主将のティエリ・デュソトワールはポストのすぐ脇に躍り込んだ。Gも決まって1点差だ。

試合後の会見、リッチー・マコウ主将が、この時間帯の心境について述べた。

「パニックにならぬこと。そのための準備をしてきた」

なるほど大きなパニックは避けられた。しかし、あのいまわしきナーバスの影は迫っていた。ボールは動いても8―7のスコアは動かない。

準決勝ではワラビーズを圧倒している。精神が図太く一発勝負を得意とする難敵だ。ブレイクダウンの地上戦、パント処理の空中戦の優位が効いた。

ところがフランスにはどちらの領域でも苦しんだ。陣地をとれず、スクラムは一進一退、止めたつもりのタックルをふりほどかれる。

普通なら強いオールブラックスが、普通でない相手との普通でない状況に陥った。これまでなら負ける。でも辛くも勝てた。

なぜか。試練の覚悟があったからだ。前回の準々決勝、フランスに衝撃の敗北を喫し、それなのに批判を浴びた指導体制は協会により継続された。今大会の期間中、ヘンリー監督が地元紙ヘラルドのインタビューに明かしている。

「私が選ばれたのではない。全体の方針が選ばれたのだ」

あの苦い挫折があったからこそ、いささかナーバスになって、こんどは底まで沈まなかった。

「4年前に負けてよかった」とは書けない。本当ならフランスの地でも栄冠に浸るべきだった。ともかく現在65歳の指導者は、若手のコーチのように負けて学ぶ機会を許され、それをいかしたのである。

他方、フランスが過去の失敗を学習した気配は薄い。いつでも、その瞬間のフランス人なのだった。崩れて乱れて、なにがしかの怒りを覚え、それを闘争の養分とさせて、エゴはエゴのままで堂々たる決勝の敗者となれた。

偏屈で変哲、リエヴルモン監督は1点差の敗者として言った。

「とても失望している。そして、大変な誇りに感じる」

まるで大会の前半と後半を示しているみたいだ。

未熟と飽和。そんなワールドカップだった。統括機関のIRBの拝金主義はさまざまなあつれきを生んだ。伝統の強豪と「その他」ではスケジュールが公平でなかった。プロとしての成熟を欠いていた。いっぽうでラグビーのゲームは、より大きく、より速く、より細かく、選手の心身をどこまでも突き詰めようとする。「このへんが限界じゃないか」。あまりにハードなぶつかり合いにしばしば感じた。

ジャパンが未勝利に終わったのだから最高に幸福なはずはない。でもラグビーの国での時間は最高なほど心地よかった。

2011年10月23日　ニュージーランド・オークランド

NZ	8		7	フランス

後半	前半		前半	後半
0	1	T	0	1
0	0	G	0	1
1	0	PG	0	0
0	0	DG	0	0
3	5	スコア	0	7

	FW	
トニー・ウッドコク	1	プクス→バルセラ
ケヴィン・メアラム →アンドリュー・ホア	2	ウィリアム・セルヴァットゥ →スザルゼウスキー
オーウェン・フランクス	3	ニコラス・マス
ブラッド・ソーン	4	P・パペ→J・ピエール
ホワイトロック→ウィリアムズ	5	リオネル・ナレ
ジェローム・カイノ	6	ティエリ・デュトソワール
リッチー・マコウ	7	ジュリアン・ボネール
キアラン・リード	8	イマノル・アリノルドキ
	BK	
ピリ・ウィップー →アンディ・エリス	9	ディミトゥリ・ヤシュヴィリ →ジャン＝マルク・デュサン
アーロン・クルーデン →スティーブン・ドナルド	10	モルガン・パラ →フランソワ・トゥラン＝デュック
リチャード・カフイ	11	アレクシス・パリソン
マーア・ノヌ →ソニー＝ビル・ウィリアムズ	12	マクシム・メルモズ
コンラッド・スミス	13	オレリアン・ルージュリー
コーリー・ジェーン	14	V・クレール→D・トゥライユ
イズラエル・ダグ	15	マクシム・メダール

得点：トライ（T）5点、ゴール（G）2点、ペナルティーゴール（PG）3点、
ドロップゴール（DG）3点

ここでは大野均のカナダ戦における20分間の崇高が、知識ではなく、常識として共有される。オールブラックスの勇士たちは、いまがアマチュアの時代でも、まったく同じように体を前線へ投げ出すだろう。席を埋めるファンの数もきっと同じだ。

初出＝『ラグビーマガジン』12月号別冊「第7回NZワールドカップ総決算」（ベースボール・マガジン社）

ワールドカップ・ファイナル

もしかすると不適切な用語だろうか。いや大丈夫のはず。

ちんちくりん。

オールブラックスのスタンドオフ、当地の呼称ならファースト・ファイブエイス、略して「ファースト」といえば、およそ世界のラグビーの中心のひとつのはずである。まして地元におけるワールドカップの決勝なのだ。ど真ん中ともいってよい。

なのに、ちんちくりん。

スティーブン・ドナルドの黒のジャージィはサイズが足りておらず、体のラインを強調する精悍の範囲を超えて、もはや、みっともなく、いますぐにでも「おへそ」が見えそうなのだった。この一点の事実をもって、いかに緊急事態であったかは分かる。

まずはオークランド・イーデンパークを包んだ緊張の瞬間から。

フランスとのファイナル。キックオフからの展開は、予想外にして予想通りでもあった。29日前のプール戦では、37―17、オールブラックスの完勝だった。

そのころのフランスは沼地に重い足を沈めていた。日本に苦戦、カナダ相手にももたつき、このあとのトンガに敗れた。それでもいま世界一を決する場にいる。

なぜか、ここのところは、ひとまず「なぜか」でよいと思うのだが、なぜか準々決勝のイングランド戦でいきなり力を発揮した。準決勝では、充実のウェールズが危険なタックルによる退場で14人となり、それならばと手堅いほどの試合運びで勝利を引き寄せた。変な貫禄があった。つまりフランスである。マルク・リエヴルモン監督と選手たちとの不和と不信の連鎖が露呈、記者たちとチームの多くも露骨にぶつかった。それでもなお勝ち上がる。

ある日本人ジャーナリストは、フランス暮らしの長い先輩写真家に諭されたそうだ。

「粋。イキ。そいつがわからなきゃフランスのラグビーもわからないよ」

負けて、喧嘩して、蔑まれて、エゴとエゴをぶつけ合って、だから常識的な人たちは「こんどのフランスは勝てない」と信じ、立場によっては表明もして、そんな包囲網がいざ自分のまわりに迫ったら、こんどはそいつを裏切りたくなる。まさかの反抗。そんな粋なのだろうか。そもそも粋を定義しては野暮だ。以下、切り抜きをなくしてしまったので正確に引用できないのだが、ニュージーランドの新聞に在フランスの記者が「チームには怒りが充満していた。フランス人、ことにバスク地方の者たちはしばしば怒りをエネルギーにするのだ」というような内容を記していた。ナンバー8、イマノル・アリノルドキはバスクの男だ。そういえば準決勝からの存在は際立っていた。

オールブラックスのこの4年間の歩み、つまり前回フランス大会準々決勝で屈辱と衝撃の敗北を喫して以来の道のりとは、簡潔に表せば「慎重」だ。慎重に、慎重に、慎重ではない攻撃ラグビーを練り上げてきた。グラハム・ヘンリー監督の留任もそうだろう。ちょっとしたしくじりさえなければ優勝できていたのだから、一喜一憂を封じ、同じ体制で臨もうではないか。

ヘンリー監督が、今大会の期間中、地元紙ヘラルドのインタビューに明かしている。

「私が選ばれたのではない。全体の方針が選ばれたのだ」

そうやって大切に育てられたチームは、なのに究極のゴールである決勝のたったの3試合前、カナダとのプール最終戦のその前の日に突然の試練にさらされる。

ダン・カーター、アウト。

世界一のファースト、背番号10は、全体練習を終え、キックの調整をしている途中に左足のつけねを痛めた。翌2日付の日曜紙、サンデー・ヘラルドの報告記事には「さほど深刻ではないと思われる。ただし鼠蹊《そけい》部のダメージはキッカーには後を引く」とあった。おそらく深夜の締め切りまで実相はつかめていなかった。あわてて裏面のトップに「国中が息を凝らす。ファンの悪夢。ダン・カーターのワールドカップに疑問符」の見出しが突っ込まれている。情報は深夜まで錯綜した。

ただし、後日、次の逸話がヘラルドに載った。

ダン・カーターの故郷、南島のサウスブリッジ、人口わずかに「721」、世帯数が「260」の小さな町では、負傷当日の午後4時半、すでに悲報を知った男どもが、いつもの酒場に集まり始めていた。みんな沈黙したまま味のないビールを喉に流し込んだ。

町の消防団長、ドン・マクミランさんがこう語っている。

「どこからニュースが伝わったかは知らないのだが」

ダン・カーターの父、ネビルさんは、息子からの短い電話で事の次第を理解した。妻をなぐさめながら一夜を明かす。父はボランティアの消防活動を38年続けてきた。翌日曜、町内にある松の木の生垣から出火、約1時間半、ホースの水を撒いて消し止めた。

「火災の一報があれば、すべてをなげうち駆けつける」

それが消防団たる者の務めなのだ……。

ニュージーランドのラグビーの根の深さ、太さを想像させてくれる。こんなちっぽけな町というか村がヒーローを輩出する。そして父はいつもの暮らしを続けるのだ。

カーターがいなくなり、ここはナンバー2たるコリン・スレイドの出番なのだが、この人ときたら大会開幕以来、どうにも自信なさげで、ノックオンを連発、準々決勝のアルゼンチン戦の途中、足をひきずり退場した。診断はついているだろう。しかし、あれは心のスランプが原因だ。かくしてカーターの負傷後に手配された「第3の男」、アーロン・クルーデンが準決勝のオーストラリア戦では序列最上位へと繰り上がった。その試合のバックアップとして招集されたのがスティーブン・ドナルドである。

第4の男は休暇中で、仲間とワイカト川でフィッシングを楽しんでいた。

各種報道によると「ホワイトベイト（わかさぎのような小魚）」を仕掛け網というか籠で狙っていたらしい。のちの英国BBC放送のリポートでは、ドナルド自身がこう明かしている。

「テッド（グラハム・ヘンリー監督）からの電話を知らなかった。電源をオフにしていたからね。たまたまいっぺんだけ別のコールをして、それで連絡があったと分かるんだ。幸いにも彼の番号は登録されていたからね」

この時、もし電源を切りっ放しだったら。あるいは釣りに夢中になって携帯電話が川の中へ落ちていたら。そんな想像は愉快でもある。

どうやらスティーブンとその一行の漁は快調で「ざっと11キロほど」も獲れたらしい。

しかし、カーター、スレイドの戦列離脱によって休暇は終了する。そして、それどころではない歓喜が待ち構えることとなる。

ここから先は、人間の運命のストーリーである。

準決勝。呼び出されるまで故郷でスケートボードを楽しんでいたアーロン・クルーデンはなかなか図太いところを発揮して、ひとまずニュージーランド国民を安心させた。

いよいよファイナル。おそれていた事態が発生する。もはやジンクスと呼んでいい。

まずフランスが堂々たる威力で挑んできた。プール戦では亡霊のようだったのに、いまは鋼鉄にして、シルクにして、葡萄の悪くない年のワインのようだ。

そしてクルーデンが負傷者の隊列に加わった。より冷徹に表現すれば、スティーブン・ドナルドが芝の上に登場するはめになった。残酷な書き方だけれど現場での実感だ。

前半33分。クルーデンは前へ勝負を仕掛け、後方から抱えられて、右のひざを不自然に伸ばし倒れた。瞬間、スタジアムを形容しがたい雰囲気が覆った。おびえの一歩手前、不安の半歩だけこちら側、若干の虚勢、複雑な感情、それらはまざり夜空へと吸い込まれた。

みんなよく分かっているのだ。スティーブンのなしてきたことを。気の弱さを。

とりわけ1年前、香港でのワラビーズとのブレディスローカップ、この人がキックをしくじり、蹴り出すべきを蹴り出さず、世代交代で発展途上の好敵手に白星を差し上げた。酷評され、グラハム・ヘンリーは本心では見切りをつけた。遠征から戻って、以後、リストから名前は消える。ホンコンの芝で漆黒のジャージィをまとっていたのは「ナーバス」というういまわしき生き物だった。そしてキウイ、ニュージーランダーが、2011年の決勝で、何よりも思い浮かべたくない言葉とはその「ナーバス」なのだった。

オールブラックスは、1999年、2003年、2007年大会、準々決勝か準決勝で、優位の予測を裏切り散った。敗因はナーバス。あまたの大勝とごくまれなる惜敗。そのサイクルのいちばんよくないところが、よりによってワールドカップの最中にくる。

のちにグラハム・ヘンリー監督が、あの場面でナーバスにならなかったか？　と聞かれている。

「私は、ひとつの試合を通してナーバスになる。スティーブン・ドナルドのことだけにそうなるわけではない」（大会公式ページ）

スポーツの語法では、ものすごく心配だったよ、と認めているに等しい。

タッチライン際でふいの出場に備える背番号21の顔が放送席のモニターに映された。予断や偏見ってやつもなくはないけれど、やはり、あまりうれしそうではなかった。むしろ不安がそこに浮かんでいた。ラインをまたいでピッチの中へ入る瞬間、手配が間に合わずサイズを間違えたジャージィから裸の背がいちいちのぞいた。

後日、本人が明かしている。

「私の準備は万全ではなかった」

それはそうだろう。携帯電話をオフにしてシーズンオフのアクティビティーを楽しんでいたのだから。

36分、ドナルドが初めてボールに触れた。キック。まずます。この場合、まずまずならば合格だ。

5―0とリードの前半最後のプレー、オールブラックスは敵陣10メートル付近のラインアウトから攻めずに、ひとつラックをつくると、背番号9、ピリ・ウイップーが自ら試合を切った。フランスのダイレクトタッチからのチャンス、あれだけの攻撃力を誇るのにどうにも弱気だ。スタジアムのすべては「ドナルド」に支配されているようだった。ここに接戦は予告された。

後半5分。ラインアウトを起点にドナルドの関与しないアタックを仕掛けて、マーア・ノヌが縦へ。わざわざ「関与しない」などと説明すると意地悪みたいだが、本当に、できるだけ追加招集のドナルドにはボールが渡らないような攻撃を試みていた。それくらい急な出来事だったのである。ここでフランスが反則を犯し、ペナルティーの機会を得た。

狙うのは、スティーブン・ドナルド。目視で中央35メートル。ナーバスな人のキックはナーバスな軌跡を描き、向かって右のポストの外へ抜けそうになって、からくも内側へ収まった。8―0。このあと7分、フランスは黒い壁を壊し、堂々と突き破った。ラックのターンオーバーから敵陣深く攻め入り、SHディミトゥル・ヤシャヴィリの落ち着き払った制御で右へ。この夜、光を放ったCTBオレリアン・ルージュリーが通り道をこしらえ、主将のティエリ・デュソトワールはポストのすぐ脇へと躍り込んだ。G成功で1点差！

オールブラックスは悲観の湿地帯にまたも足を踏み入れた。たくさんの国民がたくさんの爪を噛んだ。ただし今回はパニックには陥らなかった。

8―7。緊張の極にあったスティーブン・ドナルドのあやういPGが決勝点となったのは、この決闘の実相をよく示していた。自信のなかった補完要因が自信のないまま想定外のヒーローとして名を残した。オールブラックスの確信は揺らぎ、なお、最少の得点差で凱歌を奏でた。それだけの実力をとうとう培ったのである。

スティーブン・ドナルドは、大会後、イングランドのプレミアシップ、バースへ移籍する。どうやら相変わらずの「お人好し」のようで、取材者に「こちらの保守的なラグビーは合わない。2年の契約後には帰る」(NewstalkZB)などと無防備に語ってしまっている。ちなみにこのリポートでのドナルドの形容は「ザ・ワールドカップ・ウイニング・ファースト・ファイブ」である。どこにも誇張はない。

ちんちくりんにも後日談は存在した。

決勝6日後のニュージーランド・ヘラルド紙の報告記事。ワイカト川沿いの故郷へと凱旋した本人が、ジェイムズ・イハカ、ヴァイモアナ・タパレアオ両記者に語っている。

なぜ、ジャージィがフィットし過ぎていたのか？

「ワイカトでのシーズンが終了したあと、私がハードに動き始めていたと言ってしまえばウソになります。前の年にはあのジャージィがちょうどよかった。でも今年の休みのあとは違いました」

なんのことはない太っていたのである。

初出＝『ラグビーの情景』（ベースボール・マガジン社）２０１2年8月

フランスはフランスだった

フランスが頭を離れない。いや、フランスではなくフランス人のことが。

ワールドカップの決勝。あのオールブラックスに1点差で負けた。

きらめく黒ジャージィのアスリート集団がナーバスの魔界に陥らぬように長い長い時間を費やし、満を持して迎えたファイナル、愛称レ・ブルーは世界ランク1位のその相手を「弱気の海」に沈めた。

フランスは、プール戦で2敗、29日前には、同じオールブラックスに20点差で完敗を喫している。なのに惜敗も惜敗、ほとんど勝利の近くまで達した。

世界は、全世界は、またもや「フランスの不可解」を思い知った。

マルク・リエヴルモン監督のめまぐるしく変わる選手起用への不満は、いざ大会に入り、一部選手が公言するにいたった。

突貫と批判精神では定評のあるフランスのメディア、その記者たちは、しつこくしつこく不振の理由をさぐり、書き、語り、写し、会見では露骨な衝突が繰り広げられる。雰囲気は最悪。普通なら、これで負けだ。しかし、フランスは、フランス人はちっとも普通ではなかった。

ひとつのキーワードは「怒り」である。

辛辣な批評に、落ちるばかりの評判に、もしかしたら自分たちの監督に対してさえも、みんな怒っていた。

その憤怒は、突然、まさに、いきなり、準々決勝のイングランドに向けられた。

そうなのだ。被害者は、純白なジャージィをまとうちょっぴり邪悪な軍団、ラグビーの母国の代表かもしれなかった。

あの試合、ナンバー8で奮迅の活躍のアイノルドキは怒っていた。バスク地方の出身、あそこの土地の勇士は万事に怒ると強いらしい。

フランス在住の評論家がそう述べていた。

もうひとつ「エゴ」の気配も濃厚だった。

イングランド戦、そして決勝のオールブラックス戦、フランスの選手ひとりずつが、なんと記すのか、一切の世のしがらみを断って、自分の生きたいように生きた。

自由に呼吸した。2007年のシックスネーションズ（6カ国対抗戦）のウェールズ戦のあと、WTBのヴァンサン・クレールは「試合中の選手の意志決定」についてこう語っている。

「みんな、高揚した気分に左右されていた。試合前に指示は受けていたが、流れにまかせた」（『ラグビー』ダニエル・ブティエ著、文庫クセジュ）

流れにまかせる。

その流れは自身の怒りやエゴを水源とする。根底にはフランスらしい「他者《ひと》とは違う粋《いき》な私」の精神がひそんでいる。

これまた普通、むき出しのエゴはチームワークの敵のはずだ。しかし、なんべんでも繰り返すが、フランス人は普通ではない。

エゴが粋な精神とふいに結びつき、「他者とは違っていたい」というその一点で全員が結束する。奇妙なチームワーク。

すると土砂降りの空が、たちまち塵ひとつなく晴れ渡る。

その瞬間のフランスとぶつかると、これはもう災難なのだ。

さてジャパンである。

今大会の日本代表は、あまり「不可解」ではなかった。たとえばニュージーランド人には、いたって、わかりやすい対象だった。

弱い弱いジャパンに、ジョン・カーワンが舞い降りて、なかなかよくなったじゃないか。悪気はないが、普段、日本のラグビーに関心のない人々にはそう映る。

そこが少しは長く日本ラグビーに接してきた身にはもどかしい。

ジャパンは、いや日本人は、もっと不可解であるべきだった。

試合前々日には、もう泣いている。大会期間中にも猛練習を始める。そして世界の誰も見たことがないほど低くタックルをしながら、謎の微笑を浮かべ、おそるべき速度でディフェンスのラインを前へあげる。いつも変なところにキックをけりこみ、通常の力学を逆手にとったスクラムをくむ。それでいいのだ。

フランス人の心の動きは、きっとフランス人にしつかめない。

日本人、日本に生まれ育った者もそうなのだ。不可解であるべし。

最後に、日本ラグビー界の名言を。

「奇策を奇策とせず」（木本建治*）。

*木本建治＝早稲田大学ラグビー部監督として1987年度日本選手権制覇。

初出＝J SPORTS「be rugby ～ラグビーであれ～」2011年11月4日

ぎこちない人を

ぎこちない人はよい。どれほどの年齢を経ても青春の純粋と愚直を手放そうとはしない。素敵だ。

頑固な人もよい。バーナーで焼いたとしても溶けはせぬ透明な塊を心の底に宿している。頑なで固い個性とは、魅力さえあれば絶対の美徳だ。魅力のココロは権力を求めない精神性にある。

ぎこちなく、純粋で愚直で、頑固で、決しておのれの権力について執着しない。そんな人にラグビーをしてほしい。少なくともラグビーの指導者はそんな人であってほしい。

2011年のワールドカップ、ジャパンは9月27日にネーピアでの最終カナダ戦をほろ苦く終えた。いや。4年前の同じ対戦での同じ結果、つまりドローの後、監督は確か「ビタースイート」と話したはずだ。あれがほろ苦いのなら、こんどははっきりと苦い。

ネーピアの苦い苦い夜を過ごして、ジャパンの傷ついた勇士たちは翌々日に帰国した。そこにジョン・カーワンHC（ヘッドコーチ）の姿はなかった。

アマチュア選手も混在するカナダに追いつかれてから11日後、オークランドのイーデン・パークに日本代表の指導者の姿はあった。イタリアの放送局のコメンテイターを務め、スタッフおそろいの黒のユニフォームをまとって、フランスとイングランドの準々決勝について、試合前も試合中も試合後も、なんだか楽しげに声を発していた。

いま「なんだか楽しげ」と書いた。これは偏見かもしれない。もしかしたら内面では暗く落ち込んでいる可能性もある。こちらがジャパンの未勝利に割り切れない気分を引きずっているので、もっと落胆せよ、5年近く、ともに戦った選手とせめて帰路くらい同じくせよ、そうからみたくなったのだ。そんなに簡単にメディアの仕事に移れる気分なのだろうか。

その翌日、やはりイーデン・パークの芝の上、ジャパンのFWコーチが、アルゼンチン戦前のオールブラックスのウォームアップに心配そうに付き合っていた。ミック・バーンだ。スペシャル・コーチという肩書きを得ている。日本とニュージーランド、同じプール（組）で当たった両国のコーチをひとりの人物が務めた。国際ラグビーの歴史においてきわめて異例だろう。どちらかについては十全に努めていないと考えるのが常識だろうけれど、本人はそうではないと強調した。もちろんプロだから誠実に技術を伝えたはずだ。パスやキックの指導は高く評価されている。しかし桜と黒衣、どちらに究極の忠誠を誓ったのか。そんなことは自明にも感じられる。

フランス戦の前、本人に一応は確かめた。

あなたはオールブラックスのコーチでもあるのか？　公式のプログラムに名が載っている。

「いまはジャパンのコーチです」

オールブラックス陣営の内部から対フランスの攻略ポイントを入手できるのではありませんか？

「倫理的な一線を守っているつもりだ。直接、手に入れることはない。ただ私個人の経験からつかんでいる対策はある。それはいかしたい」

そのフランスとの決勝後、オールブラックスのスクラムにほぼ破壊されたジャパンのFWを担ったコーチは、オールブラックスの一員として、栄えある優勝メダルを戴いた。

「ジャパンが大会に残っている限りは全力を尽くします」

あのコメントは、敗退と同時に「本籍」たるオールブラックスへ戻るという意味だったのか。

大会出発前、ジョン・カーワンHCにも聞いた。ミック・バーンさんをオールブラックスから奪い取ったのか。だとすれば情報も得られるのでは？　その時点では、まさか対戦相手のコーチを兼ねるなんて不覚にも想像できなかった。いま考えれば間抜けな質問である。奪い取ったのではなく、しかるべき報酬を保障しながら拝借しただけだったのに。

英語の答えはずいぶん短かった。

「たぶん、そう」

しかし、その後、トライネーションズの中継でオールブラックスの給水役として指示を繰り出すミック・バーン・コーチが映し出された。協会関係者に「バーンさん、映ってましたね。オールブラックスの試合に」と伝えると、うそでなく「えっ」と発声した。

いま書いたような見聞は、もちろんルール違反ではあるまい。合法か非合法か。そう問われれば前者である。いずれも「契約」という合理の範疇の出来事だ。

だから以下ははっきりと感情論である。

これから、ジャパンの指導者には寝ても覚めてもジャパンのことだけを考える人が就くべきだ。そういうような性格、ライフスタイル、信条、責任感を体内に抱く者のみが、この列島のすべてのラグビー人を代表して率いる資格を有する。

いくら陳腐とからかわれても書きたい。

愛と誠。

それなしに挑む側の歓喜は訪れない。

ラグビーとは愛と誠なのだ。

そいつを貫くとぎこちなくなる。頑固と呼ばれるだろう。きっと損もする。それでも構わないではないか。次の逸話のように。
7、8年前に博多の酒場で当事者から教えてもらった。いつか、その人物が、国体における「福岡代表」の監督を命じられた。補佐のコーチには、地元の西南学院高校、早稲田大学ラグビー部とまったく同じ道を歩んだ人物を頼んだ。ふたりは人生の盟友ともいえる関係でもあった。

当人は、そのころ九州電力の監督の任にあった。国体の代表は、大半を自分のチームのメンバーが占めている。ある日、監督は、九電の居残りメンバーのことがやはり少しは気になって、代表の集合期間中に「ちょっとだけ顔を出した」。国体組を放置したわけではない。あくまでも練習を終えてからだ。ところが数十年におよぶ信頼で結ばれたコーチは怒った。憤然と抗議をした。ひとつの代表チームの責任のある立場なのに、おのれの会社のグラウンドに足を運ぶなど「けじめがないではないか」。

元監督、山田建夫さんは笑いながら地元の言葉で言った。

「それで腹かいてからくさ、そのあと何年も口きいてくれんやったもんね」

そのコーチの名は、牛尾知行さん、惜しくもすでに故人となられた。旧姓・赤司と紹介すれば、古い記憶の蘇る大学ラグビーのファンもおられるかもしれない。

会社のクラブがある。県の代表がある。後者の選手のほとんどは自分が監督をするチームの所属だ。しかし「単独チーム」とは違う。そこには厳格なけじめが求められる。けじめとは外形的な体裁ではなく指導者の内面ににじむものだ。

現実の影響はあるまい。もとより国体の監督なんて無報酬もいいところだ。契約の義務もない。なのに、ほんのちょっとだけ空いた時間に会社のチームの様子をのぞいた心持ちを心の友はしばらく許さなかった。いい話だ。大好きなストーリーである。

退任を表明したジョン・カーワンが傷ついた選手とともに帰国をしなくとも、ミック・バーンが敗退とまさに同時に古巣のど真ん中に戻ろうとも、なるほど目に映るほどの影響はあるまい。それほど世界から仕事を請われている人たちがジャパンについていたんだ。そう受け取る立場だってあるかもしれない。

ジャパンが、仮に、打倒オールブラックスに秘策を尽くし、猛烈な努力を積み重ね、なのに、その秘策が相手に筒抜けだったら……。現実には、世界最高峰のチーム、結果として大会を制した集団がジャパンについての情報を必要とはしないだろう。

でも、それよりも手前、実際の影響なんてありはしないから兼務してしまえ、その心構えが、ジャパンとオールブラックスの差をさらに広げる。それだけでなく他の試合へ向けての準備、もっと述べるなら、そもそも大会に至るまでの強化キャンペーンのすべてをもろくさせてきたのである。対決のその日その瞬間までオールブラックスに習っていたのではオールブラックスには勝てない。力で劣るのに勝つ気がなければ、いっそうの大敗に追い込まれる。

「ジャパン　7―83　ニュージーランド」。あのハミルトンの苦くすらなかった夜は「予告された敗戦の記録」ではなしに「予告された惨敗の記録」なのだった。

ワールドカップにおける勝敗に比べたら、微細な点のごとき、某年某月・福岡国体での知られざる友の怒りには、なお万倍もの愛と誠がひそんでいる。

もう35年以上も前、とある都会の強豪社会人チームがあった。当時は純粋アマチュアだから部員は勤務を終えて、夜のグラウンドに汗を流した。目標は揺るぐことなく日本一だ。つまり、厳しく緊張に満ちた時間に燃焼するほかはない。

たまにグラウンドに黒塗りの自動車が横付けされる。会社の大変に偉い人が降りてくる。どうしてもトレーニングを中断して円陣で激励の言葉を拝聴しなくてはならない。もとより偉い人にしても善意で顔を出しているのだ。

何度かそういうことが続いた。ある夜、キャプテンはついに言った。言ってしまった。

「練習の妨げになるので遠慮してほしい」

会社人生にあっては常識の外の言動である。その後のサラリーマン生活がいかに展開したか詳細は存じていない。だが正しい。そこにあるラグビー、そこにいるラグビー選手、真剣なスポーツの勝負の観点からはまったく正しい。あまりにも正しい。

会社を向かず。おのれの利益を求めず。ただジャパンと乾坤一擲、その一瞬に全人格を捧げる。愛と誠だ。ぎこちない人よ、桜の森へきたれ。

初出＝『ラグビーの情景』（ベースボール・マガジン社）２０１2年8月

【第8回大会　2015】

悲哀と誇り

第8回大会
2015年9月18日～10月31日
開催国：イングランド、ウェールズ
出場国数＝20カ国・地域
リザーブの人数が7人から8人に増加。

決勝トーナメント

準々決勝

NZ	62
フランス	13
南アフリカ	23
ウェールズ	19
アルゼンチン	43
アイルランド	20
豪州	35
スコットランド	34

準決勝

NZ	20
南アフリカ	18
豪州	29
アルゼンチン	15

決勝

NZ	34
豪州	17

3位決定戦 南アフリカ　24−13　アルゼンチン

日本代表

ヘッドコーチ＝エディー・ジョーンズ

主将＝リーチ マイケル

戦績＝予選（プールB）3勝1敗

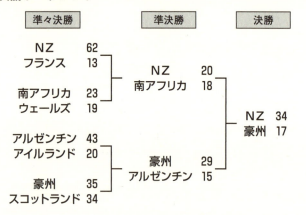

ラグビーワールドカップ2015　試合記録

予選プール　POOLSTAGE

	プールA	豪州	ウェールズ	イングランド	フィジー	ウルグアイ	勝点
1	豪州		○15−6	○33−13	○28−13	○65−3	17
2	ウェールズ	●6−15		○28−25	○23−13	○54−9	13
3	イングランド	●13−33	●25−28		○35−11	○60−3	11
4	フィジー	●13−28	●13−23	●11−35		○47−15	5
5	ウルグアイ	●3−65	●9−54	●3−60	●15−47		0

	プールB	南アフリカ	スコットランド	日本	サモア	アメリカ	勝点
1	南アフリカ		○34−16	●32−34	○46−6	○64−0	16
2	スコットランド	●16−34		○45−10	○36−33	○39−16	14
3	日本	○34−32	●10−45		○26−5	○28−18	12
4	サモア	●6−46	●33−36	●5−26		○25−16	6
5	アメリカ	●0−64	●16−39	●18−28	●16−25		0

	プールC	NZ	アルゼンチン	ジョージア	トンガ	ナミビア	勝点
1	NZ		○26−16	○43−10	○47−9	○58−14	19
2	アルゼンチン	●16−26		○54−9	○45−16	○64−19	15
3	ジョージア	●10−43	●9−54		○17−10	○17−16	8
4	トンガ	●9−47	●16−45	●10−17		○35−21	6
5	ナミビア	●14−58	●19−64	●16−17	●21−35		1

	プールD	アイルランド	フランス	イタリア	ルーマニア	カナダ	勝点
1	アイルランド		○24−9	○16−9	○44−10	○50−7	18
2	フランス	●9−24		○32−10	○38−11	○41−18	14
3	イタリア	●9−16	●10−32		○32−22	○23−18	10
4	ルーマニア	●10−44	●11−38	●22−32		○17−15	4
5	カナダ	●7−50	●18−41	●18−23	●15−17		2

指揮官エディー・ジョーンズ 狂気のリアリズムの発火点。

情熱。緻密。周到。豹変。執着。粘着。聡明。明快。怒気。覇気。節制。憤慨。

エディー・ジョーンズは、燃えに燃え、考え抜き、必要ならば考えをあっさりと変え、しつこくしつこく事にあたり、細部にいたるまで簡潔な言葉にしながら、すぐに怒り、ああ、また怒り、敵をつくり、他者を追い詰め、対戦相手も追い詰め、状況のすべてをコントロール下に置いて、白星の列、抑えの利かぬ激情、部下たちの疲弊と引き換えに、ちょっぴり孤独となる。

眠らない男。それについては後述する。つまり普通の人間じゃない。だから国際ラグビーの領域にあって、毀誉褒貶にまみれながらも、絶対に軽視はされない。

母国オーストラリアのキャンベラのブランビーズでスーパーリーグ制覇、03年のワールドカップ（W杯）では、同国代表ワラビーズを率いて、準決勝でオールブラックスを負かし、優勝こそイングランドに譲るものの、開催国の面目を保った。翌07年大会、覇者、南アフリカ代表スプリングボクスの「コンサルタント（助言役）」を務めてチームに同行している。2012年の4月、日本代表の現場指導を始動。以来、ウェールズ、サモア、イタリアを破るなど、具体的勝利で進歩を証明してきた。

「勝ち方なら知っています」

ジャパンのＨＣ（ヘッドコーチ）就任後の記者会見で何度か聞いた。

ラグビーとは自信学なり。勝ち方を知るコーチは、果たして、イングランド大会を勝ち進めるだろうか。

ジャパンは強くなった。間違いない。なぜなら日本の集団球技の強化の王道、されど、なかなか実行されてこなかった方法を迷いなく貫いてきたからだ。

すなわち極端なまでに明快なスタイル（手にボールを持って攻め続ける）を打ちたて、その方針に沿って鍛え抜く。妥協を排し、輪郭の濃い到達像から逆算した体力と技術の層をひとつずつ重ねる。

こんなイメージもわく。

大学シーンで、選手の資質のわりに長く下位低迷のチームがある。指導方針がぐらつき、そもそも練習の質量が足らない。そこへ腕利きのコーチがやってきて、「絶対にキックはせぬ。自陣からでもすべてボールをキープ」の方針を指示、フィットネスとスキルを鍛え上げる。すると中位に浮上、トップ級のチームの尾に指の先が届く。

上位校の立場では、下位校がオーソドックスなスタイルを掲げても、ちっとも怖くない。極端な戦法のもと猛練習を経てきたなら、たとえ体格と経験でこちらが優位でも少しは嫌だ。あいつらリングに上がってきたぞ。そうとらえるだろう。

もちろん最強の大学にすれば、下位から這い上がってきたチームがキックを封じて全面展開してくれれば、接点でのターンオーバーを狙い、無力化させるだろう。小さな相手の攻め疲れを待って切り返す。

ここのところはW杯本大会でのジャパンも同じだ。「バランス」。ジョーンズHCのマントラのひとつである。それなりにキックも用いなくてはならない。ただしジャパンのバランスは最後の最後でよい。徹底の果ての応用。そこまではボールのキープに徹するのだ。難儀から先に。順番としては正しい。

ジョーンズHCは、大枠の構築と眼前の分析と対策を両立できる。キャリア最大の勝利、ワラビーズを率いての03年W杯準決勝、対オールブラックスが典型だ。

約4カ月前には21―50の大敗を喫していた。本大会開幕後も、ワラビーズは攻守に精彩を欠き、プールで同組の対アイルランド、17―16でリードの残り5分、グリーンのジャージィのデビッド・ハンフリーズの狙ったドロップゴールが右にそれなければ、準々決勝ではスコットランドでなしにフランスと当たり、あるいは消えていたかもしれない。地元メディアの批判の声もしだいにふくらんだ。

セミファイナル前日、『シドニー・モーニング・ヘラルド』紙が、オールブラックス戦の「成功へのレシピ」を掲載した。

・フォワードの支配とワイドな展開
・キックの封印
・オールブラックスのバックラインのピンポイントの弱点に対してアタック
・スローな大男のそばの穴めがけて敏捷なランナーを
・球を落とすべからず

エディー・ジョーンズ監督は、予選プールでオールブラックスに善戦したウェールズのコーチとその週に複数回の食事をともにし、執拗に情報を集めた。リークか。スクープか。記事は取材の成果である。

ニュージーランド（NZ）の名実況者、キース・クインは決戦当日の日記に書き残している。「オーストラリアは前半のほとんどの時間、ボールをキープ」「オールブラックスのスピードランナーへのキックは皆無」「最初の5分間に3度、巨漢ロックのネイサン・シャープが（タックルの弱いセンターの）レオン・マクドナルドにハードなランを仕掛けた」（『Journey To Nowhere』）。

お見事！　エディーのウェールズ風レシピは功を奏した。

対策という枝葉は、根幹があって初めて成り立つ。それから12年後のジャパンも、そこの域には到達している。

君子、とはいわぬが、一流コーチはしばしば豹変する。ジョーンズHCもしかり。就任前後、メディアに、前任のジョン・カーワンHCのジャパンには、「外国人が多過ぎる」とよく語り、取材陣をしきりに首肯させた。「3人が適当でしょう」とも。この場合の「外国人」とは「日本国籍取得を含む海外出身者」の意味だ。

12年2月、『ナンバー』のインタビューで宣言した。

「外国人選手の選考は日本のカラーに合うことが条件です。つまり多くは日本の選手になります。なぜなら代表は国民のチームでなくてはならないからです」

同年6月、フィジーとのPNCの初戦、先発にカタカナの名は、高校入学時に来日のマイケル・リーチ（現・リーチ マイケル）のみ。リザーブもニコラス ライアンひとりだった。

結果は19―25。日本の選手ばかりでもこれくらいはできるのだ、と、新HCの評価は上昇する。続くトンガ（20―24）、サモア（26―27）戦はいずれも、ヘンドリック・ツイ（現・ツイ ヘンドリック）とニコラスのふたりが出場している。

同年7月のインタビューでの発言。

「日本の選手は経験に乏しく、ゲーム理解が不足している。前の代表では、そうした弱みや欠点がカモフラージュされていたわけです。時に7人ものNZ選手、それもスーパーラグビー級のよい選手たちがいて、マッスル（大きさ、強さ）と経験を付け加えていた」（『ラグビーマガジン』）

本年の8月15日、世界選抜戦ではロックと第3列のすべてを海外出身者が占め、計7人がスタート、ベンチに2人が控えた。いわゆる「外国人選手の多寡」は普及や広報の視点もふまえて、統括レベルで大局的に精査されるべきだ。ただ、ことここに至れば、セレクションは指導者の専権事項である。正否は成否（本大会で勝つか負けるか）で問えばよい。この稿に書きたいのはジョーンズHCのリアリズムだ。

スクラム重視もそうである。

清宮克幸監督、長谷川慎コーチ時代の09年度のサントリーは、振り返れば、世界の潮流に先んじるかのごとくセットプレーの徹底強化に注力していた。スクラム練習に長時間を費やしたのである。当時、サントリーのエディー・ジョーンズGMは、実戦での回数との均衡がとれていないと懐疑的だった。

ジャパンの初年度、スクラムの脆弱に気づくと、素早く重点化に舵を切る。批判ではない。古今東西、有能な指導者は理屈と直感をせわしなく交錯させ、豹変なんてちっともいとわない。

常に万端の準備を怠らず、国際ネットワークを駆使しながらアイデアを更新、「多くは日本の選手」では成績を残せぬと見切ると前言を翻し、スクラム時代到来と感づけば過去の言動に拘泥しない。

「日本人の修正能力は高い。正しいトレーニングをすれば短期に改善します。他方、練習の強度が落ちると、あっけなく元へ戻ってしまう。ここがオーストラリア人と非常に異なるところです。だから日本の選手には常にハードなトレーニングを課す必要がある」（『ナンバー』）

いよいよW杯開幕が迫っても、これでもかと厳格な練習を課した。有言実行。変化しながら揺るぎなし。繰り返すけれど、エディー・ジョーンズは優秀なコーチである。

ただし、皮肉屋ぞろいのはずのジャーナリストまでがしばしば親しく呼ぶ「エディーさん」は、さん、の想起させる柔らかな人格の所有者とは違う。むしろ反対だ。

一冊の書がある。オーストラリアのラグビー報道の重鎮、シドニー・モーニング・ヘラルド紙のグレグ・グロウデン記者の『Inside the Wallabies』（2010年）。ワラビーズの内幕。副題にはこうある。「1908年から今日にいたるまでの選手、政治、ゲームの真実」。

第15章はエディー・ジョーンズに割かれている。見出しは「Fast Eddie」。英語堪能な友の訳では「容赦せぬエディー」。01年から05年までのワラビーズ監督の期間（通算33勝23敗1分け）の出来事が綴られる。書き出しはこうだ。

「エディー・ジョーンズは極めつけの喧嘩屋である。彼は衝突を愛している」

続けて。

「彼はワーカホリックであり、目標に突き進み、おのれを律し、独裁的で、しばしば扱いづらい」

眠らない男で知られた。ブランビーズの監督としては「1日に10時間から14時間をコーチングに捧げた」。ワラビーズの指揮を執るようになると「さらにもっと」。サントリーにも在籍、世界的フランカーのジョージ・スミスは自伝において「エディーは早朝に出かけて、夜遅くに仕事から戻った。大変なハードワーカーとして有名だった」とキャンベラで近隣に暮らしたボスの生活様式を描写している。

取材者との交戦も大いに好んだ。同時にグロウデン記者の見立てでは「その利用にはたけて」おり「メディアからの電話をミスすると例外なくコールバック。(略) すべての新聞のすべての記事に目を通した」。ワラビーズ監督の座に就いて1週間で「(W杯優勝の前任者) ロッド・マクイーンの任期の全発言よりたくさん話した」。テストマッチの週恒例の会見では「新しいアイデアとラグビー哲学」を唾飛ばす調子でまくし立てるのだった。

スタッフへの要求はとことん高い。かつての代表アシスタントコーチ、アンドリュー・ブレイドは述べる。

「エディーと働くよりは義理の母親と仕事をするほうがまだ楽だ」「黒板を爪で引っかく

ような声での癇癪は語り草だった」

同書には以下の一節がある。

「細部に執着、弁解屋を嫌悪。前任のマクイーンと異なり、スタッフへの権限委譲に混乱をきたした」

キャンプ地に孤塁を築き、しだいにオーストラリア協会と分離していく。外部からは覗けぬよう、練習場の周囲に警備員を配し、境界を覆った。

同協会幹部は「ジョーンズの対人スキルについて早い段階に疑問を抱いた」。内部からの告発が起り、05年の解任が近づくと「3人のアシスタントコーチとスタッフが『監督との問題』について証文を残すように協会から求められた」。キャンプでの長期拘束が変わらぬのなら「代表辞退」や「13人制ラグビーリーグへの転向」をほのめかす「何人かの大物選手」も現れた。

こう並べると、悪意を含むようだが、いっぽうで次の記述もある。

「さりとてジョーンズの博物学的なゲームの知識をとがめるのは誰であれ不可能である。しばしば混迷、刻刻と変化を遂げるゲームの本質をこれほどまでに理解できる者など世界にまれなのだ」

火の玉の気性、どこか偏執にも近い態度は、内側の人間には辛くとも、いざ勝負となれば、外側、敵にとっては脅威となりうる。ありきたりな曇り空ならいっそう落雷のほうがよい。普通の人なんてこわくないのである。激しい人は少しはおとなしくもなれる。おとなしい人はずっとおとなしいままだ。実際に、W杯では、オールブラックスをまんまとやっつけた。

ジャパン就任直後、インタビューの合間にこうつぶやくのを聞いた。

「遠からぬ時期、私は不人気な存在となるでしょう」

アンポピュラー。ふいに飛び出した単語をその時はうまく理解できなかった。あれは覚悟だったのか。それとも自覚か。

選手エディー・ジョーンズは骨格に恵まれぬフッカーだった。ひどく小柄ながら、栄えあるニュー・サウス・ウェールズ代表には選ばれた。

「その次のレベル（ワラビーズ）に達するには、あまりにもスモールだった。身長と体重の不足が彼の虚勢じみた強気と献身をもたらした。怒れるエディーよりも優れたフッカーなどめったにいなかった」

グラウンドでは過剰な闘志を露わに、そこらじゅうで嚙みついた。

「ののしりの達人。激しさと荒っぽさはよく知られていた。（現在は）選手時代よりいくらか落ち着いたとはいえ、その気になれば辛らつな言葉を効果的に用いることができる」

（以上、前掲書より）

元占領軍軍属の父と結ばれた母はもともと日本人。「でも、差別の激しい時代、私は完全にオーストラリア人として育てられました」(『ナンバー』)。その時の問答では「母からは、日本では友人の家を訪ねる時におみやげを持っていくのよ、と教わったくらい」と明かした。俗な「日本びいき」の甘さはない。あまり触れられたくないような気配も感じた。

本年3月、ジョーンズHCは、母国メディアの寄稿コラムに記した。

「日本人とのハーフである私は、現役の80年代には『chink(侮蔑語で中国人)』と呼ばれた」(『クーリエ・メイル』紙)

負けん気の発火点のひとつだろう。

オーストラリアの学校ラグビーは名門の私学が主流だった。少年エディーは公立校に通い、そこには十全の環境がなかったので、外部のクラブで頭角を現した。ゴーゴーと湯気立てながら。

「生まれ、育ったオーストラリアで私が生き残るためには、何かを証明する必要がありました」(『コーチングとは「信じること」』生島淳著、文藝春秋刊)

サイズを補うスキル追求。不断の努力。

「あなたがフッカーでラインアウトのスロウインがうまくできないなら、自分自身で毎日100本は投げなくてはならないのです」(『ラグビーマガジン』)。80年代なかば、ワラビーズは、巨漢フッカーの発掘起用に傾いた。国内で実力が上なのに代表との縁を得られなかった。無念と悔恨。どれもこれも指導者エディー・ジョーンズのエネルギーの根っこのはずである。

結局のところ人格とは人生なのだ。「エディーさん」の皮をまとった「容赦せぬエディー」は軋轢と衝突と強烈な意思表明を好まぬ日本列島を刺すトゲであって、生きるか死ぬかの最前線に光放つ個性である。

「日本のチームは、リーグ昇格や降格がかかると、それまでになかった闘争心や結束力をいきなり見せる。日本人は、このチームのためにと心の底から思うと素晴らしい力を発揮します。だからジャパンでもチームのまとまり、選手の内面を重視するつもりだ」（『ナンバー』）

鋭い分析だ。余談めくけど、サッカーの日本代表元監督、アルベルト・ザッケローニにあるいは欠けていた洞察ではなかろうか。日本の選手は、放っておくと、オーストラリア人やイタリア人ほどには闘争的にならない。そのかわり帰属集団への忠誠意識が深く浸透すれば、どこまでも捨て身になれる。

だからこそ本大会のジャパンに求められるのは解放に尽きる。ラップトップの並ぶコーチ室からの無線の指示を離れ、グラウンドの真ん中のリーダーシップを発動するのだ。

ＰＮＣでは、選手のそれこそ「内面」からの活力の伝播が足らなかった。ヘビーな負荷をかけた6月の合宿の疲れのせいばかりではあるまい。ぼこぼこと吹きこぼれる熱意に満ち、発案と実行と推進にたけたコーチのもとではどうしても選手の側の判断は先取りされ、必然、湧き上がる生命力の発露も抑えられる。鋭敏な指導を抱くゆえのジレンマでもある。

8月18日。南アフリカのメディアにニュースが流れた。「エディー・ジョーンズ、ストーマーズへ」。ケープタウンを本拠地とするスーパーラグビー有力チームとの契約交渉が報じられた。「年棒500万ランド（約4500万円）」。詳細にも触れている。

本人は話し合いの存在を認めた。

「契約の終了が迫れば外に目を向ける。それがプロフェッショナルのラグビーだ」（『ジャパン・タイムズ』紙）

突然のW杯終了後の退任発表。賢者はいずこかへ消え、日本のラグビーはこれからもここにある。

いまこそ桜の勇士は足元を凝視すればよい。シューズの鋲ささる芝を。そして自分自身で歌い上げるのだ。解放が放埓にならぬくらいの地力なら備わっている。なにしろエディー・ジョーンズが手がけた集団なのだ。エディー・ジョーンズを乗り越えたって崩れはしない。歌い手は去っても歌は残る。


初出＝『ナンバーPLUS』2015年10月号（文藝春秋）

悲哀と誇り〜ジャパンと同組の各国の背景〜

悲しみ。哀しみかな。ワールドカップ（W杯）とは、悲哀のコンテストだ。カナシミを秘める誇りの。

南アフリカ。いま「虹の国」をうたい、かつて「白き帝国」であった。悪名とどろく「アパルトヘイト」の冷たく悲しく残酷な時代があった。人種隔離政策。白い肌に生まれなかった者は同じ人間ではない。おもにオランダ系白人のアフリカーナの支配するラグビーは、その象徴ともとらえられた。国内に3通りのラグビー協会があった。白人。黒人。そして「そのどちらにも属さない」（いやな響きだ）と定義されたカラード。それぞれが「隔離」されながら活動した。もちろんファーストクラスの扱いを享受するのは白人だけである。

南アフリカのスポーツと政治を研究した『The Race Game』にこんなデータが引かれている。１９８３年のナタール州ピーターマリッツバーグという都市の人種別学校のスポーツ施設の比較。生徒数はいずれも１０００人前後である。「白人学校のラグビー場は６面。インド人学校なし。黒人学校なし」。これがすべてだ。

１９９５年、人種の融合を表す「虹の国」南アフリカに生まれ変わろうとしたW杯、期間中にポートエリザベスで、ダン・ワトソンの話を聞いた。愛称はチーキー、かつてスポーツ面を除く新聞のページに最も数多く取り上げられたラグビー選手のひとりである。

77年、アパルトヘイト体制下、有望なWTBとしてスプリングボクスの有力な若手候補だった。ある日、他の3人の兄弟とともに黒人居住区タウンシップでラグビーを楽しんで警察に逮捕された。表向きの理由は「許可なくタウンシップに入ったから」。それでも兄弟は有色人種とのプレーをやめず、そのうち反アパルトヘイト活動にも身を投じる。放火など、さまざまな嫌がらせや弾圧にさらされた。インテリ階層ではなく素朴な白人スポーツ選手が反アパルトヘイト活動を始めた。チーキーは国際社会の英雄となり、また国内の保守派の白人、ラグビーのサークルからも「過激派」のレッテルを貼られた。

インタビューの途中、チーキーは、何度か応接室の窓の向こうに視線を走らせる。あたかも刺客の襲撃を恐れるかのように。その首を突き出す仕草が忘れられない。

「個人的にはオールブラックスを応援している」

そう言った。もしも現役時代の母国が「肌の色で人間を差別しない」あたりまえの社会を抱いていたら、チーキーは、スプリングボクスの栄えあるキャップを戴いたかもしれない。絶対に地元のW杯でオールブラックスを打ち破るように祈っただろう。

スコットランドは、隣のイングランドに比べるとちっぽけな「国」だ。その昔、統合され、以来、悲哀を創意工夫と粘りに変換してきた。ワットの蒸気機関。テレビの原理を発明した人物もスコットランド生まれのはずである。ラグビーも同じだ。イングランドとの境、ボーダーという地域の精肉業者、アダム・ヘイグという男が7人制を考案。この世の中を愉快にさせた。90年前後のイアン・マクギーハン監督の率いる代表は、わざと山なりの飛ばしパスを放り、防御のタイミングをずらしてループを試みるなど、細部に至るまで創造的であり、体格と選手層の劣勢を埋める気概に満ちていた。長らく「強豪国のビリのほう」といった位置づけではあるが、そこから下には落っこちない。

サモア。予選のなかった87年の第1回W杯、当時の西サモアは出場国になぜか推挙されなかった。4年後のイングランド大会に登場、一瞬のうちに、旧態のラグビーの世界に風穴をあけた。10月6日。カーディフのアームズ・パーク。西サモアは、地元ウェールズを16―13で破る。トオ・ヴァエガのセンセーショナルなトライは「アイランダーの新世紀」を予告した。ちなみに、このヒーローの息子の名は「カーディフ」である。わずか3日後、結果として優勝するワラビーズとぶつかり、こちらは3―9の惜敗。強烈なタックルは「ヒット」と呼ばれ「あれ反則じゃねえ?」と議論も呼んだ。当時、取材地のエジンバラで現地の朝刊に「西サモアで唯一のラグビー記者、英国到着」という記事が載った。「快進撃にあわてて駆けつけた」という内容だった。その夜、ホテルに帰ると、その写真の人物がチェックインしていた。

サモアは、人口19万ほどのそれは小さな島国である。有望なラグビー選手は、若くして親元を離れ、ニュージーランドの学校へリクルートされる。成功とは故郷と家族との別離をそのまま意味する。最初のテストマッチは、91年前の8月18日、アピアにフィジーを迎えた。キックオフは午前7時。サモアの選手が試合後に出勤するからだった。グラウンドの真ん中のところには高い木があった。以来、まだ容易に島の外へ出られぬころの名もなき名手の魂は列をなした。現代なら海外のクラブに所属、国際的な名声と親族を養うだけの報酬を得られていただろうに。

アメリカはラグビー競技の五輪最多優勝国である。20年のアントワープ、24年のパリ大会で金メダルを獲得している。パリ大会決勝。開催国のフランスは前回（0—8）の雪辱を期した。共通の対戦相手、ルーマニア戦のスコアは、アメリカが37—0。フランスは61—3。当然、後者有利の予想である。しかし、5万観衆の埋めたコロンブ競技場に笑ったのは「パリのアメリカ人」だった。17—3。フットボール仕込みの「ヒット」で、フランスの中心選手を負傷退場させるなど頑健な身体と旺盛な闘争心が凱歌を呼んだ。

当時3人の同窓生をチームに送った「カリフォルニア大学ゴールデンベアーズ」のサイトにこんな記述がある。「それはフランスの野球チームがワールドシリーズを制するほど難しいこと」。しかし本国での関心はささやかだった。「もし広く報じられていたらラグビーはアメリカ人の大きな娯楽になっていた」。そうならず「身内だけのスポーツに」。なんでもイチバンの国でマイナー競技であったさみしさはイーグルスに深みを与える。いまセブンズが飛躍。15人制も、2023、あるいは2027年のワールドカップ開催をにらみ、新しく前へ進もうとしている。

ジャパンにも悲哀と誇りはある。世界の高みをめざすには骨格に恵まれない。英語の支配する競技文化にあって「英語から最も遠い国」のひとつである。したがって国内の本当は優れた理論や指導方法やスキル開発が国際的には理解されず、常に、翻訳のフィルターを通されてうまく伝わらない。だから勝たなくてはならない。

以下、直近の各国情報。

南アフリカ。代表31人のうち「非白人」は9人のみ、と、政府筋が批判を強める。ハインリヒ・ブルソー、選考からもれる。ターンオーバーのエキスパートを不得手とするジャパンには朗報か。

スコットランド。8月29日、イタリアにホームで48―7の快勝。他方、合流したばかりのニュージーランド人フランカー（ジョン・ハーディー）と、開幕後の9月19日に3年居住の条件を満たす南アフリカ出身者ナンバー8（ジョシュ・ストラウス）を代表に加えて、長く活動してきた選手を外し、元選手からの批判の声も。

サモア。同日。ロンドン。前半16分のレッドカードで14人となりながら、来日の世界選抜と多くの選手の重なるバーバリアンズに24―27の惜敗。サントリーサンゴリアスのトゥシ・ピシが10番。

アメリカ。同30日。ロンドンの名門クラブ、ハレクインズに19―24で敗れる。その後、代表発表。スピードスター、タクズワ・ングウェニアも選ばれる。5日にはワラビーズとウォームアップマッチ。

歴史の悲哀と誇り。ジャパンはかつて「観客を喜ばせることはあっても、めったに勝たない」（91年、デイリー・テレグラフ紙）と称された。称賛の黒星はもはや不要。憎たらしい白星をこそを。

初出＝J SPORTS「be rugby ～ラグビーであれ～」2015年9月4日

世界よ、見たか。

初戦　日本34―32南アフリカ

南アフリカ戦後の連休期間、東京の調布市の少年サッカー大会でこんな光景があった。

試合前のフリーキック練習に「ゴロウマル」が出現したのだ。あちこちのチームの子供たちが競って例の「ルーティン」に励んでいる。本当だ。

ほどなく市井の人々が「ラグビーのあの人、ほら、大五郎」と口にし始める。五郎丸と間違えた。次の日には、みな正確な氏名を覚えた。

日本のラグビーのイメージは、まさに一夜にして、この列島のみならず地球規模で変わった。

ジャパンが国際ラグビーの強豪を掛け値なしの大舞台に破る。

快挙も快挙だ。ただし、それだけではこうはならない。

もしオーストラリア代表ワラビーズに勝利できても、開催国のイングランド人に天を仰がせても、現時点でのトップ国のひとつ、アイルランドに競り勝ったとしても、大ニュースではあるが特大ニュースとしては扱われない。

世界が揺れ、腕利きのジャーナリストさえ超現実のごとき現実にふさわしい語彙を見つけられなかった（やむなく『奇蹟』に登場してもらう）のは、ジャパンがスプリングボクスに勝ったからだ。

楕円球の長大な闘争史にあって、本物の巨人と遇されるのは、南アフリカ代表スプリングボクスとニュージーランド代表のオールブラックスだけだ。直近の戦績がどうであれ、この２カ国のみが別格なのである。

ジャパン、主力抜きのスプリングボクスを梅雨時のトーキョーでやっつける。それだけでも、ありえぬはずのひと綴りの文章だ。ジャパン、ほぼベストの布陣のスプリングボクスを中立地のワールドカップでやっつける。こちらは、はっきりと、ありえぬ文章だった。人間、こうなると欲も生じて、いざスコットランド、さあサモアなんて力が入る。白状するなら、しばらく、どうでもよくなった。ラグビーの生態系を痛快に破壊したのだ。あとは何が起きようとも不思議はない。

スコットランドに大敗する（当たった）。サモアにも苦しむ（うれしくも外れた）。それでいい。無慈悲なスプリングボクス茫然自失のまま芝に伏せさせたのだもの。

なぜエディー・ジョーンズHC（ヘッドコーチ）と、リーチ マイケルの率いる日本代表は、ありえぬはずの結末をつかんだのか。

プレビューを含めて再三書いてきたが、長い長い拘束と緻密な計画のもと質量に富んだ練習を積み重ねてきたからだ。ボクシングにたとえれば、ただプロのライセンスを与えられたのでなく、高い志を抱く者が角を突き合わせる「本物のリング」に上がる資格を得た。そこでの勝ち負けはまた次の段階だ。その領域まで至るのが大切だった。

ボクスことスプリングボクスとの対決。キックオフ前の胸に桜の勇士の表情は実によかった。

すべきことをしてきて、余計な欲が抜けて、たたずまいは静かだ。

2日前、旧知の取材者がキャンプ情報（主将が前に出てくるようになって雰囲気が明るくなった）を教えてくれた。その時点で感動の善戦をイメージできた。前述の「別格」論の裏返しだが南アフリカとオールブラックスだけは大会初戦でぶつかるジャパンをさほど研究していないはずだ。横綱は胸を出す。頭をつけず立ち合いの変化もない。赤白ジャージィはこの大会での最高の試合をいまから始める。

そこまでは予測できた。でも、それでおしまい。「ジャパン、スプリングボクスをやっつける」とは想像できなかった。

猛練習の継続。ボクスに泣きべそ。

キックオフ。

ジャパンの身体に切れがある。

この雰囲気を知っている。猛練習を続けてきた国内のチーム、たとえば大昔の学生ラグビー、対抗戦をよれよれと歩んだ慶應大学が、年をまたぐ前後、粘り強さのみならず足まで速くなってトーナメントを勝ち進む。夏合宿は大敗続きの早稲田大学が11月から急にボールの獲得率を増す。駆ける姿にきつい反復をこなした者ならではのしぶとさが浮かぶ。あの感じ。ずっと心身をいじめてきた。強化過程で息詰まり、停滞期を迎える。なんとか乗り越える。シーズンが深まるにつれ、選手の自主性もしだいに深まる。ある時、指導者の手をほどよく離れる。

接戦を制しての白星。キャプテンのマントラはこうだ。

「僕らくらい練習してきたチームはありませんから」

2015年9月19日。ほどなく時の人となる五郎丸歩副将は言った。

「精神的にも肉体的にも、ハードトレーニングを4年間やってきた結果だと思う」

練習は裏切らない。

古くからの格言を、地球規模の驚愕とともに蘇らせた。エディー・ジョーンズの最大の功績である。

開始直後、ジャパンのマイケル・ブロードハーストが、南アフリカのカウンターからの連続攻撃をターンオーバーで断ち切った。約2分後にもまた。これは効いた。のびのび攻めてきたボクスは少しだけ手堅くなり、五郎丸のPGの成功でスコアの開かぬ進行とともに明白に手堅くなった。

接戦の構図の成立。それこそはジャパンの望んだ流れであった。そうなると「練習は裏切らない」の出番は訪れる。「努力を超越する才能の自在の発揮」。ジャパンの最もおそれた事態をボクスの側で自制してくれるのだ。

心理戦もうまく回った。ボクスはジャパンの得点のすぐ後に簡単にトライや得点を挙げた。ゆえに「本物の危機感」を抱くに至らない。さりとて、反則で自滅、7点以上のリードへと持ち込めないので、呑み込んでしまう大胆さにも達しない。

緊張の心構えでなく圧倒の強気でもない。格上の中途半端な態度。それこそは金星の条件である。

前半36分。山田章仁の見事な「詰め」の防御。敵将、ジャン・デヴィリアーズを不可視の位置から飛び出して仕留めた。この午後、ジャパンの背番号14のディフェンスの意識の高さは、すべての後進の手本となる。もう片側の翼、松島幸太朗の再三の鋭利で重いタックルともどもマン・オブ・ザ・マッチ級だ。

後半25分。ボクスはラインアウトでジャパンのおそれるモールを組まず、安易なサインプレーを用いて、タッチの外へ出される。伏線はあった。その前の投入で押し返されたのだ。赤白の19番、真壁伸弥が、低く深く上体を差し入れて、グリーン＆ゴールドの厚い壁の均衡を崩した。

小野晃征の内外の防御の視線を引き寄せるパスさばき、それでさらに際立った立川理道の強靭なラン、ひとりの献身は、いつしか「日本ラグビー」という生き物と化していた。

繰り返すが、キャンプ地での絶え間なき猛練習の継続こそは、ボクスに泣きべそをかかせた根幹である。

指揮を執ったジョーンズＨＣは、日本ラグビーのシステムやあり方に不満を隠さなかった。明快な異議は旧態に刺さったはずだ。ただし、その方法は、日本のチーム球技の過去の栄冠の道と根本思想において重なった。すなわち長期拘束、原則メンバー固定、体力の醸成と連係の膨大なる反復である。質のみならず量によって諸外国との骨格や経験の差を埋める。

日本列島の全楕円球愛好家を幸福に。

各地のラグビースクール、中学や高校の指導者の情熱は快挙のルーツだ。リーチ、ホラニ龍コリニアシは痩身童顔の留学生であった。批判されがちな大学ラグビーながら、ボクス戦の少なくない勇士たちは、かつて母校のキャプテンやリーダーとして責任感、指導への信頼と自立のバランス、陣痛ゆえの歓喜の価値を身につけた（野球少年、大野均を入部させた日本大学工学部ラグビー部の先輩に感謝！）。

企業頼みかもしれぬトップリーグの恵まれた環境のおかげで日本選手は海外の超一流と肩を組み、ぶつかり合えた。トンプソン　ルーク（本日もオールアウト）、ブロードハースト、マレ・サウ、カーン・ヘスケスらも代表に加われた。

8月25日、突然のように、ジョーンズＨＣの大会後の退任は発表された。以後、キャンプの雰囲気は活力を帯びた。ピリオドが打たれたからだ。終わりが見えて熱は高まる。区切りが心を解き放つ。集団スポーツの現場では過去にもあった。

ジョーンズＨＣは円満に退くわけではない。プロのコーチの進路に、さまざまな条件をめぐる駆け引きや衝突はつきものだ。ただし皮肉なように、開幕前、選手の志気と自主性はよいほうに刺激された。

満ちた貯水の放流のエネルギーは強い。長期連覇のチームはそんなサイクルを利用する。ジャパンはふいのような退任劇もあってピーキングに成功した。ここは幸運なのかもしれなかった。

それでも、何度でも繰り返すほかないが、開幕直前に選手の結束がかなっても、地金が磨かれていなければ結果には結ばれない。

「20年間コーチングをしてきて、これほどのハードワークをしたことはない」（ジョーンズＨＣ）

ここが、これこそ、スポーツ史上の事件の根拠である。

セットピースの整備。キックやパスなどスキルの追求。体格の劣勢を克服するための研究と実践。明快かつ楽でない戦法（多層全面攻撃）から逆算した強化。愛称エディーの推し進めた段階の積み重ねは、ラグビー史の巨人、いや、大巨人を向こうに実際に機能した。あらゆる普及活動もボクス戦勝利の事実にはうれしい無力化をする。日本列島で楕円球をラブする人々は幸福になった。

ひとりずつの選手のひとつずつの努力、和を以て貴しとなさぬ激情コーチの冷徹な計画と実行のおかげだ。人間の具体的な行動のみが未来を照らすのである。

2015年9月19日　イングランド・ブライトン

日本	34		32	南アフリカ
後半	前半		前半	後半
2	1	T	2	2
1	1	G	1	2
4	1	PG	0	2
0	0	DG	0	0
24	10	スコア	12	20

日本		南アフリカ
	FW	
三上正貴（東芝） →稲垣啓太（パナソニック）	1	テンダイ・ムタワリラ →トレヴァー・ニャカニ
堀江翔太（パナソニック） →木津武士（神戸製鋼）	2	ビスマルク・デュプレッシー →アドリアーン・ストラウス
畠山健介（サントリー） →山下裕史（神戸製鋼）	3	ヤニー・デュプレッシー →コーニー・ウーストハイゼン
トンプソン ルーク（近鉄）	4	L・デヤハー→E・エツベス
大野均（東芝） →真壁伸弥（サントリー）	5	ヴィクター・マットフィールド
リーチ マイケル（東芝）	6	フランソワ・ロー
マイケル・ブロードハースト（リコー）	7	ピーター＝ステフ・デュトイ →シヤ・コリシ
ツイ ヘンドリック（サントリー） →アマナキ・レレィ・マフィ（NTTコム）	8	スカルク・バーガー
	BK	
田中史朗（パナソニック） →日和佐篤（サントリー）	9	ルアン・ピナール →フーリー・デュプレア
小野晃征（サントリー） →田村優（NEC）	10	パトリック・ランビー →ハンドレ・ポラード
松島幸太朗（サントリー）	11	ンヴォヴォ→ピーターセン
立川理道（クボタ）	12	ジャン・デヴィリアーズ
マレ・サウ（ヤマハ発動機）	13	ジェシー・クリエル
山田章仁（パナソニック） →カーン・ヘスケス（宗像サニックス）	14	ブライアン・ハバナ
五郎丸歩（ヤマハ発動機）	15	ザイン・カーシュナー

シンビン　【南ア】ウーストハイゼン
得点：トライ（T）5点、ゴール（G）2点、ペナルティーゴール（PG）3点、ドロップゴール（DG）3点
日本選手の所属、企業名は当時のもの

初出＝『ラグビーマガジン』特別編集『CHEERS for JAPAN　ラグビーワールドカップ　日本代表激闘号』（ベースボール・マガジン社）

ブライトンまで。

さあロンドンへ。エコノミー級の長旅の秘訣は「無の境地」に尽きる。機内食を拒み、すなわち一切の欲を断ち切り、ただただ人類の平和を祈る。さいわい最近は庶民のクラスの座席でも映像を楽しめる。韓国映画を選んで、簡潔な英語の字幕でなんとか展開を確かめながら凝視する。これがいちばん時間を進めてくれる。休憩をはさみ、ふたつの作品を視聴すると5時間は過ぎている。あと6時間と少し。つらい夏合宿も日程の真ん中を越えてしまえば早い。あれを思い出すのだ。

その後は読書。普段の暮らしでは手の伸びぬ話題の一冊を用意しておく。今回は『流』（東山彰良著）。噂の直木賞作品だ。ページのあちこちから漠然と台湾だけでなく、台北でもなく、特定の街で布地を商う特定の店の帳場の埃の匂いがたちのぼる。読後、あらためて思う。「細部」こそは「想像」を「普遍」とさせる。ラグビーのチームづくりも同じだ。スコットランドのヴァーン・コッター監督の「細部への執着と成果」を元代表選手が語る記事（デイリー・テレグラフ紙）をスクラップしたばかりなので少し気になる。

ヒースロー空港から地下鉄を乗り継いで宿にたどり着く。ここからは無を脱し、さあ我欲にまみれるぞ。マレーシアからワールドカップ観戦にやってきた旧友がもうすぐ訪ねてきて、いかした鯖焼を食えるパブへと侵攻するのだ。

その友、いつか東京都立富士高校ラグビー部の無の境地のロックであった建築家は、マレー半島クアンタンの居住地区の河に「虎が泳ぐのを見た」と日本の仲間にメールで訴えた。すべての返信は「猫だよ。太った」であった。鯖と黒ビールのループ攻撃を仕掛けながらの談議。ジャパン、どうなの？　と聞かれたので「もはや猫ではない。小型の虎だ」と答える。2日後のブライトンでの結末を予言したわけではまったくない。初対戦のスプリングボクスとはたぶん相性がよい。桜のジャージィは感動の試合をする。でも負ける。

開幕戦当日。近くの駅で新聞を買った。ガーディアン紙に記者の予想が紹介されている。個人的に先月の本誌に「ワラビーズ優勝」と述べてしまった。穴のようで穴でない感じがよい。同紙の5人のうち3人は「オールブラックス」。32年前、ジャパンにカーディフで24―29と追い上げられたウェールズ元主将、エディ・バトラーは「フランス」。そのココロは「そろそろ勝つ番。彼らは大方の予想の逆をいく」。ポール・リーズ記者は「イングランドとワラビーズが決勝へ」。おっ。同じだ。

会場のトゥイッケナムで取材パスを受け取る場所が、さまざまな通行規制により徒歩ではおそるべき遠回りとなるとわかる。茫然と歩いていたらボランティアの車両が追いかけてきて運んでくれた。老境のドライバー氏は、控えめな表現を美徳とするイングランド人らしく感謝すると話題をそらす。ありがとう。助かります。「さっき今夜のレフェリーを乗せましたよ」。

開幕戦。笛を吹くヤコ・ペイパーさんは、ＴＭＯをこれでもかと駆使、80分のゲームに102分を要した。

開始29分。元ＮＥＣのジャイアント、フィジーのネマニ・ナンドロがキックパスに飛びついてトライ。ほんの６カ月半前、今大会屈指のモンスターは帝京の学生に敗れている。あの午後、巨体はタッチライン近くで冷気にふるえていた。不思議だ。

翌日。ラグビー史が動いた。

ロンドンからブライトンへ向かう満員の列車、グリーン＆ゴールドのレプリカの群れに囲まれた。半日後に起こる出来事を想像できた者など皆無だった。

攻防については別稿に書くとして人間観察の観点で興味深いのは、あまりに弱い（と自分たちで思っている）相手に負けると人々は照れながら明るくふるまう。そんなに荒れない。競技場から市の中心部行きのシャトルの２階バス、スプリングボクスを骨まで愛する腕の太い男たちは本稿筆者、ラジオ局のディレクターのふたりだけの東洋人にどこまでも紳士であろうと奮闘努力していた。人生最大級の衝撃にひどく酔っ払っているだろうに、なんだか天使のようなのだ。

それにしたって、ラグビー取材のあと、まさか南アフリカ人の前で、喜びを押し隠し、申しわけなさそうにふるまう日が訪れようとは。

さっきスタジアムでは、スカルク・バーガー、いやリーチ マイケルにタックルされた直後のように足をふらつかせた南アフリカの老ファンに声をかけられた。「そこの日本人よ。なぜ笑わぬ。なぜ落ち着いたふりをする」。悲しみは感受性の養分、鋭い指摘だ。ワールドカップを2度も制したラグビー国の民は、ジャパンのおかげで人生を深くしたのである。

初出＝『ラグビーマガジン』２０１５年11月号（ベースボール・マガジン社）

そして、世界が震えた。

その名はセント・ジョージ。ロンドンはビクトリア駅の裏道のパブだ。前から目をつけていた。鯖のグリル（マッシュポテト添え）を肴に黒ビールを干し、また干す。

世界の震える2日前である。雫が脳から首筋にかけて落ちてきた。

「ジャパン、感動の試合をする。ブライトンの民より大歓声を浴びる」

ありありと絵は浮かんだ。

南アフリカ代表スプリングボクス。おそるべき腕力と闘争心、おそろしく無慈悲、アパルトヘイト、人種隔離政策の黒い過去のもたらす影、その妙な深み。強い。

ただし、史上初対戦のジャパンにとっては相性がよいだろう。骨格と戦績におけるジャイアントは小細工を弄さぬ。ダイレクト。挑む側にとって的は大きい。

ジャパンのキャンプ情報が現場の記者より届いた。エディー・ジョーンズHC（ヘッドコーチ）の大会終了後の退任が発表されて以来、リーチ マイケルことマイケル・リーチ（と個人的には本来の順で呼びたい）主将が前に出るようになった。雰囲気は明るい。句点が打たれて圧は増す。スポーツの善戦ではたまにある。出発前、旧知の元トップリーガーが話した。「開幕が近づいたらコーチの手を離れて選手でまとまるとよいのですが」。兆候を確かめられた。ジャパンはきっと大感動を呼ぶ。

ここまでだった。異国の酒場に酔うスポーツライターの想像力の射程は。それでもスプリングボクスには勝てない。白状するまでもなく思った。

9月19日昼、ブライトン駅着。地元のラグビーのクラブへ。ロンドン、ニューヨークなどに在住のおもに日本人の楕円球好きが草の根の試合を楽しんでいるのだ。隣のピッチには南アフリカのチームもやってきた。ワールドカップ期間中にはおなじみの光景である。テントの下では、同国式のバーベキュー、ブライが始まっている。青い空。連中にとって実によい午後だ。本日ばかりは我らのボクス、スプリングボクスの負ける心配はまったくないのだから。

断言できる。この時、この空間にあって約4時間後の地球規模での大嵐を予測できた者は皆無だった。

ブライトンのコミュニティ・スタジアム、さあジャパンの「初」が始まった。大会初戦、初のボクス戦、そして、初のボクス戦勝利。ラグビー史の不思議な断層は形成されようとしている。

金星の理由。

ジャパンが攻めなかったこと。

ジョーンズHC就任以来、推し進め、積み上げてきた「シェイプ=多層全面攻撃」をなかば封印、時の人、五郎丸歩の繰り出す長いキックを軸に時間をうまく潰し、ペナルティーをもらうたびに得点、もしくは敵陣への侵入に結びつけた。

振り返ればヒントはあった。ジョーンズHCは、8年前の大会において戴冠のボクスのコンサルタント（参謀）を務めた経験から南アフリカ人のラグビー観に通じていた。近刊の『コーチングとは「信じること」』（生嶋淳著、文藝春秋刊）に述べている。

「南アフリカは（略）相手にボールを持っていてほしい。ディフェンスを好む国民なんです」。敵の攻撃をぶっ潰す。ぶちかましに生きがいを覚える。そんな怪力国に対して、ラックまたラック、パスまたパスのスタイルでぶつかっては叩きのめされてしまう。だからよく蹴った。

ここで将来の教訓とすべきは、そうであってもジャパンを初めて凝視したファン、海外のジャーナリストは、素早いパスワークのアタックに感銘を受けた事実だ。チーム構築の実相である。

ひとつの明快な方法を突き詰めると、いざ決闘、仮に裏の手を用いたとしても、すでに身につけたスタイルは自然に表現される。多層全面攻撃貫徹のために培ったフィットネス、スキル、セットプレー強化により「リングに上がるライセンス」なら得ていた。その上での作戦の調整である。

輪郭の太い戦法から逆算した技術、体力を妥協なく求め、鍛える。ジョーンズHCの最大の功績だ。練習は裏切らない。そんな常套句に生命を与えた。

理にとどまってスプリングボクスをやっつけられるはずもない。だってスプリングボクスだぜ。ジャパンは、短気と実行力と毒舌と努力の指導者のもと、理の外を生きた。瞬間最大風速のごとき2点差に短くない歳月は凝縮した。

さて超現実めく結末は記憶をおぼろげにする。いくらかの時間を経て、思い出すのは次のふたつばかりだ。

最後の逆転の直前のスクラム、備忘のため手元の録音機に自分の声を吹き込んだ。「ヘスケス。ヘスケス」。組む前からそれしか言っていない。カーン・ヘスケスのあの強靭な足腰を南アフリカ人は知らない。そこで勝負！　本当にそうなった。

その前、五郎丸のトライ。たまたま近くに遠征中の早稲田大学ラグビー部員が陣取っていた。興奮のあまり、同校の応援歌である「紺碧の空」を肩を組んで絶唱した。するとイングランドの観客が異様なまでに喜んだ。ラグビーとは歌でもあるのだ。

帰り途、泥酔にふらつく中年の南アフリカ人に「ジャパン、見事なり」と声をかけられた。こう返すつもりだった。「これでスプリングボクスの優勝の可能性はむしろふくらみましたね」。本心だ。ところが男は機先を制した。「頼む。君はなにも話さないでくれ」。なんとなく嬉しかった。

初出『ナンバー』887（文藝春秋）

エディーとフィリップとシゲオ〜ジャパンの快挙の根拠〜

サッカー史の大御所、ブライアン・グランヴィルの『ワールドカップ・ストーリー』（新紀元社）にこんな一節がある。

「ミドルズブラ、北朝鮮との試合、イタリアにとって究極のトラウマである」

1966年、ワールドカップ（W杯）のイングランド大会、かの地で、優勝候補のイタリアは、ミステリアスな北朝鮮にまさかの敗北を喫する。0―1。あれから49年、いまなおフットボールのヒストリーから消えることなき「世紀の番狂わせ」である。帰国後、イタリアの選手たちがスタジアムに登場するたび「コ・リ・ア！」という「あざけりの声」がこだました。

「ブライトン、日本との試合、南アフリカにとって究極のトラウマである」

ラグビーのW杯、こちらもイングランド大会、かの地で驚愕の事態は発生した。

34―32。スコアだけ耳にしたら、地球上のひとり残らず、えっ、スプリングボクスがジャパンにそんなに苦しんだのか、と反応したはずだ。そうではなくて負けた。

異なる種類のフットボールの異なる時代の出来事を並べた。ふたつの金星には共通の根拠が存在するからだ。すなわち「ファナティックなキャンプ」。狂信的なまでの合宿。前掲書より古いエディションの一冊には以下のくだりがあった。英語で目にした昔の記憶なので正確な引用ではないが、確か、こんな表現だった。

「北朝鮮は、３年にわたり、ピョンヤン郊外でファナティックなキャンプを行ない……」

これだ。これしかないのだ。極東の民が、西洋列強とフットボールのような集団球技で対抗しながら機をとらえて白星をたぐり寄せるには。北朝鮮はおそるべきスタミナと機械のごとき連係を身につけていた。イタリア戦では、前後半、こっそり選手を入れ替えているのでは、との疑惑まで浮上する。東洋人の風貌がみな似て映るという偏見とともに語り継がれる「伝説」である。

ラグビーの日本代表は、エディー・ジョーンズＨＣ（ヘッドコーチ）の信念と実行力と計画策定能力による「原則固定メンバーの長期拘束・長時間練習」を宮崎で敢行した。

本年は約160日、これは南アフリカのざっと2倍に相当する。6月のトレーニングの回数は「91」にもおよんだ。国際ラグビーのトップに位置する相手を上回るフィットネス、反復ゆえのスクラムとラインアウトの精度の高さ、細かなパスにエラーのない連動の確かさ。ジャパンには実力があった。

開幕前の8月25日、ジョーンズHCの大会終了後の退任が発表され、いささかファナティックな気性（だから強くもする）の指導者との関係の「終わり」がわかって、長き重圧に疲弊していたチームに活力が戻った。真剣なスポーツの最前線ではありうる現象だ。本大会での戦い方には、組織ディフェンスに国内王者パナソニックのシステム、よくトライにつながったモールには東芝の方法の影響がおそらくあった。選手たちが前に出てきたのだ。南アフリカ戦の有名な最後の場面、ジョーンズHCの「3点（PGで引き分けを狙え）」の叫びに従わず、リーチ マイケル主将が逆転のスクラムを選んだのも象徴だろう。

ただ、そうした事象をもって「選手が監督（HC）を超えた」とばかり評価するのはアンフェアだ。13年前のサッカーの日韓W杯期間中、日本代表のフィリップ・トゥルシエ監督のほとんど妄信する「フラットスリー」に、選手の側から調整が施された。極度の「前へ」を中庸に近づけたのである。あのときも「選手の自主性で勝ったのだ」という言論はそれなりに盛んだった。しかし、こちらも少しばかりファナティックな性格で知られたフランス人が、徹底的に「前へ」を仕込んでいたから、その「前」をちょっとだけ後方に置き換えられたのである。今回のラグビーのジャパンにもあてはまると思う。

赤白ジャージィの躍進の核心は、全体像（ボールを手にして攻める）から逆算した練習の質を求め、圧倒的な量で、強豪国との骨格と経験の差を埋めたところにある。日本の集団球技の成功、たとえば、72年の男子バレーボール、76年の同女子の五輪での金メダル獲得もそうだった。長く長く共通の時間を過ごし、すべきことはすべてした、という「量」で背の高い好敵手を突き放した。

以下、本コラム筆者の過去の文章である。

「対ソ連分析メモは20万枚におよび、敵将ギビのタイムアウトの指示の声を密かに録音して翻訳までする徹底ぶりだった。趣味はカメラ、好きな色は緑……、情報を集めにくい共産圏の指導者の個人データを可能な限り調べ尽くした」（『Number PLUS』）

76年のモントリオール五輪優勝、前述の女子バレーの山田重雄監督と栄光のチームのストーリー。故人である同監督の著書（『金メダル一本道』講談社）を参考にした。そこにはこんな述懐も残されている。「朝八時から夜八時まで、ぶっ通しでサーブレシーブばかりやらせたことがある。一人平均五千本は受けただろうか」。

当時の選手をインタビューするとこう話した。

「同じ練習をしないんですよ。絶えず工夫する。変化があるから興味もわくんです。相手がどこからサーブを打つかわからないように暗幕をネットの上に張ったりね。朝から体育館の壁に細かなデータをびっしりと書き出して」「あの方（分析スタッフ）たち、24時間寝てなかったと思いますよ。それが全部的中した。だから決勝でもあの点差になったと思うんですけど」

まさに「狂」の字のピタリとくる個性の山田監督は、理不尽な猛練習と科学を両立させた。陸上競技のエキスパートである大学助教授を招き、週3度のウエイトトレーニングや走り込みで筋力と持久力を強化。専門トレーナー、いまならフィジオセラピストをチームに招いた。その上で、前回のミュンヘン五輪で銀メダルに泣いた主将、すでに現役を退いていた飯田高子を復帰させる。代表の主流でないチーム出身の年長者を加え、経験をチーム融和に活用した。選手としてはピークを過ぎて五輪では控えに回るも、雰囲気を軽くさせるための重い役を担った。なんだか今回のラグビーのジャパンの廣瀬俊朗の姿も重なる。東芝の誇る賢者に出場機会はなく、なお、リーダーとして不可欠であった。

オーストラリア出身のジョーンズHCは、忍耐や協調性より集中力を一般に重んじる同国の教育を受けてきたからだろう、ひとつずつの練習のセッションは短く激しい。「最長でも2時間」とインタビューで言った。それを早朝から細かく分けて繰り返す。ここは旧来の日本流とは違う。ただし総量への執着は、それこそ「山田流」の延長上にもある。

「日本は、3年以上にわたり、東京から遠く離れた宮崎でファナティックなキャンプを行ない……」。積み上げられた時間は裏切らなかった。
スポーツライターにしては平凡な表現だけれど、そう書くほかないのである。

初出＝J SPORTS「be rugby ～ラグビーであれ～」２０１５年10月19日

分析され、消された強み
第2戦　日本10—45スコットランド

ジャパンが南アフリカに勝つ。現地取材の翌日、ロンドンの新聞の一節に「正気を奪う」とあった。すなわち、ありえぬ事態。そんな快挙から中3日のスコットランド戦は完敗（10—45）だった。

敗因はどこか。前提に条件の差がある。スコットランドは今大会初試合、疲れはなくジャパンをじっくり分析できた。結果、強みを消された。

南アフリカ戦では、ジャパンの選手はコンタクトの際、ひざを芝につけるほど低い姿勢で球を生かした。大男ぞろいの相手は不慣れな体勢で奪いにきては反則を繰り返した。スコットランドは「密集で絶対に反則をしない」とおそらく決めていた。すぐに見切って次の防御に備えながら粘り強く守る。攻防が長引けば疲労の蓄積はこたえる。ジャパンにミスは続いた。

南アフリカ戦で機能した低いスクラムも封じられた。スコットランドはゆるい芝を味方につけて上からのしかかり序盤に反則を誘った。さらに南アフリカ戦でほのかに露呈した動きの中でのハイパント処理の不安をついてきた。ライン攻撃も、南アフリカのような個の能力任せでなく、おとりのランの仕掛けを施し、ジャパンはタックルの的をしぼれなかった。横綱の南アフリカとは異なり、関脇を自覚するスコットランドは本来は格下のジャパンにも頭をつけてきた。

「日程を言い訳にはできない」（ジョーンズＨＣ）

中３日を想定して猛練習を積み上げた。そのフィットネスが初戦の大ニュースをもたらした。想像外の金星の機会、エネルギーの尽きるまで走った。余力の残るほうがおかしい。歴史を動かす大勝利ゆえの大敗。次のサモア（こちらも関脇級）戦は10月3日、こんどこそ日程を言い訳にできない。

初出＝「東京新聞・中日新聞」２０１５年9月25日

暴れん坊サモアを構えさせた

第3戦　日本26―5サモア

サモアは理論的には「穴」だらけだ。でも強い。激しい闘争心、人口約19万の小国の誇りをかけた大義で相手に襲いかかる。

そんな大会ダークホースが妙におとなしかった。身上の「タックル後のボール争奪での強烈なファイト」を仕掛けてこない。レスリングでなくラグビーをした。「南アフリカをやっつけたジャパン」をリスペクトしたからだ。

つくづくラグビーとは人間のゲームである。あのサモアが、ジャパンは強いから反則をすると負けてしまう、次の局面に備えて守りの布陣を整えなくてはならない、と構えてくれた。そうなれば練習の質量の差（サモアの大半の選手は海外のクラブでプレーするから長期強化はできない）の違いがスコアに表れる。「密集で反則を取られたって体当たりで威圧すれば勝てるさ」。サモアの心理的な優越は、あのスポーツ史上の「事件」によって消し飛んでいた。結局、別の局面で反則を重ねた。

感動は人間を伸ばす。人間集団としてのチームも伸ばす。ジャパンは求め続けた自信をつかんだ。だから鍛錬の成果はありのままに発揮された。2人がかりのタックル、ボール獲得での2人目の素早い寄りで、暴れん坊を中途半端な優等生とさせた。

スクラム最前列の稲垣、堀江、畠山の深い仕事に脱帽したい。10番、慎重171センチの小野は、大男の脇の下を果敢に突破、「小さな人間の強さ」を知らしめた。

そしてニュージーランド出身のトンプソン　ルーク！

生命の根源が走って倒すかのような献身よ。もし日本に「ラグビー殿堂」があるとする

2015年10月3日　イングランド・ミルトンキーンズ

日本	26				5	サモア
	後半	前半		前半	後半	
	0	2	T	0	1	
	0	2	G	0	0	
	2	2	PG	0	0	
	0	0	DG	0	0	
	6	20	スコア	0	5	

日本		サモア
	FW	
稲垣啓太（パナソニック）	1	S・タウラフォ→V・アファティア
堀江翔太（パナソニック）	2	O・アヴェイ→M・マトゥウ
畠山健介（サントリー） →山下裕史（神戸製鋼）	3	C・ジョンストン→A・ペレニセ
トンプソン ルーク（近鉄）	4	フィロ・パウロ
大野均（東芝） →アイブス ジャスティン（キャノン）	5	ケーン・トンプソン
リーチ マイケル（東芝）	6	トレヴィラヌス→トゥイランギ
マイケル・ブロードハースト（リコー） →ツイ ヘンドリック（サントリー）	7	TJ・イオアネ→J・ラム
ホラニ龍コリニアシ（パナソニック） →アマナキ・レレィ・マフィ（NTTコム）	8	ファイフィリ・レヴァヴェ
	BK	
田中史朗（パナソニック） →日和佐篤（サントリー）	9	フォトゥアリイ→アフェマイ
小野晃征（サントリー）	10	トゥシ・ピシ
松島幸太朗（サントリー）	11	A・トゥイランギ→R・リーロー
立川理道（クボタ）	12	ジョニー・レオタ
マレ・サウ（ヤマハ発動機） →木津武士（神戸製鋼）	13	ポール・ペレス
山田章仁（パナソニック） →カーン・ヘスケス（宗像サニックス）	14	ケン・ピシ
五郎丸歩（ヤマハ発動機）	15	ティム・ナナイウィリアムズ

シンビン　【サモア】レヴァヴェ、タウラフォ、パウロ
得点：トライ（T）5点、ゴール（G）2点、ペナルティーゴール（PG）3点、
ドロップゴール（DG）3点
日本選手の所属、企業名は当時のもの

なら、この日の攻守で不滅の名を刻む。勝利の直後、一瞬、敗残の者のように片側のヒザを芝についた。逆さにしても余力は一滴も垂れなかった。

初出＝「東京新聞・中日新聞」２０１５年10月5日

トンプソン　ルークはラグビーを知ってしまった者の自慢である。

国語力が試された。いや壊れた。

無残。よい言葉とは違うのに浮かんだ。残骸。勝者にそれはないだろう。抜け殻。それもひどい。では魂。陳腐だ。

ルーク・トンプソン、日本国籍取得によりトンプソン　ルーク、そのサモア戦後の姿を形容できない。赤白ジャージィの背の下のほうがめくれあがる。腰の上の肌がのぞく。額は芝にこすれ、両膝と両肘が伏せる体を支えている。

最後のプレー。こぼれ球に背番号4が飛びついた。ボールを確保。女性週刊誌も注目の五郎丸歩がゴールの裏へと蹴り出すと、南アフリカ人レフェリーは終了を告げる笛を吹く。

ターンオーバーにつぐターンオーバー。タックルまたタックル。当たって跳んで這って起きた。トンプソンはサモアの怪人を凡人とさせたヒーローである。なのに称えられるより前に身を投げ出したまま動かない。直前の激突の痛みのせいではある。ただし、そうでなくとも、たぶん、風情は変わらなかった。これ以上なく消耗しているのだ。

勝負を制して死者にも映る。無残でなく残骸でなく抜け殻でなく魂でもなく人間。余力と我欲と虚勢と臆病と痛覚を骨から外した人間がここにいる。逆さに吊るしても一滴も垂れぬ。

現役引退後に明かされるはずだが、想像するに膝や足首の機能はかなり摩耗している。中庸の速度で走ると、高校1年生が夏合宿で足を痛めたみたいに体が傾く。ピョコピョコ。そんな感じ。それでも、ここというところではギュッと力が満ちる。

試合の途中、トンプソン　ルークを日本ラグビーの誇りと感じた。試合後、そうではない、ルーク・トンプソンは、ラグビーを知ってしまった者の自慢なのだと思った。

サモア戦の前半34分、上体をぶつけてボールを叩き落とした。何度、この得意のタックルで危機を防いだか。サモアの分析係が優秀で、もし、もういっぺん対戦するならボスに報告するだろう。「左のロックをただちに除去すべし」と。

サモア戦終了時点、大会でのトンプソンのタックル総数は「34」と公式のサイトにあった。成功率「89％」。ちょっと虚しい。「体、張る。本当の意味で」の凄みと深みを数字はとらえ切れるのか。なにしろ文学でも無理なのだから。

滅私奉公。いけない。ヘビやサソリより嫌いな言葉まで頭をよぎる。おのれの内面を磨き、削りながらぶつけ合うからこそ、よきラグビーは最後の段階に「私」を消す。私たちのルークはサモアを破り、匍匐《ほふく》で痛みをこらえ、疲労を鎮めながら「私」を取り戻そうとしていたのだ。

初出=『ナンバー』特別増刊「桜の凱歌。エディー・ジャパンW杯戦記」(文藝春秋)

勝者のメンタリティー

最終戦 日本28—18アメリカ

練習量で他国を圧倒。質においても最強の国々と肩を並べる。それがジャパンの生きる道と定めて実行した。ここがエディー・ジョーンズ・ヘッドコーチ(HC)の功績である。具体的な体力気がつくと脇の甘かった横綱、南アフリカを倒せるところに到達していた。具体的な体力と筋力、スクラムとラインアウトの精度、攻守の連動は裏切らなかった。

最終の米国戦、スコアは競っていても、試合運びの余裕で大きく上回った。同格の好敵手は大会期間中に格下となっていた。敵陣深くに入れば得点できる。視聴者も観客も自然にそう思った。

そしてジャパンの躍進に考えさせられたのは、人間集団のエネルギーの大きさだ。8月下旬まで代表の雰囲気は重苦しかった。ジョーンズHCの妥協なき猛練習(だから勝った)に加え、その厳しい管理、痛烈な怒りの連続(だから息は詰まった)に心身は疲弊、

2015年10月11日　イングランド・グロスター

日本	28		18	アメリカ
後半	前半		前半	後半
1	2	T	1	1
0	2	G	0	1
2	1	PG	1	1
0	0	DG	0	0
11	17	スコア	8	10

日本		アメリカ
	FW	
稲垣啓太（パナソニック） →三上正貴（東芝）	1	エリック・フライ
堀江翔太（パナソニック） →木津武士（神戸製鋼）	2	Z・フェノッリオ→P・ティール
山下裕史（神戸製鋼） →畠山健介（サントリー）	3	ティティ・ラモシテル
トンプソン ルーク（近鉄）	4	H・スミス→C・ドーラン
アイブス ジャスティン（キャノン） →真壁伸弥（サントリー）	5	G・ピーターソン→J・キル
リーチ マイケル（東芝）	6	マクファーランド→バレット
マイケル・ブロードハースト（リコー） →ツイ ヘンドリック（サントリー）	7	アンドリュー・ドゥルタロ
ホラニ龍コリニアシ（パナソニック） →アマナキ・レレィ・マフィ（NTTコム）	8	サム・マノア
	BK	
田中史朗（パナソニック） →日和佐篤（サントリー）	9	マイク・ペトリ
小野晃征（サントリー） →カーン・ヘスケス（宗像サニックス）	10	AJ・マギンティ
松島幸太朗（サントリー）	11	ザック・テスト
クレイグ・ウィング（神戸製鋼）	12	スレトン・パラモ
立川理道（クボタ）	13	シーマス・ケリー
藤田慶和（早大4年）	14	タクズワ・ングウェニア
五郎丸歩（ヤマハ発動機）	15	クリス・ワイルス

シンビン　【アメリカ】フライ
得点：トライ（T）5点、ゴール（G）2点、ペナルティーゴール（PG）3点、
　　ドロップゴール（DG）3点
日本選手の所属、企業名は当時のもの

反発も強まった。所属選手から情報の届くトップリーグのある幹部は「破裂寸前」と表現した。

そこへ同HCの大会後の退任が決まる。8月25日、発表会見。終わりの見える解放感と終わりが決まったがゆえの熱の高まりは同時にチームのピークをもたらす。

慕われる人格者の指揮する円滑な組織が必ず勝つわけでもない。何もかもうまく運んだ場合にのみ勝つわけでもない。そのことを知るのもまた「勝者のメンタリティー」である。衝突を好むエディーはよくわかっていた。

最後に。廣瀬俊朗について書きたい。出場機会の与えられなかった33歳のWTB兼SOこそは優れた中間管理職であり、結束に欠かせぬ現場監督であって、黙々と仕事をこなす作業員でもあった。いつか訪れる引退後、このジャパンで何が起きて、いかに解決したのか、一冊の本を著してほしい。かなり分厚くなるはずだ。

初出＝「東京新聞・中日新聞」2015年10月13日

謙虚で多様――強さの源泉

決勝 NZ34―17オーストラリア

過去に大会連覇を遂げた国はなかった。なぜか。4年前の歓喜、達成感が心身の奥の熱源にわずかであれ水をかけるからだ。

ニュージーランド（NZ）代表オールブラックスは違った。油断を憎み、謙虚を愛して、ひたすら決勝をにらんで慎重に歩を進めた。W杯では常に優勝候補なのに、過去5度までも敗れている。前回覇者は栄光よりも屈辱を胸に刻んだ。

経験を重視しながら慣習を排除する。油断するな。チャンピオンなら誰もが唱える。でも本当に実践できるのは、有史以来、「実によく勝ち、たまに手痛く負けた」者だけなのだ。王国のすごみである。

オールブラックスの強みは「才能を統制しながらも絶対に殺さぬ」バランスにある。合理的なポジショニングのシステムを構築、その枠の中では個人の自由性を存分に発揮させる。反対から述べると、どのポジションの選手もパスやキックがうまいのに、なお仕事の分担は厳格だ。

背景に「多文化」がある。白人、先住民族マオリ、サモアやトンガなどからの移住者の持ち味を引き出し、オールブラックスの伝統（無慈悲な勝利追求）という統一イメージに融合させる。それは社会の縮図でもある。

日本代表は南アフリカに勝った。W杯、いやスポーツ史の快挙だ。ただしオールブラックスを破るのは難しい。なぜなら「謙虚で多様」だからだ。挑戦者が大善戦しても、ひたむきさ、力強さ、柔らかさ、規律、芸術性のいずれかで突き放される。

2015年10月31日　イングランド・トゥイッケナム

NZ	34		17	豪州
後半	前半		前半	後半
2	1	T	0	2
1	1	G	0	2
1	3	PG	1	0
1	0	DG	0	0
18	16	スコア	3	14

	FW	
ムーディー→フランクス	1	S・シオ→J・スリッパー
コールズ→メアラム	2	S・モーア→T・ポロタナウ
フランクス→ファウムイナ	3	S・ケプ→G・ホームズ
ブロディー・レタリック	4	K・ダグラス→D・マム
サム・ホワイトロック	5	ロブ・シモンズ
ジェローム・カイノ→ヴィト	6	ファーディー→マッカルマン
リッチー・マコウ→サム・ケイン	7	マイケル・フーパー
キアラン・リード	8	デイヴィッド・ポーコック
	BK	
アーロン・スミス →タウェラ・カーバーロー	9	ウィル・ゲニア→フィップス
ダン・カーター	10	バーナード・フォーリー
ジュリアン・サヴェア	11	ドリュー・ミッチェル
マーア・ノヌ	12	マット・ギタウ→K・ビール
コンラッド・スミス →ソニー＝ビル・ウィリアムズ	13	テヴィタ・クリンドラニ
ネヘ・ミルナースカッダー →ボーデン・バリット	14	アダム・アシュリー＝クーパー
ベン・スミス	15	イズラエル・フォラウ

シンビン　【NZ】B・スミス
得点：トライ（T）5点、ゴール（G）2点、ペナルティーゴール（PG）3点、
　　ドロップゴール（DG）3点

あの真っ黒なジャージィの下には、とりどりの色が織り込まれている。

初出＝「東京新聞・中日新聞」2015年11月2日

人間の大会

オールブラックスではなくスプリングボクスから書き始めたい。

3位の決定戦の勝利の直後、南アフリカの大男たちの風情が実によかった。少し難しい言葉を借りるなら「内省的」。静かに、穏やかに、みずからの心の内を省みる。みんな、味のある顔をしていた。浄化。そんな言葉が浮かんだ。

人間は負けると深みを増す。

ジャパンに負けて、国際ラグビーのジャイアントの誇り高き戦士はふくよかになった。「油断とは悪魔なり」。幼いころからコーチに諭されただろう教訓は、信じがたい黒星を喫して本当に血肉化された。

ワールドカップは教えてくれた。

長い楕円球の歴史に高くそびえるスプリングボクスでも、桜のエンブレムの抵抗にみるみる慎重になる。そのうちにおびえる。そこまでモールで押し切りながら、あえて「裏」のサインプレーに走った。ゴール前で力任せになだれこめばトライをもぎ取れるのに、まるでオールブラックスと戦うかのように、リスクを避けてPGを狙った。

なぜ？　人間だからだ。ワールドカップとは「人類とは人類なり」を確かめる場でもある。遠くのほうに仁王立ちしていたスプリングボクスという怪物は、いざ、やっつけてしまえば、ずいぶん背が高く骨の太いヒトに過ぎなかった。

人間は勝つと大きくなる。

ジャパンの最終戦、挑みかかってくるアメリカ代表イーグルスにスコアの上では苦しみながら、ゲームの内実においては圧倒した。

開幕までは同格とみなされた両国の力の天秤はずいぶん傾いていた。どれほど当たられ、どんなに押されても心理の優勢をなくさなかった。

南アフリカ戦、もともと10番のはずの立川理道は、エディー・ジョーンズHC（ヘッドコーチ）の熟慮を経て、小野晃征にポジションを譲った。ところがクレイグ・ウィングがメンバー発表後に負傷、背番号12のジャージィをまとう。周知の活躍は現地のメディアも手放しで認めた。当たって倒して当たって倒した。

イーグルス戦、ウィングの復帰でこんどは不慣れな13番に回り、巨漢のクラッシュをへっちゃらで弾き返す。もともとの大器は金星をたぐり寄せて、さらにさらに大きくなっていた。威風堂々、ミッドフィールドを生き抜いた。

大きなジャパンの大きなハートを世界が知った。

堀江翔太はワールドクラスだ。

リーチ マイケルは、オールブラックスとワラビーズが決勝に雌雄を決して、なお大会屈指のフランカーで間違いない。

五郎丸歩の忘れがたい姓は、本場の目利きジャーナリストのワードプロセッサーに単語登録された。すでに日本列島では一般名詞である。

山田章仁は、多彩な選択肢を頭に描きながら身体的に動いた。スーパーラグビー、フォースの監督の目がいかに節穴（この才能を戦力外と考えた）であったかパースの市民もわかっただろう。

松島幸太朗。2年前にはシャークスのアカデミー在籍、南アフリカの序列で何段階も上のブライアン・ハバナを失意の底に沈めた。

そして、トンプソン ルークことルーク・トンプソンの神々しいほどの献身よ。『ラグビーマガジン』の12月号、読者投票による「ジャパンのMVP」は、実に、この人だった。なんと素敵な、重厚な、誠実なファンであろうか。

人間集団ジャパンは、やはり人間の塊である他国を刺激した。

トンガを破ったジョージアにアマチュア選手を多数含むナミビアが1点差まで迫る（16—17）。外貨為替ブローカーのティナス・デュプレッシーは鼻骨を折りながらオールブラックスを向こうにターンオーバーを狙い続けた。雄大なるオープン攻撃のカナダは、観客席に満々の好感をふいて、あと一歩のところへイタリアを押し込んだ（18―23）。

４強進出のアルゼンチンは、サッカー（キック主体のゲーム）もうまいが、大会では果敢なアタッキングを貫いた。スタイルを変えて、スピリットは変わらなかった。

優勝候補のアイルランドはシリーズの負傷にさらされた。ウェールズもおかしなほどバックスに故障が続いた。開催国イングランドは「死のプール」に息絶える。誇り高き母国のキャプテン、クリス・ロブショウは、ウェールズ戦の土壇場、ＰＧを狙えば同点の場面にラインアウトを選んでミスをおかす。有罪！　同じような判断で英雄となったニュージーランド生まれのジャパニーズにはなれなかった。

北半球にあって気を吐いたのはスコットランドだった。負け犬ともくされたワラビーズ戦、準決勝進出に指先が触れながら悲運にさらされた。ノックオンなのにノックオン・オフサイドの判定、1点差（34―35）に泣いた。涙の成分は「怒り」と「茫然」と「プライド」だった。

オールブラックスは、ダン・カーターで頂点に立った。いや「４年前のダン・カーターの不在」が優勝をもたらした。

連覇の困難とは「夢をかなえてしまった達成感」にある。王国の最高のアスリートとて同じだ。でも前回大会、表彰台に君臨するはずのダン・カーターは、期間中の練習における負傷で途中離脱していた。

国民的悲劇。本人の失意。それが「成し遂げてしまった感覚」を吹き飛ばした。ラグビーと人間は同義なのだ。

初出＝『ラグビーマガジン』２０１５年11月号増刊
『第8回ラグビーワールドカップ２０１５総決算号』（ベースボール・マガジン社）

【終章】 紙ナプキンの字はかすれた。

もちろん長身ではあった。見上げる背丈は後年と変わらない。でも貫禄はさほどなかった。ジョン・イールズが話しかけてきた。

「もし、よければ」

1991年10月某日。アイルランド共和国のダブリン。グラフトン通りの近くのホテル、ウエストベリー。どの階かは忘れた。オーストラリア代表ワラビーズの選手と同じフロアに本稿の筆者は泊まっていた。当時、21歳、気鋭のロックは、東京のスポーツ記者とフォトグラファーをエレベーターの前で見つけると言った。

「もし、よければ。私の写真があったら送っていただけませんか。ここへ」

館内レストランの紙ナプキンをどこかから取り出し、こちらのペンを渡すと、住所を書いた。ゴールドコーストのホテルが宛先だったと記憶している。

「そこで働いています。日本人がオーナーです」

数日後の準決勝でオールブラックスを破り、決勝ではイングランドを退け、ワラビーズは優勝を遂げる。ラグビー界がすでにプロ化された8年後もトロフィーをつかんだ。そのときのキャプテンは、ジョン・イールズだった。いまや名士も名士、たぶんリッチ、くしゃくしゃの紙に住所を殴り書いて、結局、かすれて消えて、送るほうもうまく送れない、なんて出来事とも縁はなかろう。だいいち写真はデータとして瞬時に世界を飛び交う。

アマチュア時代が懐かしい。ワールドカップなら87年、91年。95年はちょうどプロとの境界だ。テレビ放映の都合より観客の喜びが優先され、試合は昼に始まり、終わってから記事をファクシミリで送稿しても、まだ街に繰り出して世界の楕円球好きとビールを存分に楽しめた。忘れがたきダブリンの『オールド・スタンド』。ラグビー中継が終わると、ギネスを注ぐバーマンの頭上のテレビ受像機は、ただちに木の扉の奥に格納された。本当にすぐにしまう。あれが好きだった。翌日、オールブラックスだろうがワラビーズだろうが、練習場を訪ねれば異国の取材者も笑顔で歓迎された。

87年の第1回大会。先端攻撃理論でとどろいたシドニーの有名クラブ、ランドウィックのトレーニングを見学したかった。最寄の場所からタクシーで向かうと運転手が教えてくれる。「そのクラブには、体が小さいのでワラビーズには選ばれないが、素早くて激しいフッカーがいる。最高の選手だよ」。あとで考えるとエディー・ジョーンズではなかったか。きっとそうだ。

練習後、眼鏡に口ヒゲの男が「ホテルはどこだ」と聞いてくる。「私の自動車で送ってあげよう」。ボブ・ドゥワイヤーだった。4年後のワールドカップ優勝監督である。ダブリンの宿舎で何度も見かけたが、ランドウィックで乗せてもらった若い日本人です、と声をかけるのは照れくさいのでよした。

ラグビーはアマチュアでもおもしろかった。トップ級選手やコーチがいまみたいに金持ちになれない、という一点をのぞいたら、そんなに悪くはなかった。そして2019年、プロフェッショナルのこれでもかと集う日本大会の魅力は、おそらく、プロがアマと化す様子にある。成熟したプロはかえって金銭の介在を忘れる。ただ誇りと友情のために体を張る。

9月28日。豊田スタジアム。南アフリカ対ナミビア。普通に考えるとヘビー級とライト級の戦いだ。ナミビアは前回大会では自転車のセールスマンやビール工場の管理係などアマチュアの選手を含んだ。それでも顔面を凸凹にしながら黒いジャージィのニュージーランド人に抵抗の強固な意志を示した。独立前は「南西アフリカ」として南アフリカのラグビーのシステムに組み込まれていた。歴史的にはごく近い。現在の環境は大いに違う。こういう場合、挑む立場の人間は、ラグビー選手は、潜在力のすべてを発揮する。富める側のスプリングボクスもまた「いまここの戦い」に手抜きはしない。なめるとおそろしいのは4年前のブライトンで学習済みだ。

翌日の熊谷ラグビー場、ジョージア対ウルグアイも異なる文化の衝突、根底に横たわるラグビーの普遍の融合が並び立つ時間となるだろう。

日本代表の試合チケットは簡単に入手できない。オールブラックス登場の一戦も同じだ。でもワールドカップは、すなわちラグビー競技は、それぞれの環境でよく準備してきたチームであれば、ナミビアもウルグアイも、観客の心を射抜く。人間の根源があらわになる瞬間、技術やパワーのレベルは、あまり感情に影響をおよぼさない。

ジャパンは？　どこまで勝ち進む？　わかりません。そう記したくなる。力をつけている。力を必ず振り絞る。自国開催でハートを炎とせぬラグビー人を知らない。引き締まった攻守は貫かれる。そこまでは確かだ。

ただしアイルランドは強靭だ。フォワードの腕はほぼ脚の太さに等しい。さらに賢い。人数のわりに歌声の大きな素敵なファンもやってくる。スコットランドが有史以来、ぼんやりと公式マッチに臨んだ例はない。小国、骨格は乏しい、素質も足らず、そんな自覚を忘れず知恵を絞る。桜のジャージィにしたら、自分たちは小さいのだから努力をしなくてはならぬ、と細胞に刷り込まれた連中と戦う。しかも、この関係では向こうのほうが大きい。なめてくれた大男（前回の南アフリカ）より、なめてくれない（まあまあの）大男のほうがやっかいだ。サモア、永遠の未完。ふいに活力は束になる。手ごわい。

ワールドカップは甘くない。甘くないから息苦しいまでに楽しい。ただなかにジャパンがいる。もはや「論外の存在」ではない。感動がキーワードだ。日本のラグビーは、観客の心が動くと、動くときだけ、なにごとかを成す。

おしまいに。最近、読み返した書物の一節を。

かつてオールブラックスの背番号9で元外交官で政治家にして作家、スピンパスの開祖のひとり、クリス・レイドローの9年前の著書『SOMEBODY STOLE MY GAME（誰かが私のゲームを盗む）』。タイトルのままプロ化によってぐらついた美徳、将来の危惧を挑発的に述べている。

その「最後に」より。

出版の少し前、レイドローはイベントに招かれ、才能あるアカデミーの少年のひとりと話す。彼の目標はプロ選手。どうして？　と、たずねる。「こんな答えを予測した。マネー」。違った。ニュージーランド生まれでサモア系の彼はためらわず言った。「友達ができる」。留学先のオックスフォード大学キャプテンとしてスプリングボクスを倒したこともある論客は締めくくった。「すべてが失われたわけではない」。日本列島の土の校庭の下に眠る千万の喜怒哀楽も失われてはいない。いよいよ出番だ。

２０１９年３月

好評既刊

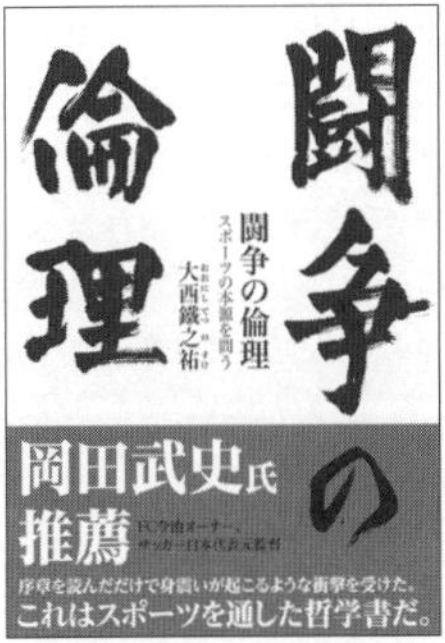

鉄筆文庫004

闘争の倫理　スポーツの本源を問う

大西鐵之祐

1500円+税

戦場から生還後、母校・早大のラグビー復興と教育に精力を注ぎ、日本代表監督としてオールブラックス・ジュニアを撃破、イングランド代表戦では3対6の大接戦を演じた戦後ラグビー界伝説の指導者。「戦争をしないために、ラグビーをするのだ!」と説く、思想・哲学の名著を鉄筆文庫化。監修／伴一憲、大竹正次、榮隆男。推薦／岡田武史。解説／藤島大

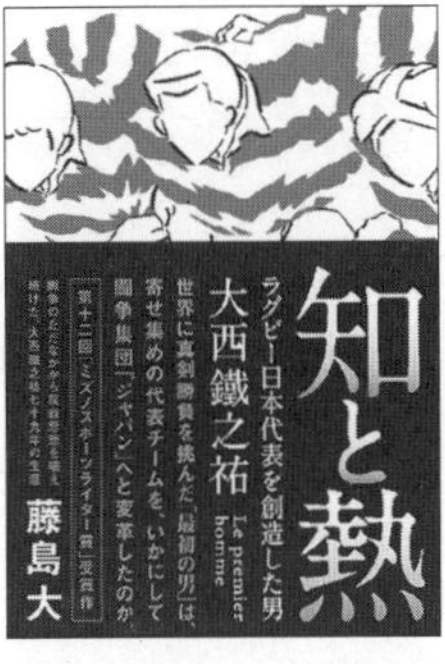

鉄筆文庫008

知と熱　ラグビー日本代表を創造した男・大西鐵之祐

藤島大

1000円+税

世界に真剣勝負を挑んだ「最初の男」は寄せ集めの代表チームをいかにして闘争集団へと変革したのか——。戦後ラグビー界伝説の指導者・大西鐵之祐の79年の生涯を描いた傑作。早稲田大学大隈講堂での最終講義「人間とスポーツ」、著者による「最後のインタビュー」を巻末に収録。

藤島《ふじしま》 大《だい》

1961年東京都生まれ。都立秋川高校、早稲田大学でラグビー部に所属。卒業後はスポーツニッポン新聞社を経て92年に独立。著述業のかたわら都立国立高校、早稲田大学ラグビー部のコーチを務めた。2002年『知と熱 日本ラグビーの変革者・大西鐵之祐』（文藝春秋）でミズノスポーツライター賞を受賞。著書に『楕円の流儀』（論創社）、『ラグビーの情景』（ベースボール・マガジン社）、『人類のためだ。』（鉄筆）、『知と熱』（鉄筆文庫）、『北風　小説 早稲田大学ラグビー部』（集英社文庫）、『友情と尊敬』（スズキスポーツ）などがある。

好評既刊

四六判ソフト

人類のためだ。　ラグビーエッセー選集

藤島大

1600円+税

「明日の炎天下の練習が憂鬱な若者よ、君たちは、なぜラグビーをするのか。それは『戦争をしないため』だ。」（「体を張った平和論」より）。ナンバー、ラグビーマガジン、Web連載や新聞紙上等で長年執筆してきた著者の集大成。ラグビー精神、ラグビーの魅力と神髄に触れる一冊。あとがき―「そうだ。自由だ!」。カバーデザイン&イラストレーション／ Kotaro Ishibashi

序列を超えて。
ラグビーワールドカップ全史
1987–2015

藤島 大

鉄筆文庫 009

序《じょ》列《れつ》を超《こ》えて。

ラグビーワールドカップ全史　1987–2015

著者　藤島《ふじしま》 大《だい》

2019年 6月30日　初版第1刷発行
2019年 8月 8日　第2刷発行

発行者　渡辺浩章
発行所　株式会社 鉄筆
〒112-0013　東京都文京区音羽1-15-15
電話　03-6912-0864
表紙画　井上よう子「希望の光」
印刷・製本　近代美術株式会社

落丁・乱丁本は、株式会社鉄筆にご送付ください。
送料は小社負担でお取り替えいたします。
定価はカバーに明記してあります。

ISBN 978-4-907580-20-9　Printed in Japan

鉄筆文庫創刊の辞

喉元過ぎれば熱さを忘れる……この国では、戦禍も災害も、そして多くの災厄も、時と共にその「熱さ」は忘れ去られてしまうかの様相です。しかし、第二次世界大戦での敗北がもたらした教訓や、先の東日本大震災と福島第一原発事故という現実が今なお放ちつづける「熱さ」を、おいそれと忘れるわけにはいきません。

先人たちが文庫創刊に際して記した言葉を読むと、戦前戦後の出版文化の有り様への反省が述べられていることに共感します。大切な「何か」を忘れないために、出版人としてなすべきことは何かと真剣に考え、導き出した決意がそこに表明されているからです。

「第二次世界大戦の敗北は、軍事力の敗北であった以上に、私たちの若い文化力の敗退であった。私たちの文化が戦争に対して如何に無力であり、単なるあだ花に過ぎなかったかを、私たちは身を以て体験し痛感した。」（角川文庫発刊に際して　角川源義）

これは一例ですが、先人たちのこうした現状認識を、いまこそ改めてわれわれは嚙みしめねばならないのではないでしょうか。

現存する文庫レーベルのなかで最年長は「新潮文庫」で、創刊は一九一四年。それから一世紀が過ぎた現在では、80を超える出版社から200近い文庫レーベルが刊行されています。そんな状況下での「鉄筆文庫」の創刊は、小さな帆船で大海に漕ぎ出すようなもの。ですが、「鉄筆文庫」は、先人にも負けない気概をもってこの大事業に挑みます。

鉄筆の社是は、「魂に背く出版はしない」です。私にとって第二の故郷でもある福島の地で起きた原発事故という大災厄が、私を先人たちの魂に近づけたのは間違いありません。この社是は、たとえ肉体や心が消滅しても、残る魂に背くような出版は決してしないぞという覚悟から掲げました。ですから、「鉄筆文庫」の活動は、今100万部売れる本作りではなく、100年後も読まれる本の出版を目指します。前途洋洋とは言いがたい航海のスタートではありますが、読者の皆さんには、どうか末永くお付き合いくださいますよう、お願い申し上げます。

二〇一四年七月　　渡辺浩章